U0946505

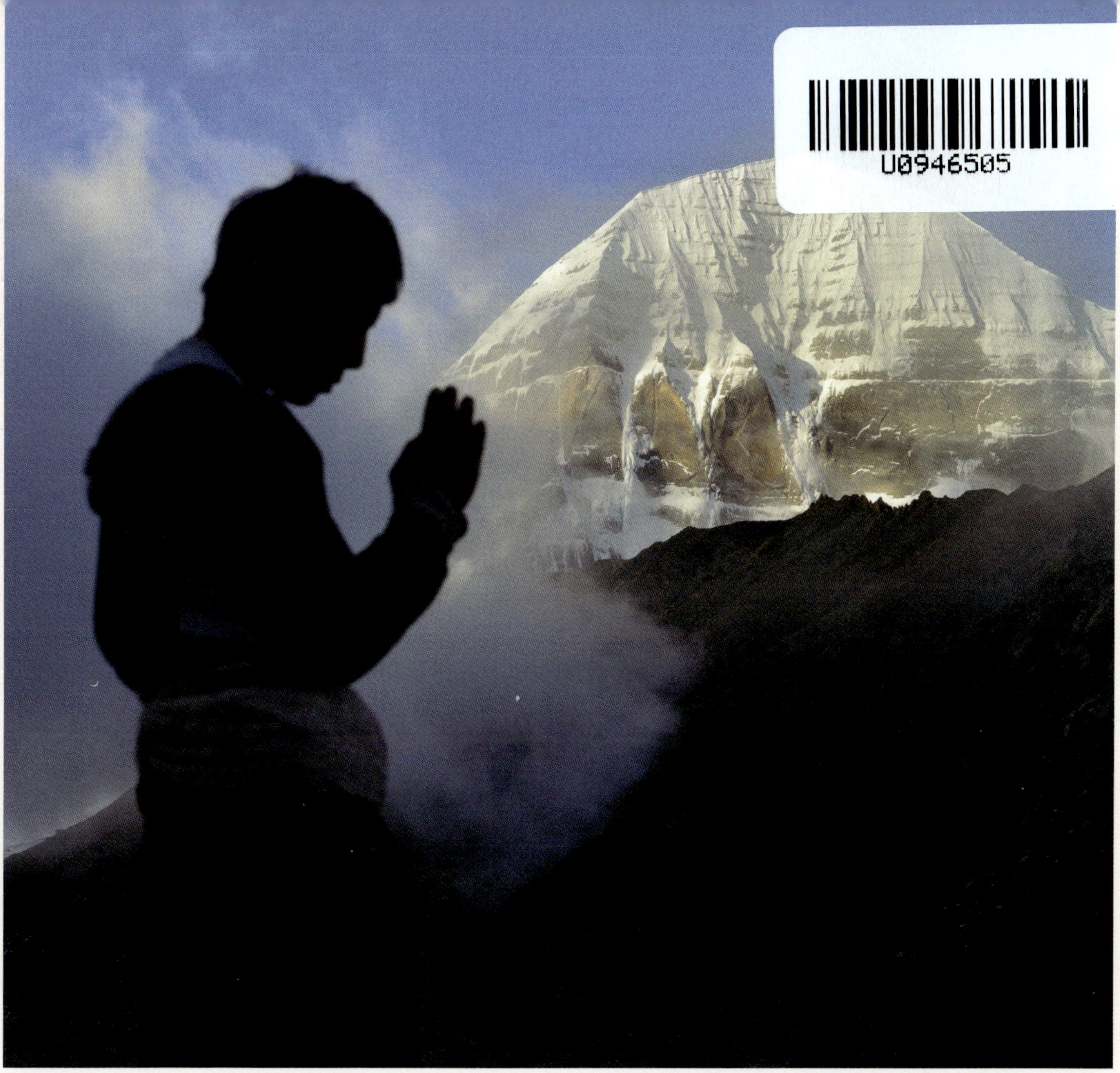

《自驾中国·甲午夏》

Zijia Zhongguo Jiawuxia

马明 主编

图书在版编目（C I P）数据

自驾中国·甲午夏 / 马明主编. -- 北京：人民交通出版社股份有限公司，2014.6
ISBN 978-7-114-11464-9

Ⅰ. ①自… Ⅱ. ①马… Ⅲ. ①旅游指南－中国 Ⅳ. ① K928.9

中国版本图书馆 CIP 数据核字 (2014) 第 118646 号

广告号：京朝工商广字第 8042 号（1-1）

内容提要

本书通过人文专辑、当季热线、公路专辑、自驾 +X、行摄专辑、汽车物语等几个板块，编写提供了藏地转山季、八千公里追寻草原灵境等十多篇重磅美文。深度的文字、震撼的图片，不只是在解读自驾的文化，更在剖析路上的灵魂。

读者对象：拥有汽车驾驶执照、喜爱自驾游的人群。

《自驾中国》四季丛书编委会

主　　编： 马明

副 主 编： 毛鹏　吴宝忠

编　　委： 王金辉　王牧　徐菲　李秀平　胡永强　张蕊　李爱霞　黄元元　崔红丽　杨艳萍

书　　名： **自驾中国·甲午夏**

著 作 者： 马明

策划编辑： 毛鹏

责任编辑： 毛鹏　徐菲

出版发行： 人民交通出版社股份有限公司

地　　址：（100011）北京市朝阳区安定门外外馆斜街 3 号

网　　址： http://www.ccpress.com.cn

销售电话：（010）59757615　59757988

总 经 销： 人民交通出版社股份有限公司发行部

印　　刷： 北京市凯鑫彩色印刷有限公司

开　　本： 787×1092　1/16

印　　张： 18

印　　次： 2014 年 6 月　第 1 版　第 1 次印刷

书　　号： ISBN 978-7-114-11464-9

定　　价： 66.00 元

（有印刷、装订质量问题的图书由本公司负责调换）

刹车性能
测试场

如果能让你放心
就算这么试
我们也愿意

放心吧!

《自驾中国》

导读

仅仅是20年以前，拥有一辆私家车还是一件挺时髦的事儿，可弹指一挥间，中国已经是拥有过亿辆私家车的国度。所以，“自驾车”仿佛一夜之间就红透了大街小巷。不用什么宝马香车，只要有一辆能开动的代步工具，有一台半新不旧的相机，有一颗说走就走的心，便随时可以做个自驾的行者，沿着高速，沿着国道，甚至沿着乡间小路，去勇敢追寻心中的乐土。

在旅行书籍铺天盖地的今天，为什么还要做《自驾中国》？那是因为当人们过多地把目光投向“50条最美线路”、“中国十大古镇”、“中国十大名山”这样的资讯式归纳时，还没有触及到路上的灵魂，还没有找到寄托内心的港湾。

说起四季的不同，人们往往会想到风光——春有百花秋有月，夏有凉

甲午夏

人文专辑 “车轮上的田野考察之旅”，比如“藏地转山季”、“新丝绸之路”等等。与专家、学者同行，搜寻最本质的人文现象，倾注最感人的人文情怀。

甲午秋

当季热线 以不同地理片区的风光、人文或者度假的特色推出适合当季的N条同主题自驾游线路。比如“八千公里追寻草原灵境”等等。

四季丛书

导读

风冬有雪。实际上，四季所表达的内涵远非风光之所及。春日问绿茶，明前雨后；夏日观夜空，斗转星移；秋日品醇酒，谷稻飘香；冬日访皇陵，沧海桑田。

自驾出行，不是要做一个从 A 点跑到 B 点的路人，而是要让自己的躯壳停驻在路上，让灵魂跳出来审视：我的人生，是不是只局限于中国地图上可以忽略不计的某个点；原来我活了几十年，竟然如纸剪的偶人一样平面而苍白……

以朝拜之诚心，踏四时之人文，领行路之瑰丽，思立体之人生。还等什么呢？

《自驾中国》四季丛书，每年分春、夏、秋、冬四辑，以“人文专辑”、“当季热线”、“公路专辑”、“自驾 +X”等多个版块来展示中国路上的大美。

甲午冬

公路专辑

这部分是沿 XXX 国道或者 XXX 高速公路做一个全线自驾游，把一条路做细，做透，挖掘到底，以人文展示为主，路为辅。

乙未春

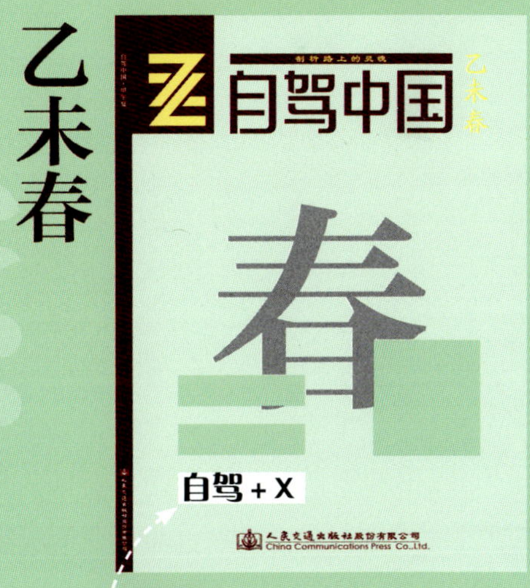

自驾 +X

自驾 +X：结合季节性，设计自驾 + 禅修、自驾 + 高尔夫、自驾 + 潜水、自驾 + 滑雪等等具有针对性的自驾路线，每期 4-6 条，每年更新。

目录 CONTENT · 人文专辑

藏地转山季

P012

目录 CONTENT · 当季热线

P078
八千公里
追寻草原
灵境

目录 CONTENT

P162

中巴公路 帕米尔的血脉

“鲜红、艳黄和灿白，7%最鲜艳的色彩再加上93%的旷原，严酷的生存环境蕴含着人类一切最初始的体验、心理和记忆。”

——刘湘晨

P272

夜空中最亮的星

在春末夏初的时节里，我们枕着银河入梦；天幕中最亮的一颗恒星为我们引路；我们开始坚信乌蒙的云层中总会透出亮光。

P248 自驾 + 雨林穿越

赤水 雨林深处

赤水是一条河，红军四渡的典故让它名扬天下；赤水又不仅仅是一条河，一群以竹为生的人们生活在这里，他们造就了这个极为完整的原生态群落。

P184

国道 320 线 滇缅路的记忆碎片

昆明通往滇西的公路（国道 320 线）几经改造、更替，早已不再是原来意义上的滇缅公路。但是，在这条路的沿线，很多七八十岁的老人却很难了却滇缅公路的情结，一直习惯将通往滇西、通往缅甸的公路称为“滇缅公路”。在他们眼里，滇缅公路绝不仅仅是一条公路的名称，而是一个时代的标志，饱含着失败和胜利、悲哀与喜悦。

P262

梅生 帝王陵三年一束光

拿照相机的人没有几个愿意拍摄皇帝陵，这活儿跟挖坟没什么两样。十几年来我曾经下大力气拍摄了近五十座中国皇帝陵，编辑替我选了几张照片，还有过去写的几段拍摄帝王陵的小文字，披露了一些当时的实况，影友们作为参考，不知是否合适？

P210 自驾 + 海钓

东海去甩鲈

记得海明威《老人与海》中的一句话：“这是一项人与自然拼搏的伟大运动。”说的是什么呢？是海钓。7月，是东海海边鲈鱼聚集的日子，也是海钓发烧友们一展身手的日子。

P232 自驾 + 避暑度假

静修武当山

芸芸众生，皆凡夫俗子，入山静修，不是学古人访仙问道，而是要暂别世事的纷扰，寻一个能放下自己的真境界，听一听风声水声，吐一吐污浊之气。

P220 自驾 + 潜水

水·木·石 隐遁黔桂间

万千桃花水母，随着潜水员的深入翩然起舞，相伴左右，那不仅仅是一种邂逅，而是深刻的遁世。一路驰去，感悟红水河边原始瑶寨中那浓浓的木石情缘。

2014 年正好是藏历中的木马年。从前没有仔细看过藏历的注解，如今翻来竟是大有意思。藏历的每个月都会从公历前一个月的最后一天开始，比如苦行月的初一就是公历的 3 月 31 日，以此类推。藏历的每个月也都值得玩味：神算月（一月）、苦行月（二月）、具香月（三月）、萨嘎月（四月）……如果从人文的角度讲，藏历简直就是一部藏地的旅行白皮书。

西藏、青海，藏传佛教显宗密宗，五大教派，千座寺院，即使不能逐一去膜拜，也可以择其一二而小居。不一定是佛教徒才能进入佛家清净地，只要内心渴望安宁，渴望像孩子一样纯净，都可以去让大喇嘛摸一摸顶，去看看放生羊的自在，去点一盏酥油灯，去亲手转一转经筒。有时候，看看寺庙墙上那些积年的壁画和浮雕，细咂一下浮屠故事中的大智慧，即使不能顿悟，也可以放下许多无谓的欲念了。不作恶，就是善，在仿佛触手可及的蓝天下坐上几个小时，就是莫大的造化了。

马年转山，羊年转湖，苦行不见得苦，无论何时走上有缘法的苦行之路，生命中的浑噩之苦就会减轻。路的尽头，遍地甘泉。

藏地转山季

策划 / 马明

P016
冈仁波齐
P042
卡瓦格博

P064
阿尼玛卿

冈仁波齐
一山一世界

撰文 / **郑平、奎涛** 摄影 / **王牧**

马年再探阿里，一条达到国家二级路面标准的“通天路”赫然在目。想想几年前从拉萨去普兰还要走 9 天的时间，如今开得顺一些 24 小时就能到了。不过，这崭新的黑色路面，笔直洁白的标志线，好像丝毫没有改变转山朝圣者的状态。他们，依然在崎岖的山道上磕着等身长头缓慢前行。

不要轻易去冈仁波齐，你很容易把魂魄遗失在那里。

——题记

普兰附近的公路崭新得让人不敢相信。

塔尔钦：母亲一样博大的小镇

我不知道，千百年来，神山冈仁波齐脚下的小镇塔尔钦总共接纳过多少来自世界各地的转山者和朝拜者，而那些来自世界各地的善男信女们对它又都怀有怎样的情愫。至少于我而言，关于塔尔钦的记忆极为深刻和特别，在离开西藏很长时间之后，无论是耳闻还是目睹，只要一接触到这个地名，心中仍然会涌起一种莫名的激动和亲切。稍一恍惚，便又回到那些黄昏——在依山而建的客栈院子里，遥望远处的圣湖

TIPS

国道解析

国道 219 线拉萨至阿里段

早些时候，从拉孜向南延伸到拉萨的路尚有部分路段在修整，如今从拉萨到阿里已经全线通车，全长 1450 公里。阿里这条“天路”从前可谓是修了坏，坏了修，因为整体抗灾能力差，所以经常断路施工。从 2010 年开始路面黑色化工程，现已竣工。通向神山圣湖的路不再艰险，当地人经常戏谑地说：“开一辆奥拓或者 QQ 就可以去阿里了！”

玛旁雍错以及圣湖那边众神群像般奔涌着的纳木那尼峰，每到黄昏，无论是阴天还是晴天，圣湖和雪山都会显得特别清晰，好像就在眼前，一迈腿就能进入其中。

一个阳光灿烂的午后——当然高原只要有阳光，总是很灿烂——我们一干人把整个下午消磨在塔尔钦一家茶馆里。茶馆开在一户藏族人家，中年男主人殷勤周到地不停给每个人续水，他的母亲抱着孙子坐在我们旁边，不时好奇地打量着我们。他们相互间的交谈自然都是我们不懂的藏语，而我们所说的汉语估计对于他们也是“鸟语”，一间屋子，两个世界，感觉很奇特。老人膝上那孩子的眼睛出奇地明亮，在低矮昏暗的土坯房里闪闪烁烁的。甜茶的味道与在拉萨喝到的有些不同，但究竟不同在何处却又说不出来。记住了那味道，因为这种不同，同时记住的还有那孩子闪亮的眼睛，亮得让人心颤。

除非是专门用来转山的导游图，绝大多数普通地图都不会有塔尔钦的标记。因神山冈仁波齐而热闹起来的塔尔钦是传统的转山路线的起点和终点，从这里出发，到这里结束。上个世纪 90 年代初，塔尔钦还只有 20 余户原住的居民，房子也全都是土坯房。后来，来自内地以及尼泊尔和印度等国的游客逐渐增多，塔尔钦逐渐被当作神山脚下的第一个落脚地。从最初的帐篷旅店，到后来的土坯房招待所，再到现在可以挂上“XX 宾馆”牌子的石砖结构的客栈，塔尔钦逐渐繁华起来，新疆、四川等邻近省区的人也来这里开铺设摊，做起了游客们的生意，一些基础的服务设施也逐渐多了起来。现在的塔尔钦连东北菜、四川菜、湘菜的餐馆也随处可见，我所见到最牛的是一家特别不起眼的小饭馆，挂着“俄罗斯风味”的招牌，好奇之下进去打听，店主是东北人，问有啥俄罗斯风味菜品，店主淡定作答，就是东北菜，“老毛子的口味跟俺们那疙瘩差不多”，智慧啊。

一天晚上，同去的老策发现新大陆一般惊喜地告诉我们，他居然在镇子里找到一家可以洗澡的洗浴中心，水很热，环境也不错——要知道在这里，舒舒服服洗个澡比痛痛快快吃一顿要难得多。指望那些简陋的客栈或者叫做宾馆的

在高原上放牧的人，似乎不是在放牦牛，而是在随牦牛去寻觅藏地的密码。

稍大一些的旅店能够洗澡，简直是天方夜谭。尤其是先后去了普兰、拉孜、萨嘎等县城，发现所有的宾馆几乎都无法洗澡，而所有的公共澡堂也都只敢在墙上用油漆草草写着“淋浴”、“洗澡”之类字样，这才体会到小小的塔尔钦居然敢挂出“洗浴中心”的牌子，几乎就是一件壮举。

塔尔钦像一位母亲，远道而来的转山者先在她温暖宽广的胸怀里休憩，然后又从母亲关切而牵挂的目光里出发，踏上艰难甚至凶险的转山征途，完成转山之后又回到这里，掸去身上的尘土，整理神灵洗礼过的灵魂。那令所有朝圣者膜拜敬仰的冈仁波齐峰，千万年以来就矗立在她的身后，不动声色地洞察着人间天上三界的人来神往，风起云落。

拉曲河谷：牦牛也是信佛的

冈仁波齐是冈底斯山脉的主峰，是藏传佛教八大神山之一。我们转山的计划行程是两天，头天清晨从塔尔钦出发，翌日黄昏回到这里，有点轮回的感觉。整个转山的路程是52公里（也有资料说是56公里），按计划，我们第一天的行程是22公里，到止热寺附近宿营。

从塔尔钦出发时是清晨，天有些阴，冷风更是有些刺骨，好在转山旅程之初体力尚足，路也并不难走，地势也算平缓。一路上远处的雪山、近处的溪

TIPS

关于冈仁波齐神山

冈仁波齐在藏语中意为“神灵之山”，在梵文中意为“湿婆的天堂”，西藏的本土宗教——本教也发源于此。从印度创世史诗《罗摩衍那》以及藏族史籍《冈底斯山海志》、《往世书》等著述中的记载推测，人们对于冈仁波齐峰的崇拜可上溯至公元前1000年左右。

自然的造化教人惊叹不已：冈仁波齐峰顶四季冰雪覆盖，山形对称，不像是自然形成而更像是人工雕琢，犹如金字塔一般，直插云霄。山体中间的岩石自然风化成了阶梯状，远远望去，更像一个巨大的佛教“卐”字符嵌入山体。虽然海拔只有6721米，但是，数千年来一直被印度教、藏传佛教、西藏本教以及印度耆那教认定为是世界的中心：在佛教中，它是“须弥山”，象征着整个佛教宇宙的中心；在印度教传说中，它是湿婆的化身；它还是西藏本教的发源地，是360位神灵居住之山；对印度耆那教来说，冈仁波齐被称作“阿什塔婆达”，即最高之山，是祖师筏駄摩那获得解脱之地。而在地图上冈仁波齐被转山的道路围在正中，凸显作为“世界中心”的宗教含义：东边的万宝山，传说是释迦牟尼脚踏过的山，西边是度母山，南边是智慧女神峰，北边是护法神大山，四条大河——马泉河、狮泉河、象泉河、孔雀河，就从冈仁波齐四方流下。

流都是可以入画的那种别致，既不觉得艰难，也未感觉到累。一群人笑着说着走了大约一个小时，眼前出现了一处宽阔而平缓的山口，这便是色雄（意为金盆），是神山的入口，也是转山路线的正式起点。

走进山口，首先吸引我目光的是正中矗立着那根高耸的风马旗柱（藏语叫“达庆”），旗杆顶部有个黄铜顶子，五颜六色的经幡围绕着旗杆铺排开来，足有两三百米。每年的藏历四月十五日，神山都要举行神圣的换经幡仪式，届时，来自印度、尼泊尔、不丹、锡金、巴基斯坦、美国、英国、瑞士、奥地利等国的游人、香客和来自国内各地的藏族同胞，纷纷来到神山脚下，那个时候，周围的河谷顿时成为一个帐篷城。换经幡仪式繁复而隆重，那些从经幡柱上换下来的经幡在藏民眼里十分珍贵和神圣，人们会在旗杆放倒的瞬间蜂拥而上，顷刻之间将旗柱上的经幡旗抢得精光，据说那些在大旗柱上挂了整整一年的经幡能消灾减难，而法力最大的莫过于柱顶上的哈达、经幡和各种香料。

可惜，我们来的不是时候，无缘目睹这些听起来就让人既热血沸腾又肃然起敬的盛景。此时，那根高耸着经幡柱和柱上鲜艳的经幡，在高原的晨光中庄严而静穆，既是召唤，也是指引，昭示着来自世界各个角落的转山者：神圣之路由此开始。

八九月份是冈仁波齐最好的季节，转山的人又都是早上出发，所以在入口处人很多，有金发碧眼的西方游客，也有裹着头巾的尼泊尔和印度等国的香客。倒是很好辨认：西方的游客一般都是背着硕大得有些夸张的登山包，手持登山杖；印度和尼泊尔的香客们倒干脆，基本上都是租了当地藏民的马匹，东西驮着，人骑着，悠哉游哉，自在得很。当然路上更多的还是当地的拜山者。西藏也待了很多天了，藏语听不懂，但遇见人双手合十道一声“扎西德勒”已经驾轻就熟了，藏民也会非常友好地露出

神山是藏民的精神支柱，山脚下的小店则是他们日常生活中的交流场。

在平均海拔 4000 多米的阿里地区，狂风足以让女孩子藏起容颜。

笑容，回一个更地道的藏礼和祝福，有示范作用。

过了色雄之后，转山的道路一直都在一条说大不大说小也不小的峡谷中延伸，这便是拉曲峡谷。其实一直到止热寺，转山的道路都是沿着拉曲峡谷蜿蜒前行的，这段路全长 14 公里。谷底是一条清澈的小溪，这是旱季，听说在雨季的时候，许多地方还需要涉水。随着道路逐渐由谷底向更高处的山坡延伸，溪流逐渐变成了河流。转山开始时如过江之鲫的人流也开始稀散开来，同行的人开始有掉队的了。

早上的阴沉只是一小会儿的功夫，当转山开始时，天空中阴霾开始散去，偶尔抬头，有时会看到神山的身姿。转山一路，经常看到玛尼堆和经幡，以为是随意的布置。向导介绍说，有玛尼堆和经幡的地方其实都是能看见神山的地方，一看，果然是。后来便学乖巧了，看见经幡和玛尼堆便停下，抬头，寻找冈仁波齐，看看能不能找到可以拍照的角度。

印度来的香客在卓玛拉山口休息。

3 天前，由拉萨到塔尔钦的路上，走近纳木那尼峰脚下的玛旁雍错时，我入藏后第一次流泪：雪山、白云、蓝天、湖水，一股脑地扑面而来。蓝是不见底的蓝，白是不容尘的白，立时一种上不着天下不及地的悬空感自脚底升腾而上，那是一种强烈的窒息和压迫，眼泪无法控制，夺眶而出。而在冈仁波齐的转山路上，我第二次流泪了——途中遇到两位长跪转山的藏族老人，三步一跪，在沙砾乱石铺就的山路上每一次匍匐在地，都发出巨大的沙沙声，在空旷高远的雪山前那么震撼，那么令人动容。就在我举起相机准备拍照时，长焦镜头里突然出现一群牦牛，裹挟着飞扬的尘土从老人的身后奔腾而来。我当时惊住了，不由得为两位老人的安全担心，一时竟忘了摁下相机的快门。但接下来的一幕却真正让我感到震撼：老人对从身边纷乱着呼啸而过的庞然大物们

TIPS

圣湖孕育的四条大河

据本教经典描述：从冈仁波齐而下的一条河，注入玛旁雍错，四条大河由此发源，流向北、南、东、西四方：流向北的森格藏布——狮泉河（下游为印度河），钻石矿藏丰富，饮此河之水的人们勇似雄狮；流向南方的是马甲藏布——孔雀河（下游为恒河），银沙丰富，饮此河之水的人们如孔雀一般可爱；流向东方的是当却藏布——马泉河（也就是雅鲁藏布的河源，下游为布拉马普特拉河），绿宝石丰富，饮此河之水的人们如良驹一般强壮；流向西方的是朗钦藏布——象泉河（下游为苏特累季河），金矿丰富，饮此河之水的人们壮如大象。

视若无物，虔诚的神情，从容的节奏，丝毫不乱——伏地，拜跪，起身，再伏地，再拜跪，再起身……在她们头上，威严端庄的冈仁波齐峰顶银光闪闪，安详肃穆，白云从容，蓝天辽阔。

后来，向同行的朋友讲述这次感慨时有些难为情，朋友笑着说，来冈仁波齐，来阿里，不流一两次眼泪是不太可能的。在感念她们从容和虔诚的同时，我更相信她们的从容来自内心神圣的自信，信神，信自然，甚至，她们内心也坚定地相信，那些生于斯长于斯的动物也跟她们一样有着同样虔诚和笃定的信仰——信神，信自然——有着相同信仰与信念的生物之间是不会互相伤害的，哪怕是无意的。

卓玛拉山口：欲仙欲死，人神一线

如果不是这次略显多余和矫情的惊魂经历，其实由色雄到止热寺的22公里行程相对说来是比较平淡的，基本上没有太过艰难的经历，就是靠体力和耐力一个劲儿地走就是

即使在乱石密布的山路上，虔诚的脚步也未曾停止。

转山之路，朝圣之举

阿里每年的转山季是 5 月 ~ 10 月，佛教徒、本教徒、印度教徒前来朝圣，转山者络绎不绝。转山道分两条：外线是以冈底斯山为核心的大环山线路，全程大约 52 公里，一般 2 ~ 3 天完成；内线是以冈底斯山南侧的因揭陀山为核心的小环山线路，当天就能往返塔尔钦。

带着强烈而巨大的心愿，沿着一条相对固定、充满神迹启示的圣路，向一个公认的圣地进发，这便是朝圣之举。在自然环境险绝卓著的阿里地区，朝圣尤其显得精诚执着。无论是信仰佛教还是信仰本教的藏族人坚信：朝圣能尽涤前世今生的罪孽，增添无穷的功德，并最终脱出轮回，荣登极乐。因此，总是有数不尽的藏族人，以磕长头的方式俯仰于天地之间，向圣地跋涉，犹如强磁场之于铁器一般。血肉之躯，风尘仆仆，历经千辛万苦，跨越时空，朝圣对于一个信徒而言，是可以以一生的时间去认真对待的神圣之举。

了。沿途的3个补给点有水和食物，最关键的是在路上逐渐走散的同伴在补给点一般都能重新聚拢起来，心理和生理上都能得到一次调整。

当天夜间宿营地是止热寺对面的希夏邦马宾馆。这个名字让我们觉得有点不解，希夏邦马是喜马拉雅山脉一座山峰的名字（海拔8012米，是整体坐落于中国境内的唯一一座海拔8000米以上的高峰），而身为冈底斯山脉主峰的冈仁波齐脚下的宾馆，不知道为何舍近求远，辛辛苦苦自己生养了一个孩子，却心甘情愿随了人家的姓。这个疑惑没地方去问，也就一直留存着带了回来。

希夏邦马一夜最让我意外的是安排男女混居。估计玩户外的人一是心地坦荡性格简单，二是想法直接思维简单，一大群人男男女女好几十口子，干脆按房间的床位数与各小组人数对照，八人五人六人地就“混装”了。反正在海拔近5000米的高度走了整整一天的山路，无论男女，基本都累得贼死，有人开玩笑说连睡着的力气都没有了，除了一

一位母亲拉着孩子走在下山的转山途中。

夜此起彼伏的鼾声，既无风雨也无风月。倒是当天傍晚在院里一场求婚仪式为这个高原寒冷的夜晚增添了几分浪漫和喜气，男主人公是十一郎——这次我们冈仁波齐的转山之行的总指挥，算咱的临时东家，领导的马屁不能不拍，但在海拔近 5000 米的高处，所有煽情和抒情的确都比平常更让人感动和共鸣，那时我站在二层楼台起哄，喊着让十一郎背着准新娘跑两圈。

我一直认为，在接近卓玛拉山口时目睹冈仁波齐峰顶的日照金山是整个转山过程的华彩。一直觉得，难以忍受的高原反应是神和自然对于试图接近她的人们一种有意的考验，也是一种眷顾——只有经历一定的痛苦和磨难，才足以让人痛定思痛地去思考。每一种真正的境界和高度都是需要付出代价的。在卓玛拉山口，终于看到冈仁波齐日照金山的神迹，终于在极近距离看到难得一见的神山圣洁的真容，对所有生理的不适陡然释然：原来一切都是为了这一刻,终于看到了，终于得到了。这时不禁就相信了藏人的一句哲言：感谢苦难。

轻薄的云无声地掠过晨光中金色的神山圆顶，一片，又一片。风声是唯一的音乐，也很轻，那应该是神的音乐吧，但不妨碍我们的“略懂”——不是所有的音乐都要配上歌词才能听懂。

转山路上的邂逅，一块酥油，人生至味

这已经是第二天的早上了。从希夏邦马宾馆出发时，天还没有亮，山体影影绰绰，莫辨虚实，转山者的头灯倒是连成一条时断时续的曲线，绵延着向上伸展，煞是壮观。其实这一天的行程最开始的阶段

TIPS

冈仁波齐转山攻略

◆交通：塔尔钦位于国道 219 线旁，东距拉萨 1400 公里，西距狮泉河（阿里地区首府）所在地大约 300 公里，从拉萨或狮泉河均有长途大巴直达，拉萨至狮泉河亦有民航航班，但一票难求。对于不包车的游客来说，抵达塔尔钦的有 3 个方向：

a. 从狮泉河到塔尔钦，班车 130 元左右，4 ~ 5 小时左右，全程柏油路。

b. 从拉萨到塔尔钦，班车很少，价格不详，一般都要到日喀则或者萨嘎转车，时间也不确定，大概需要 3 ~ 7 天左右。假如选择包车就方便很多，但价格很贵，一般从拉萨包车来回阿里的费用在 1 万以上。

◆背夫和马匹：转山视需要可在出发的头一天到塔尔钦的“岗莎村牦牛运输队”办理请背夫和骡马牦牛的手续，这个“运输队”就在“川北饭店”右面 50 米处。预定背夫牛马必须先交钱且不能退，由运输队管理处当晚按户数抽签安排劳力或马匹牦牛，约定好次日到你住的地方。价格为背夫120元/人/天,牦牛100元/天，马匹 150 元/天，牛马工 100 元/人/天。

◆门票：圣湖神山门票是通用票，200 元。

在神山脚下的塔尔钦小镇上，一位朝圣者面对神山手摇转经筒朝拜。

两位以磕等身长头的方式朝拜神山的虔诚信徒。

还算是容易的，基本没有什么挑战。长达数公里的较为平缓的一段上坡路之后，富有挑战性的路段才开始。根据事先查阅的文字资料，在不到两公里的水平距离内，要攀升的绝对高度达到762米，才能到达整个转山路途中的最高点——海拔5700米的卓玛拉山口。

这一段路不但陡峭，而且险峻，很多所谓的路段根本没有路，只能凭着目测在乱石和陡坡间自己寻找落脚的地方，跳着跨着向上攀行，手足并用是很常见的。稍不留神踩上一块松动的石头，不仅自己有摔倒之虞，后面跟着的人说不定也要受池鱼之殃。这一路，身边无论是认识的同伴还是陌生的香客，都很少听见说话声，只有粗重急促的喘息声。

前方的垭口地势平缓，转

TIPS

冈仁波齐转山攻略

◆食宿：塔尔钦建有各种家庭旅馆，价格大约在50元至数百元不等，视淡旺季而定。

塔尔钦至今还没有统一的电力设施，各家旅馆、餐厅都设有自己的发电设备，一般每天晚上9点发电（夏季的21点塔尔钦的天才刚开始变黑），到24点钟停止。所以到这里要带上电插销板，因为你的所有电器设备都要在这3个小时里把电充满。

推荐川北宾馆，条件很好，干净，公共浴室可以淋浴有浴霸。同时提供川菜，推荐菜品：洋葱炒猪肉。如果住在前排的房间，会经过一条玻璃走廊，那里视野开阔可以坐着远眺纳木纳尼鬼湖，房价稍贵。晚上8点到12点有电。9月下旬玛旁雍错日出时间为8：25左右，完全日落时间20：30左右。

神山西面的曲古寺，北面的哲热普寺和东面的尊最普寺都有住宿，但是藏历马年转山人数众多，特别是萨嘎达瓦节前后，最好带上帐篷以备不时之需。除了三座寺庙，沿途有藏民的帐篷点也能提供住宿。无论是否住帐篷，睡装都应该带上，主要是卫生和保暖，睡袋至少温标-10℃。

◆环境：塔尔钦野狗较多，夜间通常彻夜都是犬吠之声，且由于特殊原因这些狗可能会随时对人发动袭击，需要多加提防。

距离神山不远的圣湖玛旁雍错如一面镜子倒映着蓝天和云朵。

山的人们大都在这儿休息片刻，整理行装，补充水分，再准备下山。体型硕大的黑乌鸦桀骜地站在石头上，如同这神山垭口的守卫侍从。下山几乎无路可走，全是大大小小的石头，山谷里有一个小巧碧绿的湖，这就是慈悲湖，湖水是冈仁波齐冰川融水而成，传说在此湖沐浴能洗清身上的罪孽。

下山的途中有溪流顺山势往下，溪水清冽甘醇，让人忍不住以手掬起解渴。从卓玛拉山口到谷底，再次巧遇清晨出发时碰上的小卓玛一家。她们一家六口一起来转山，奶奶和妈妈轮流背着几个月大的弟弟；爸爸背着两岁的妹妹；7岁的卓玛像一头小羚羊一样自己走，年纪虽小，走得比我快多了。和他们一家在帐篷外席地而坐，我把身上的巧克力都掏出来给了小卓玛，奶奶打开干粮袋，拿了一块裹着白糖的酥油给我吃，香醇的味道让我久久回味。

事先的案头准备多少还是有点儿用的，比如，在你满世界印证事先了解的某些传说的印记时，会多少转移一些对自己身体的注意力，减轻一点儿疲劳——据说当年圣者米拉日巴和本教的一位大法师为占据冈底斯山斗法，在卓玛拉山口的巨石上，为说服对方皈依自己的教派而互不相让。时间久了，石头上都踩出了深深的脚印，而这些脚印至今仍然依稀可见；还听说这一段险峻的山路有些地方因两旁的大石挤迫而变得十分狭窄，这便是罪恶的检验石，如果你前世作孽太多就无法通过了。可惜，当时接近崩溃的体力透支让我根本无暇在晕眩中去寻找这些神迹，既没有看到谁的脚印，也没有看见哪位不淡定的胖哥哥被卡在路上。至今，我甚至已

普兰科迦寺

普兰县城里的科迦寺中的一位喇嘛

经记不清这一路具体都经过了什么地方，看见了什么景致，当时是跟谁在一起……记忆中残留的只有当时神经质般的信念：向上，向上，像牲口一样向上！

终于翻过卓玛拉山口之后，回望时突然发现一轮明月竟然高高地挂在天空，而此时已接近正午。神话般的景象不仅让人惊讶，更让人陡生敬畏。

巴嘎平原：永远无法抵达的点

事先，总指挥十一郎信誓旦旦地告诉我们，翻越了卓玛拉山口之后，转山的道路将会是一马平川，大家就闲庭信步地享受吧。事后才知道，这话

如果不是经验丰富的领队为了鼓励我们故意撒谎，就是因为太高估我们这支队伍中绝大多数的菜鸟。事实证明，在卓玛拉山口都能咬牙过关的很多英雄好汉，恰恰就在这一马平川的巴嘎平原上差点耗尽了最后一点儿体力和意志。

对于经验不足的人来说，下山时最大的挑战是由于身体重心一直前倾，脚部一直向前挤压而造成的脚趾挤伤。旅游卫视一位同行透露，如果没有准备适当的装备（比如加厚的登山袜之类），那么此时最有效的拯救用品是卫生巾，而且最好是夜用加厚型的……我宁可强忍着下脚趾的疼痛，始终也没有勇气向同行的女同学求救。

与昨天出发时不同，此时队伍已经拉开了距离，我跟很多人一样，渐渐与前后的队伍都拉开了距离成了独行侠。下到山底，便是巴嘎平原了，道路的确是好走多了，此时我也觉得最艰难的时间终于熬过去了。但是没想到事先发给大家的转山补给点示意图却反过来害了大家。为了便于标记和记忆，转山示意图把沿途所有补给点由A到J都编了号，G点便是最令人兴奋也最难到达的卓玛拉山口。按照示意图的标注，从卓玛拉山口山底的补给点H到下一站I点大约10公里，这一段路并不难走。按照我们行走的速度推算，两三个小时应该绰绰有余了，但是，在H点稍作休整重新上路向I点进发的路途神奇地变得十分遥远。头一个小时是沿着溪谷在乱石中穿行，后两小时在起伏的谷地与山坡间交错，3个小时过去了，期待中的I点如同神山

TIPS

自驾转山指南：

1、每年4～10月是转山的季节，山区昼夜温差很大，阳光下和背阴处的差别也很大，因此衣服要多带，并随时增减。天晴的时候中午温度可能会达到15℃左右，一件冲锋衣风衣、排汗内衣，一条外裤加绒裤就可以，主要是为了挡风。如果遇到天气变坏，应当取消转山计划，避免危险。

由于海拔高，紫外线格外强烈，需要高SPF值的防晒霜，最好是SPF50，PA++。尽量避免身体的任何部位直接接触阳光。墨镜、薄手套必不可少。要注意保暖，特别是头部保暖，需要带上保暖帽和防风帽，不能让风吹到头.

2、塔尔钦可以买到饼干和方便面。沿途的帐篷可以买到方便面和酥油茶。多带些巧克力，葡萄干等路餐，不能饮酒。

3、视个人体能和需要，带专业背负系统的背包；鞋要穿专业的高帮防水徒步鞋；夏秋季一般需带能抵御-5℃至-10℃的衣物。最好能带上一件薄羽绒服，其余保暖内衣、抓绒衣裤、冲锋衣裤、遮耳帽、手套、棉袜等。雨季还应带上雨衣。如果是自己扎营，必须带上炉头，能喝上开水、煮点方便面，可避免生病、恢复体力和精神状态。

长途跋涉终于到达神山脚下，每位疲惫的信徒脸上都满溢着幸福。

科迦寺的规模不大，但却是转山路上为数不多的庙宇之一。

的许多传说一样变得遥不可及。4个小时、5个小时，I点仍不知所踪。沿途每一处经幡最初出现在我视野中时都让我欣喜不已，误以为I点到了，施工的帐篷和牧民的游牧点也曾一次一次让我喜出望外然后心灰意冷。其实体力摧垮不了意志，真正让我开始觉得有点崩溃的正是这种一次又一次从希望到绝望的心理过山车，加上对于真正的I点究竟在哪儿丝毫无法判断的挫败感。

这时天开始下雨。高原的天气很奇特，雨点噼里啪啦打在冲锋衣上，登山鞋的鞋帮几乎全部没入路上的积水中，一抬头却看见不远处的山坡阳光明媚，成群的牛羊闲散着，可惜没有闲情逸致了，“东边日出西边雨”这样的诗句也是后

TIPS

自驾转山指南：

4、塔尔钦海拔 4560 米，转山过程中最高点卓玛拉山口 5630 米。对高原反应要有足够的重视，来神山之前至少应该有 4000 米以上的徒步经历，身体健康，无心血管疾病，了解自己的高原反应情况及适应的能力。

转山时保持稳定节奏，尤其是翻越卓玛拉山口，上升不要太快，多休息，早点出发。注意适时饮水，高山上空气又干又冷，出汗和呼吸都会在不经意的时候导致脱水。

防止感冒，注意饮食卫生，带上足够多的常用药。放松心情，注意休息，头痛可以吃些阿斯匹林、散利痛，若是症状持续或加重，迅速下降海拔。

5、到冈仁波齐转山，需要在出发前到户口所在地办理边境通行证，在通行证上需注明日喀则地区、阿里地区。从拉萨出发，沿途都会有检查站查验身份证和边境通行证。

来才想起来。即使顺着脚下的路往前看，也能看到前方的道路上阳光投射下来的明亮，感觉仿佛只要紧走几步，很快就能走出这片雨，走进晴朗的地方去。但实际上雨没有很快就停，并且变成了冰雹。好在冰雹不大，伸手接着看，最大的也就黄豆粒那么大。

此时，我环顾四周，目光所及范围内除了我之外再没有第二个人，转山全程都没有产生过的恐惧感霎时笼罩了我——我不会走错路了吧？仔细回顾一下：从昨天的色雄算起，转山道路就一直只有一条，没有过分岔，应该不会；但即使是同伴距离拉开太远，也不至于前后都看不见人啊；再说，图上标注的补给点之间只有 6 公里的距离，照自己的速度和行走的时间，一个往返也够了啊，后来不敢往下想了……

一个黄色的人影出现在我后方道路的尽头，惊恐终于结束了，是新浪网的王彦兄弟，他也正跟我一样一路孤独地走，一路狐疑迷路了。亲人相见之后的事就不是故事了，没走多远就到了真正的补给点，但不是I点而是离终点只有一站的J点——故事的真相是：不知道什么原因，图上标注的补给点I实际上已经被撤销了，我们以为一直在从H点到I点的6公里距离上跋涉，实际上是直接从H点走到了J点，全长16公里。那张坑人的地图我带回了北京，在并不存在的I点位置上画了一个大大的惊恐的眼睛。

塔尔钦的彩虹

接下来的路沿着宗曲的河滩和沼泽前行，山峦一重重，河水一道道，山路沿着山脚蜿蜒向前。午后的风越来越大，吹到脸上刹那间就能带走呼吸间的湿度，空旷的河谷没有什么可以挡风休息的地方。从早晨出发到此时已经走了9个小时，感觉体力已经快要耗尽。当天要回塔尔钦的藏族群众早已看不到身影，我和同伴沉默不语，每次转过一个山脚，总期望着能看到塔尔钦，可是走到山边看到的依然还是山！我并不是佛教徒，却也如佛教徒一般念着六字真言“嗡嘛呢叭咪吽”走在转山路上，不是因为虔诚，而只是为了保持走路的节奏和速度，让自己因为疲累而几乎停滞的头脑还能继续保持思考的能力。有更为虔诚的藏民，以磕等身长头的方式来转山，需要18天左右才能完成一圈。

晚上8点，巴嘎草原的太阳还没有落山，山路从原本和拉曲平行的地方逐渐升高，河水淙淙有声，前方还是一个山路弯道。这条路似乎永远没有尽头，山路上只有我们几个还在孤独地行走，从清晨出发到现在，整整12个小时，身体极度疲倦，头脑已经完全麻木，可是却依然看不到塔尔钦，看不到希望。我们机械地走过又一个山坳，突然，纳木纳尼峰就在夕阳中闪闪发光，拉昂错湖波光粼粼，广阔的巴嘎草原一片金黄——转山大环线，我们终于走出来了！

回到塔尔钦，有回到故乡的感觉。虽然是前一天早晨才离开，虽然一共才走了50多公里，但千山万水、千难万险

一天的转山之路常常伴着一条河。

等词汇一股脑地涌了出来。回到塔尔钦的镇子上，迎面路人的脸依旧是陌生甚至有点冷漠的，但在我看上去个个都像亲人，想对每一个认识不认识的人说：我回来了。

那天塔尔钦的西边出现了一道彩虹，跨度很大，很艳丽。这道彩虹后来经常出现在我的梦境，梦里只有一个声音，是巴嘎草原那场冰雹在敲击着我的冲锋衣。

完成了一次冈仁波齐转山，对我来说并不是某种宗教仪轨，而是一种自我重新认知的过程：回首过去的两天50多公里的转山路，从海拔4700米翻越海拔5630米的卓玛拉山垭口又回到4700米，完成一个如此圆满的轮回，如同传说中一样，我们每一个人似乎都得到了某种意义上的重生。也许曾经有过犹豫、有过怀疑、有过病痛，但是幸而天气晴好，幸而良伴同行，幸而生病没有恶化……所有的这些都成就了我，我是何其幸运，被众神所庇佑，与自己的内心安静完美地会师。

TIPS

推荐转山路线：

从塔尔钦出发，穿过一片旷野，来到宽阔的河谷，翻越过海拔5630米的卓玛拉山口，再下降至另一个河谷，最后穿过河滩回到塔尔钦。冈仁波齐转山的季节从五月中旬到十月中旬，不过高海拔山区天气变幻无常。在一年中的任何时候，卓玛拉山口都有可能下雪，夜间温度通常在零度以下。从11月初到次年4月初，山口往往被冰雪所覆盖，不宜转山。

◆时间：1～3天

◆距离：52公里

◆难度：较难

◆起止点：塔尔钦（海拔4560米）

◆最高点：卓玛拉山口（海拔5630米）

◆住宿点：寺庙旅馆或藏民帐篷

拉曲河谷提醒：

这一段行程虽然没有险峻艰难的路段，但距离较长，整个河谷中没有营业性饮食供应点，而且补给点之间距离较远，全程都只能依靠自身携带的水和食品补充，所以需要合理分配随身所带粮水的消耗。

由于转山者都是清晨开始，因此开始路段行人和牲口都较为集中，在有些较为狭窄的坡路上会形成拥挤，少数骑马的外国香客不注意避让步行的转山者，只能自己注意安全。

卡瓦格博
心中的日月

撰文、摄影 / **何亦红**　资讯 / **徐菲**

当代人提起卡瓦格博的时候总会想到《消失的地平线》，仿佛香格里拉这片土地以及其中的无数雪山、草甸、古城和白塔就是詹姆斯·希尔顿率先发现的。实际上，不管是以巴控克什米尔地区来憧憬香格里拉的希尔顿，还是以“蓝月山谷”来佐证香格里拉的约瑟夫·洛克，他们对卡瓦格博的认识也只是惊鸿一瞥。真正与这座神山息息相通的，还是世代久居于香格里拉的藏民。对于藏民来说，神山不仅是精神的归属，还是生命的源泉。

河对岸就是玉曲河畔的俄扎拉，来得桥还保持着古朴的面貌，木板铺就的吊桥跨河而过。

外转经从羊咱起步

海拔 1850 米的羊咱是外转经的传统起点。羊咱桥横跨在澜沧江面，名为朝阳桥，于 1922 年建成。这是一座古老的吊桥，骡马和摩托车可在上面通行，可机动车就很困难了。现在，一辆小面正在桥上来回尝试，由于木板容易打滑，动力又不够，车屡次尝试从桥面冲上路面却以失败告终，最终是队友们联合数个村民在后面硬是将小面推了上去。江边堆着巨大的水泥桩，羊咱桥旁边要修建新的大桥，这样机动车才能畅行，但据说老的吊桥还是会被保存。交通方式不断演变，在当年洛克的纪录片里展现的把骡马四蹄朝天绑住，溜索过江的场面将再难重现了。

过桥到达的第一个村庄名为支信塘，其意是“种过水稻的坝子”。这里有座古老的寺院，我们要在这里完成转经前

的一个重要仪式——取钥匙。寺庙外侧临近澜沧江边的地方，有一块天然形成的玛尼石，外转的人出发之前都要到这里摸一摸，并用额头轻触石头，祈求神的佑护，路途平安，这种仪式称作“取钥匙”。实则并无物化的钥匙。我们将经幡挂在寺院周边，到玛尼石那里取过“钥匙”后，就正式踏上了外转的道路。

出发不久，向导阿钦布引我们在路边的一块石头旁停下。看起来不起眼的石壁，有几处凹陷，把手放进去，正好是左手五指的位置，传说这是第五世噶玛巴的手印。路边一个不起眼的藏居中，一个含着手指的小孩正扒着门框往外看——如果阿钦布没告诉我们这是2007年认定的转世活佛，我们并不会认为他有什么特别之处。相传，转经路沿途布满了各种神迹，了解各种神谕的有缘人将一一与它们相逢。

随着山路向上走，海拔上升500米，山顶是永久村的“百崩白塔”，海拔2350米。此塔是因“帮助各位朝圣者的心愿，在扎巴活佛的支持下，在转经路上修建此塔”。碑记上还永久的留有各位村民的捐款数额。

这是我们踏上转经路后第一个视野较为开阔的据高点，泥黄色的江水深深切割峡谷，蜿蜒处环抱住一个小小的村庄。从两岸的山体上能看到细细的山间小道盘旋上升。夏秋季的澜沧江水呈泥土般的深黄色。从卡瓦格博脚下明永村支教的马骅写给友人的书信中得知，冬季的江水呈现的颜色全然不同：“澜沧江现在正是一年中最漂亮的时候，没了夏季的狂躁与污浊，碧蓝碧蓝，不

TIPS

关于梅里雪山

梅里雪山又称雪山太子，位于云南省德钦县东北约10公里的横断山脉中段怒江与澜沧江之间，平均海拔在6000米以上的有13座山峰，称为“太子十三峰”，主峰卡瓦格博海拔高达6740米，是云南的第一高峰。1908年法国人马杰尔·戴维斯在《云南》一书中首次使用“梅里雪山”的称呼。梅里雪山主峰卡瓦格博是云南第一高峰，为藏传佛教宁玛派分支伽居巴的保护神。

卡瓦格博的传说

卡瓦格博传说是藏传佛教宁玛派伽居巴的保护神，又说是九头十八臂的煞神，后被莲花生大师教化，受居士戒，从此皈依佛门，做了千佛之子岭尕制敌宝珠雄师大王格萨尔麾下一员彪悍的神将。卡瓦格博神像身骑白马，手持长剑，雄姿英发，这与雪山之神的高峻挺拔、英武粗犷的外貌特征是极其相似的。

在藏传佛教中，一生中必须绕卡瓦格博转经一次，才能在轮回中免遭堕入地狱之苦，即便在转经途中死去，也被视作再生有福，灵魂甚至可以抵达极乐世界。

据传，这项活动开始于噶举派噶玛噶举派系，是第二代转世活佛噶玛·拔希开创的。1268年，他自元大都回到康区传经布教便从此走过。

转山的藏族群众休息途中都要生火煮酥油茶，炊烟升腾在森林中。

时在转弯和有暗礁的地方泛起一缕水花。望江水时间长了，先是会头晕目眩，既而怅惘心碎，颇有效法屈子的冲动……”马骅曾是我很熟悉的《藏羚羊》丛书编辑团队中的一员。他热爱藏北文化和质朴的藏民，希望与“透明”的他们生活在一起，以此作为自己新的生活方式。他于2003年来到明永村当民办教师。一语成谶，2004年马骅乘坐的整辆吉普车翻下80米的悬崖，掉入流速每小时20公里的澜沧江。而我在2004年之前就读过他发表的文章《变老之前远去》，文中写道：“既然觉者如释尊告诉我们生老病死是轮回的巨流，既然饕者如浮士德都不能让美好的时光停留一刻，既然那个早夭的酒鬼克鲁亚克曾经喊过‘永远在路上’，那么，我们为什么不能在变老之前远去呢？”马骅一直希望生活就是一种逍遥游，无论肉体、心灵还是思想，皆随兴之所至，超乎万物，永无羁绊。藏族相信生命是有轮回的，死亡意味着一个新的开始，也许他在另一个世界仍然在幻想远方，幻想别处，渴望一个人的自由。

面对澜沧江的怀念只是短暂的一瞬，山径漫长。午餐的炊烟在一棵大树下升起，那里阴凉且视野开阔，白马雪山横陈眼前。阿钦布几日前刚刚组织了查里桶村的藏民走过转山道，他们清理了大量沿途的垃圾，树下就可以看到他们在这里钉的垃圾袋，和立起让大家注意环保，不要乱扔垃圾的牌子。

之后翻越了一个不高的垭口——海拔3100米的通拉山口。这里挂满经幡，也是一座进香台。到达当地营地之前两三个小时都在山腰的横切面，可以看见对面山涧中的永久河和永久村：一个清朗的小村庄，一条闪亮的河流绕村而过。“永久”的意思是“黄牛跑掉的地方”，而下面的永久村，是“黄牛滚到的地方”。

厚厚的树叶在脚下有着柔软的质感，每一个山道的转弯处都有令人惊诧的景色，被秋风染红的细小叶片在膝边聚集成簇，逆光中制造出梦幻的气

杂西村的村民，从家中探出头来张望着我们这些外来客。

TIPS

内转与外转

转经路有内转和外转之分。

所谓内转，就是在梅里雪山的东坡，从德钦县城升平镇出发，顺时针经巨水、白转经塔、曲子水、巨达，跨过澜沧江再经尼农，翻过下那宗拉垭口到雨崩村，经过雨崩神瀑的洗礼后返回雨崩，翻越上那宗拉垭口到西当，经永宗到明永上莲花寺到规堆，最后从明永返回德钦。

所谓外转则是围着梅里雪山做360度的顺时针绕行。从德钦到羊咱，过澜沧江、杜格拉古山口，到西藏察隅县察瓦龙乡境内，沿怒江及其支流玉曲上溯，再经说拉山口回到云南一侧。

息。营地扎在曲夏，海拔2700米。初选的营地临近一条大河边，取水方便。这里只有一间挂着篷布的牛棚，但由于大家觉得这里视野不开阔，继续向上徒步了十分钟，到达一处开阔的小平台扎营，但是距离水源就远了些，需要向下徒步一段才能取水。这里山崖的一边是永久开阔的山谷，可以欣赏落日余晖，一边则是多克拉山脉不知名的群峰，在这里可以等待日出的光芒。

翻越多克拉垭口

清晨从山径中走来一队转山的藏族群众，通往营地的小路口俨然变成了一座小型的舞台，从绿树丛组成的幕布中依次钻出各色人等。有带着仅五个月大孩子的妇人，也有七八十岁的老人，其中还有查里桶村的村民。他们是凌晨三四点就从村里出发，到了我们的营地都停下来聊会儿天，要些热水和酥油茶，再继续上路。密实的山林覆盖了山体，远处山腰间露出一条小径，背负沉重辎重的藏民依次通过远去，消失在密林深处。转山是极其艰苦和枯燥的，但是这些膜拜而来的信徒们用最虔诚的方式崇敬着他们心中的神山、维护着那份由来已久的信仰。朴素的信仰使他们能乐观地去承受苦难，用身体的劳累换来清洁的精神。

一路踏着山腰间铺满的橡树叶的小径，到达一处不高的小垭口——阿色加朗，海拔和

从察瓦龙徒步一天可以到达扎西村，在这里可以看到梅里雪山的全貌，秋季这里层林尽染。

营地差不多，还是2700米。一路下降，直到多克拉雪山融化流下的支流边，再开始上升。早晨遇到的徒步转山的藏民在林间午餐，由于阳光和炊烟混杂在一起，出现了更加硬朗的直射效果，千万条光柱从林间漏下，如梦幻般。

一路上遇到很多迎面逆向而来转山的藏族群众，他们是本教教徒，逆时针转山。他们和藏传佛教顺时针转山的藏民所共通之处，除了一贯乐观的笑容外，还都持有一根长竹竿，细长笔直，顶端插着松枝。这根竹竿将和主人一起历经千山万水，最后带回家中留作纪念。

下午路过永西塘牧场，这是一个面积不大的林间牧场，小溪蜿蜒，是个休憩的好地方。在这里遇到围坐在地上的3个女子起身和我们并行。她们来自遥远的青海丁青县：浓密的发质，浓黑的肌肤，浓烈的酥油体味，沉重的藏袍下摆被别在腰间，露出穿着粉花的棉毛裤，带着野性躲闪的眼神，面无表情地匆匆奔袭。

下午四点就到达了多克拉，这是翻越多克拉垭口的最后一处营地，我们只得歇息于此。这里有用白色塑料布围起来的帐篷，里面还算避风挡雨。我们把睡袋铺在里面的木板上，3元钱住一晚。这就省得我们去搭帐篷，空间也比帐篷空间更加宽敞，算是奢侈了。这里利用水力发电，可以充电。更多转山的藏民睡在旁边的一个大山洞里，洞口已经被炊烟熏得很黑，贴满了纸钞。

早八点半从多克拉营地开始，直接向上在密林中跋涉。出得密林豁然开朗，红色植物在山间盆地中恣意生长，两侧山峰云雾缭绕。直面多克拉垭口，有很多出来得比我们还早的藏民，已经在通往垭口的之字形山路上艰难跋涉。人与骡马均已气喘吁吁，几步一停。上到垭口前，藏族向导把自己戴的帽子压在一块石头下面，在之后的山口、路边，我们经常能看到遗留在那里的衣服、首饰、物品等。这些行为都表示一种寄托，想将物品捎给死去的亲人用。

转山的藏族群众都会携带一根竹竿插上松枝，转山结束后留在家中作为纪念。

上得垭口，置身于庞大的经幡群中，山路的一边是白色经幡，为纪念死去的人，一边是彩色经幡，是为在世的人祈福。在2004年经幡阵曾经自燃过一次，即使这样，目前的阵容也很让人震撼。经幡丛中牛头骨上的弯角直指蓝天。

多克拉垭口是西藏和云南的分界线，越过垭口就到了西藏的地界，这里视野开阔，西藏一侧的雪山在云雾中露出半个山脊。我们一脚跨过了省界，之后的下降又窄又急又漫长，号称有108个弯道。对本教反转山的人来说，这个大坡是个严峻的挑战。冬日路面冰雪泥泞，曾有成群牛马从这里翻下山去。

午餐的小牧场子数通有溪流环抱，阳光普照。我们把潮湿的睡袋拿出晒干。转山路上这样平坦的小坝子不多，阿钦布说要是不走的话晚上可以在这里赛骡，不过我们要早些赶到察瓦龙，继续前行到张且噜才宿营。宿营地很热闹，转山的藏族群众都在这里会合了。他们的生活很简单，一堆篝火，一壶酥油茶，一根树枝架起一张塑料布就是帐篷。我们的帐篷则搭在一片紧贴岩石的草地上。这里是两河分流的地方，这之后的营地就没有水源了。

转山途中每个垭口都悬挂有大量的经幡，在微风的吹拂下祈福。

在卡瓦格博身后

清晨五点半，天还没亮，从树林间仰望星空，漫天星斗。林间走来一队转山的藏族群众，问他们是几时出发的，答曰七点，可此时才六点五十。我们七点半就拔营出发，经过两小时林中的悠闲徒步，没有爬的太高就到达海拔2800米的罗阿西拉垭口。垭口异味很大，一是因为很多供奉用的青稞面，二是因为堆积了很多旧衣物。遇到刚才的那队来自青海的藏民，领头的姑娘嗓音嘹亮，一路山歌唱下山。这里我们第一次看到了卡瓦格博的背面，但是仍然云遮雾罩，不过能看到倾泻而下的冰川。我们站的位置是在飞来寺的正对面，中间隔着卡瓦格博。

路两旁有罕见的红豆杉，但不经阿钦布指点，我们也很难辨认。红豆杉一般生长在海拔2000 ~ 3500米的亚热带山地，生长环境一般在阴坡、半阴坡的中山、亚高山缓坡。沟谷、溪流两岸暗针叶林、中山针阔叶混交林、常绿阔叶林中散生或块状生长，常成为下层乔木。云南红豆杉是云南省级珍贵树种，也是云南省一级重点保护树种。树皮含紫杉醇、三尖杉酯碱等成分。科学家近年发现，红豆杉的某些成分是治疗多种癌症的有效药物。同时，红豆杉又是传统中药材，其种子含淀粉和糖，可入药，种皮可食用。

午餐在一条大河的河岸上享用，这里有很多人在做饭，河堤上香烟缭绕。我们也生火做了一锅面条，向导们带的家什很齐全，居然还有鼓风机。这条河叫曲那通。“曲那”，黑水的意思，“通”是河坝。今天的午餐吃得比较早，十一点左右，因为之后就没有适合的水源了。

一路是漫长的上坡，一直行走在密林中，这个坡被称为“南通坡”，意思是只能看见天的坡，很形象。狭窄的山路两旁遍布挂满树胡子的树木，视野被局限了，只能望到天空，偶尔回头能从林间望到缅次姆露出半个脸。远处的山峰乌云遮顶，而我们这边的山谷中则出现了两道彩虹。

到了垭口之后的下降坡路，被大家称为“变态坡”，不但漫长，而且布满大小碎石，经过3个小时才下到坡底的阿丙村。在山腰上俯瞰村庄，夕阳中的一束光正打在山谷底部。

晚上住在阿丙村农家的屋顶，温度适宜，不用搭帐篷可直接露营。我们烧了一壶普洱茶，仰面对着夜空的云朵展开想象：放屁象、金鱼、巨龙……月亮亮得晃眼，小罗在睡前要求：能麻烦帮我把月亮关上么？

早晨我爬到对面挂满经幡的小山上等待第一缕光线直射入村庄。每户的男主人都起来边念经边点火爬上屋顶，点燃一把松枝，一片雾气弥漫在整个村庄。阿丙村建在一个高高的台地上，但是居于两山挟制的谷底，太阳从对面的山坡上渐渐下移，直到九点半才照到村庄。最先亮的是右侧的白塔，之后逐渐照亮整个村庄。

中午到达这条路上著名的塌方区，巨大的山体从侧面倾斜而下。现在已经比几年前的情况好得多，沿公路边修建了类似大坝的水泥建筑，对挡住滑下的碎石很有效果，同时也给行人带来些安全感。我们的车子快速通过。

车一直沿着怒江边的狭窄土路前行，有时有胳膊肘急转弯，有时会车时只能一车倒退让路，我们的司机是一个19岁的小伙子，技术娴熟。路两旁有大片的仙人掌地，很多的仙人掌结着红色和黄色果实。怒江峡谷里气候干热，降雨量偏少，由于气候炎热干燥，谷内呈现亚热带荒漠化景观，这里居然也成了干旱植物仙人掌的故乡。仙人掌分布于怒江河谷两岸，多巨大成树，察瓦龙单是仙人果就年产300多吨。

中午到达察瓦龙，这个在田壮壮的纪录片《德拉姆》里两个骑手策马驰过的小村镇，已与几年前大不同。察隅至察瓦龙的公路已经于今年开通，路两旁多了不少商铺，最漂亮的建筑是广东援建的本地小学校。本想去云南人开的餐馆——丽江小吃，结果里面已经坐满

转山途中用鼓风机做饭的孩子。

了先我们而来的藏族群众，我们只好回到住宿的旅馆大吃了一顿。朝圣路客栈是从阿丙村过来的第一个客栈，卫生条件还不错，用水方便。我们在这里洗了行走以来的第一个澡，洗了衣服。从那里的厕所里站起来就能看到无敌山景，下面的怒江大拐弯尽收眼底。

察瓦龙的小轮回

察瓦龙是一个交通枢纽地带，分别通往云南的丙中洛、西藏的察隅、昌都、左贡。轮毂溅满泥浆的越野车队，刚刚从墨脱穿越过来；正在将车打包的自行车队，是从六库骑行过来的，他们正准备翻越前方的堂堆拉垭口。而我们的行程方向与所有人不同，将从这里徒步直插到扎西村，最近距离靠近梅里雪山背面的冰川。

向导住在距离乡上五公里的则朗村，24岁的索朗曲旦是乡上的邮递员，常年往返于察隅与各个村庄之间。察隅至察瓦龙刚刚通车不久，之前去察隅取一次邮件往返要14天，现

TIPS

卡瓦格博的误区

一般人都认为梅里雪山就是指的卡瓦格博，其实这是个误区，真正的梅里雪山主峰叫做说拉曾归面布，海拔5229米。这个错误主要 源于我国上个世纪六七十年代的全国大地测量。当年，一支解放军测量队到了德钦，在与当地人的交流中，误把卡瓦格博所在的太子雪山记作了梅里雪山，并在成图后如此标注出来。从此，太子雪山就成了梅里雪山，这个名字也彻底压过了藏传佛教四大神山之一的卡瓦格博 。

卡瓦格博是云南十个国家级重点风景区之一的三江并流景区的主要景观，曾被洛克博士称为“世界上最美的山”。卡瓦格博是所有信奉藏传佛教民众的朝觐圣地，自古以来，她在藏民心中是至尊、至圣、至神的象征，她的宗教地位是至高无上的，被世代藏民奉为八大神山之一，有着极高的地位，当地村民更亲切地尊称她为“阿尼卡瓦格博”（卡瓦格博爷爷）。

小记：

体验者：何亦红

徒步距离：250公里

徒步时间：12天

翻越7座高差1500～2000米的大山

跨越金沙江、澜沧江、怒江三条大江

途经云南、西藏两省，德钦、察隅、左贡三县

马帮翻越多克拉山口

生活在察瓦龙的孩子，他们从小在马背上长大。

在摩托车一天就能到。各个村的信件都是要徒步翻山送到，送信的季节性很强，每年一月和五月山上雪很大，有时甚至会没及胸口。“最难的一次，我差点死光”，他操着不太流利的汉语和我们说道，随后把绿色的邮包绑到骡子背上。

在山间低矮的灌木丛中迂回寻路，缓慢地拔高海拔，上升几十米就能俯视察瓦龙所在的河谷。“察瓦龙”的意思是“干热的河谷”，海拔只有1930米，是外传经路上最燥热的一段，即便是在冬天，这里的温度也很适宜。两山挟制下的怒江在谷底台地急速奔流，轻薄的云雾漂浮在一侧的山间，不远处龙普村笼罩在云雾中。

经过4个小时艰苦爬升，至海拔3620米的那久垭口，卡瓦格博背面豁然展现于眼前。整个背部形成一个巨大而展开的扇形，山峰和冰川在阳光下闪烁，扇面呈现出很有质感的皱褶。雪山不是一成不变的冰封的凝聚物，它总是处在变化中，时而披上面纱时而揭开面纱。

那久垭口是片很宽敞的草甸，经幡在风中寂寞地飞舞，马匹被放开在地上撒欢儿打滚。草甸中央的一棵神树，被当地人认为是卡瓦格博拴马处，每年农历三月十五日，周围村庄的藏民都牵马前来朝拜。当日他们将着盛装，骑马翻山到这里，围绕神树转三圈。近看树的树皮被揭走不少，藏族群众有一种说法，家里如果小孩有病，就将神树的树皮放在火塘上烧。现在的神树已经干枯，想必与树皮几乎被取光有关，但当地人更相信这是因为一定是做了让神山不高兴的事情所导致，比如打了山上不该打的猎物，因而触怒了神灵。

我们的马帮和任何其他典型的藏族马帮一样，头骡戴着面罩，上面有着鲜艳的装饰，几匹骡马驮着我们的背包紧随其后。藏族群众赶马，同几十年前俄国人顾彼得在他的旅行札记《被遗忘的王国：丽江1941-1949》中描述的几乎相同：“赶马人任何时候都在用可以想得出的最污秽的语言向前催赶着牲口，还向它们扔小石块和干土块催赶。”马队从那久垭口下来之后就在密林中穿行，透过树丛仍能一路看到卡瓦格博背面的山尖。卡瓦格博的正面，其顶部是很尖耸的，而背面则线条舒缓许多，如同一个巨大的圆筒冰激凌。

山间密布大杜鹃树、梨树，想必待到五六月份一定是山花烂漫。山柏树、红松穿插其中，撑出一条漫长阴翳的小径。山路泥泞，混合着未融的残雪，不时有凸起的尖石，湿滑不堪。过了第二个平坝崩功，忽遇一普通的石块横亘路上，人马须抬腿跨而前行，周边挂满五色经幡，此处为传说中梅里雪山的大门。旁边还有一个 20 厘米的凹陷，是卡瓦格博的马蹄印记。从这里开始才真正进入梅里雪山的范围。

扎西村仅有四户人家，与德钦飞来寺分别处在卡瓦格博

从扎西村仰望梅里雪山的背面，山顶整个湮没在浓雾中，一条细长的带状云浮于山腰，当地人称其为“献给卡瓦格博的哈达”。

的东西两面。飞来寺观景台上人潮涌动，而在扎西村，可以静静独享卡瓦格博的美景。经过十几个小时的徒步，我们到达时候已是傍晚，雪峰被夕阳染红，侧面飘来的云朵如同一袭飞逝的红纱巾，半掩住了山脊。此时的卡瓦格博一反日间的威仪，显出温和的一面，柔美得令人心碎。

村庄被三座雪山环绕：布穷松吉五说、扒巴念牵久卓、果日色归那布。卡瓦格博也坐落其中。整个村庄所在的平坝中都泛着温暖的余晖，中间是一座大型的经幡阵，有说法是围绕其转十三圈就等于外转一圈。我在山坡上坐下，遥望着卡瓦格博，它是这么近，却是永远隔着无法到达的距离。那是一条通向内心的路，漫长而遥远。

神山仅给了我们短暂的一瞥，次日雨雪纷飞，山顶整个湮没在浓雾中。一条细长的带状云浮于山腰，当地人称其为“献给卡瓦博格的哈达”。村长家的火塘边，索朗曲旦的民歌一首接一首，歌词多为歌颂卡瓦格博的，嗓音如雪山般清亮。他是远近闻名的歌手，在冬季不送信的时候，他就去察隅的朗玛厅唱歌。望着窗外的雨雪，他嘱咐我们给他拍的照片一定要在 11 月 18 日之前寄回到，之后即将大雪封山。那将是他今年最后一次去察隅邮政局取信件，否则就要待到次年的五月份了。

怒江大拐弯遭遇“堵车”

再次从察瓦龙出发，一个半小时后到达龙普村，据当地人说这里的水有剧毒。一路与一个藏族胖妇人同行，语言不通，她只是对我和善地微笑着，不停地在各种小岔路上给我指路，我拍照的时候她也停下来耐心地等待。她的家在下面的村庄，我比划问她走好几个小时去察瓦龙做什么，她说去买东西，遂从兜里掏出一包小小的洗衣粉，很有喜剧效果。在这里，时间就是用来浪费的。

沿山谷左边山壁上的土路向上，怒江沿岸层层的冲积扇都被开垦成了玉米地，这也是怒江流域的主要农作物。对面山谷上不断能见到巨型的滑坡，从山顶倾泻而下呈扇形，谷底顽强地挺立着小小的藏居。冲积扇的头部是一座小村庄，很多人在这里歇脚。之后即将沿着“之”字形盘山路翻越堂堆拉垭口。同伴们在这里搞到了一大串新鲜红嫩的大辣椒，准备在野炊的时候享用。

周边的林中弥漫着雾气，如梦如幻，树木巨大的须根暴露在地表，呈现各种狰狞的姿态。快到垭口的地段首次遇到了转经路上的“大堵车”。往来的骡马、人群在窄窄的山路上狭路相逢，混杂一处，需要相互等待良久才可通过。

堂堆拉垭口海拔 3352 米，翻过后沿着一段泥泞不堪的道路到达给音。那是高山牧场间的一个小村子，我们在此午餐。之后我们经历了一段急剧的下降道路，无数个小盘旋，路面都是干燥的碎石，只供骡马通行。坡顶的视野很好，远山如黛，层层叠叠，如起伏的波浪。

怒江支流扎玉曲的大拐弯。扎玉曲在此甩过一个大弯后，劈开峡谷向远方奔流。

山崖边的小路上，一队队人马蜗行其间。

当怒江支流扎玉曲的大拐弯出现在眼前时，简直是猝不及防，我立刻被恢弘的场景所震撼。扎玉曲在此甩过一个大弯后，劈开峡谷向远方奔流，看起来比德钦奔子栏国道边的金沙江大拐弯有更强的空间纵深感。转经路就在山腰横切处，左面是高耸的山壁，右面是陡峭的斜坡，直抵下方的滔滔江水。小路仅供一人通行，但坡度起伏不大，也是此行中唯一一段平缓的路面。虽有些险峻，但我仍骑着小白马畅快地奔跑了一段。白马名为“英祝”，取“最好的祝福”的意思，是阿钦布为了此次转山专门刚刚买回的，虽然年龄有些偏大，但性情稳定，体力尚好。待它跟随我们转完一圈山，也算积累了功德。拉达是途中的一个小村庄，附近有小卖铺，这是典型的滇西北山区的小卖部，木质的窗户看起来年代久远，漆色斑斑，窗里的眼神或好奇或麻木。在这里我们喝到了久违的百事可乐。

走到峡谷的尽头，通过一个新建的吊桥，就到了格布。格布村的房屋看上去很古老，没有其他藏族村落那种油漆刷过的崭新痕迹，墙面的肌理都是历经若干年岁月形成的，木质的门窗雕花异常精美，很多门板上都有曲线优美的手绘工笔彩画。

宅中的孩子见到外人很是兴奋，人手一个苞米从原木的窗户里探出头，扮着各种鬼脸，古旧的窗框成了他们的舞台，同时也是我们取景的相框。小卖部旁边有个宽敞的客厅，半面墙几乎都是用啤酒瓶砌成的。这里似乎是村里的酒吧兼歌舞厅，我们在此打地铺，席地而眠。经过几日连续地行走，

上下图：怒江边上的孩子也许没有现代游戏可以玩，但他们的笑仍然不失童真。

大家的膝部或多或少都有些不适，晚上使用了大量的膏药。

有人活着，有人倒下

这一天的旅程很长，天不亮就出发。而我们远眺即将攀升的山路，看到早已有点点的亮光在缓慢地移动，成点或者成线，这是一些午夜就出发，戴着头灯赶夜路转山的藏族群众。亮点闪烁在遥远的高处，不知何时才能到达的高度。上攀不久，在山腰处回望格布，小小的村落依傍在大河的岸边，背后有雪山为衬，确是一处隐秘的佳境。

还没有攀升到最高的垭口，绕到山的背后就开始一段漫长的横切路。山路在这里有明显的分岔，向左的路前往西藏方向，很多从西藏过来转山的藏族群众沿路返回，而我们则继续沿着右边的山路前往云南方向。在这里我们遇到了澳大利亚人马佳。

当得知她就是虎跳峡山泉旅馆的澳大利亚人时我很意外。早在2001年徒步虎跳峡的时候就听说过她。她曾以嫁给虎跳峡的当地农民夏山泉而闻名整个迪庆。1996年，马佳还在云南大学读书，和一群在中国留学的澳大利亚学生结伴到虎跳峡旅游，她完全被这里的自然风光震撼了，心里想如果能在这里住上一辈子该有多幸福。1997年6月12日，与桃园村山民夏山泉喜结良缘。从相识到结婚只有短短九个月时间。

虽然爱情的开始总是美好的，但是生活毕竟实实在在的。不同的经营观念，文化的差异，让夏山泉和马佳，在生活和生意上，产生了很多矛盾。我也曾在一些纪录片中看到过他们的理念冲突，马佳认为钱够用就行了，除此之外还想享受生活，还想经常出去旅行，而夏山泉则想扩大经营规模，积累更多资金。2002年，马佳在虎跳峡桥头镇开了另外一家咖啡屋，马佳希望在婚姻中能够拥有自己的独立空间。看那段纪录片中的马佳夫妇，此时公开的已是横眉冷对，恶语相加。

眼前的马佳和印象中围着漂亮丝巾在自己的咖啡馆里招呼国内外游客的马佳截然不同。与她相遇时，只见她低头怒气冲冲地往前走，单手拿着一根登山杖。天气很冷，但她却身着单薄，只有一件露肩的背心，但和在中国境内的所有西方旅行者不同，她的态度极其不友好。与他同行的是查理通村长，但作为向导的他一路脚力还赶不上马佳，只有一条黑色的小狗一路很欢实地伴在马佳的左右。

晚上宿营在来得桥边，一座木质的吊桥横跨在波涛汹涌的江水之上，我们的帐篷搭在了岸边小卖部的屋顶。营地会合了好几路转山者，大家都在议论着这个举止怪癖的外国人，她对马夫骂骂咧咧，不习惯与别人合住，独自在远处搭了帐篷。在众多怀着感恩与平静的心态的转山者中，马佳显得很孤立。

同伴无不在表达着对她的微词，而我对她的感觉其实很复杂。作为一个在中国生活多年的外国人，作为一个女人，

翻过多克拉山口之后的下降山路又窄又急又漫长，号称有108个弯道。

其实她是很孤独的，她留在了虎跳峡，真的实现了她世外桃源的梦想了么？她和夏山泉的婚姻幸福么？在这漫长的追究和探问的过程中，也许更多的时候是挣扎，是无法平静，是茫然成惧，是握拳成空，最后留下一颗扭曲的心灵。

不是所有的花都会开，都会结果，更多的时候，花开了，然后，花谢了。花儿的绽放和凋落，无不是孤独的，无可奈何的不是赏花的人，是花儿脱离枝椏时刻骨的疼痛。

马佳在她翻越说拉山口前的最后一天消失了，消失在风雪中了。包括我们队两名向导在内的多人在山上搜索了好几天都没有她的踪影，之后的几日，当地武警再次搜索，在一条小路的边上发现了马佳的遗体，那条小黑狗还活着。而那条路藏族向导们分明曾经仔细搜查过。藏族人有个说法，对

外传途中很多山路都是这样劈山而建，下面就是悬崖。

于有些东西，藏族人即使路过，也是看不见的。

我们在红尘里行路，都有自己的负累，无论是幸福地爱过，还是艰难地苦过，人人最终都得从人生的宴席上抽身离去。马佳在心智清醒的时候，选择了自己的归路，消失在那风卷云舒的天之尽头。在茫茫转经路上，卧在神山的怀中，在那一刻也许她能找到久违的宽容和幸福。

本来，一个遥远山区里的女人和我并无瓜葛，但她分明在狭窄的山路上曾经与我擦肩而过。那所有和我们打过招呼的生命，他们各自有缘，自由来去。生命的离去，让我更看到一切都有期限，放下苦苦的执着，微笑地珍惜和面对每一个在与不在的日子。看时光荏苒，我们依旧做敦厚纯良的赤子，不断混这难得的人生。

高山牧场的转世重生

扎营在玉曲河畔的俄扎拉，来得桥还保持着古朴的面貌，木板铺就的吊桥跨河而过，我们在岸边小卖部屋顶上枕着河水入睡，次日从河边开始攀登。河谷中弥漫着晨雾，对面山崖上的村庄似乎像是浮在空中。早晨温柔的光线把来得村旁的田地照出一片嫩嫩的新绿，每片嫩草都洋溢着光彩，黯淡的大山中也有了一抹亮色。

一路都在密林中缓缓上升，陡急的盘山路似乎没有尽头，直至到了梅求补功——半山的一小块空地。这里是树林与高山灌木的过渡地带，有水源。我们在露天整齐的牛粪垒砌的一个避风的大火塘里午餐。海拔5295米的说拉赞归面布山的藏语意思是“柏树山上凶暴的红脸厉神”。此山基岩为紫色砂岩，故呈暗紫红色，并且呈现出层层叠叠的节理。其南侧的说拉垭口，是连接云南德钦和西藏左贡、察隅的交通要道，是我们此行翻越的最

卡瓦格博的背面在云雾中只露出一角

后一个垭口。

垭口的西藏一侧风雪交加，能见度非常低，得仔细辨认脚下石板路的方向。而当我们钻过山顶的经幡阵，到达云南一侧，则变成另外一个天地：风雪骤停，天空忽然于混沌中裂开一道，群山如海，白云缀空。大片的高山杜鹃中间，点缀着丛丛漆树。杜鹃还未开放，雨水洗过后绿得发亮。漆树却还保留着深秋的暗红，夏与秋的色彩同时呈现，只能在云南这温暖湿润的高海拔地区才得一见。这里虽然海拔在4000米以上，但由于植被茂盛，含氧量丰富，毫无高海拔地区空气稀薄之感。

杜隆塘也叫驼塘（以藏语的发音直接命名），是一片高山牧场。“驼”者毒草，“塘”者草坪，合起来就是长满毒草的山间草坪。据史料记载，在1720年，时清康熙年间的云贵总督蒋陈锡从这条山路越过说拉山口进入西藏时，确有军马误食毒草导致马匹中毒而死的事。而今，这里盖起了一间间木屋，成为康巴人采集虫草的基地。小木屋用料很奢侈，宽大的树皮，加上粗壮的原木，依山而建得很有层次，成了我们当晚的超级别墅。

日出时分的光线是魔幻的，一匹白马在青色的雾气中渐渐显露出身影，一方石壁瞬息反射出瑰丽的色彩，一片山坡上的红色树梢被骤然擦亮。伴随着梅里水，我们攀爬的高度直线下降，从海拔4250米下降到海拔2300米，2000多米的垂直落差，从高山草甸、灌木、针叶林、阔叶林，到干热河谷的植被，冬秋春夏都浓缩在几个小时中体验。在梅里水上往复穿过20多座木桥，直至到达公路边梅里水汇入的澜沧江处的最后一座拱桥时，我们的转山算是最终完成了。

回首看看曾经的足迹，甚至让我们自己都觉得有些惊讶。那些泥泞里的孤单身影，山道上艰难跋涉的步伐，和不能平静、无处安顿的心灵。在山林与江河之间奔走，转经之路，更是在自己内心的一次旅程，转遍所有的路程，最终与久违的本性谋面。

生命的实相就像河流一样，永无止境地继续往前流，它永远都在追寻、探索、推动、泛滥，穿透每一个缝隙。人这一辈子一直在学习的事情也许只有一件，就是走路。顺顺当当走完的路很少，有相互陪伴着走的，也有踽踽独行的，中间的百转千回，痛心的漫长徘徊，或坚持或迷失，都是我们完成过程中必须经历的。面对无常的世事，唯一能做的，只剩下忠于自己的内心。

大地好美，广博而永恒。

阿尼玛卿

遥远的梵音

撰文 / **何亦红**　画外音 / **何一**
资讯 / **徐菲**

青海的果洛藏族自治州虽然拥有藏地最伟大的三座神山之一——阿尼玛卿神山，但是却一直不知为什么默默无闻。即使当与它近在咫尺的玉树震惊天下时，果洛也没有倍受关注。不过，木马年，它不能再保持沉默了。无数藏民和外来的朝圣者向着阿尼玛卿神山而来，他们要把自己最圣洁的祝福献给这位唐卡中白盔白甲、白袍白马、手持银枪的伟大勇士。

转山起点是参仑堪多，这里是个三岔口，一边是通往雪山乡，一边是沿顺时针方向转山的路线。山崖上挂满经幡，藏族向导们在这里巨大的煨桑台前进行了转山前的煨桑仪式，用松柏枝焚起霭霭烟雾，再在已经燃起的煨桑堆上加松枝、柏枝、桑面（糍粑）等物，随着桑烟的升起，一种浓浓的神圣气氛也随之升起。大家围绕煨桑台边抛洒龙达，边高喊“阿珈罗”，以此祈福，祈祷转山顺利。我们此次环山之旅采取半程骑马半程驾车的形式。

——你有老公吗？几个？

——一个都没有。

——我有老婆，两个。

藏族向导和我各骑一匹马，一路聊着闲话走在泥泞的山路上。我们要把一群牦牛驱赶到当晚的营地。雨水把马的鬃毛打得透湿，马的状态似乎在雨中更要昂扬一些。大部分牦牛很自觉，只有少数掉队或者走到旁侧山上的需要驱逐，有些不听人话的牛需要用上小石块砸它们的屁股，并掺和上清脆的口哨儿声才能听话。

当晚营地扎在了河岸边拔地而起的山崖上，这里密布低矮的灌木，开满杜鹃科紫色的小花，马匹和牦牛们就被散放在花丛中。向导们搭起了色彩亮丽的藏式大帐，这是他们晚上的营帐兼大家的炊事大帐，而我们则在灌木丛中寻找略微平坦的地方搭起 2 ~ 3 人的户外小帐篷。营地所在的山崖下方，河流在山谷中蜿蜒而行，从远方切割峡谷而来，那雪山一字排开之处是我们即将朝圣的方向。

第一棵柏树下的小型赛马会

营地对岸的山壁上生长着孤零零的一棵柏树，据说是这里的第一棵柏树，也受到过往藏民的朝拜，周围挂满了经幡。我们协助向导接起若干条长经幡挂好后，一起进行了一场小型的赛马。肉孜（向导）的马理所当然地拿了第一，他的马的马毛呈黄棕色，身材匀称，价值 20 多万。在青海藏区，牧马传统已经逐渐消失了，摩托车替代了马匹的作用，很多

草原上的藏戏

每到山口藏族向导就会进行煨桑仪式，牵马或者骑马围绕煨桑台旋转。

人家早就不养马了，导致我们转山寻找马匹也成为了一件难事。而且租马也非常昂贵。肉孜家是个例外，他的爷爷告诉他一定要保留养马的传统，养不好马就不要来见他了。肉孜的虫草生意做得很大，家族也早就不需要通过马来获取经济价值了，但他仍然养有10匹马，说家族的传统不能丢。

肉孜的马术相当好，一路都在驯服胯下这匹狂躁的马，马总是跃跃欲试地往前蹿，肉孜总得不停地掉头转弯，才能基本保持和我们相近的速度。肉孜对周围的山系和神迹都非常清楚，从小就跟着爷爷转山，他爷爷跟他讲过各种阿尼玛卿的故事。在安多藏区，阿尼玛卿山神的形象在唐卡里被藏族群众描绘成一个白盔、白甲、白袍、胯下白马、手执银枪的勇士。整个阿尼玛卿山系的各个山峰都是不同的神，彼此都是亲戚关系。

雪山融水倾斜而下冲击出多条细小的河流，途中需要无数次涉水而过，我们须在马背上掌握好平衡，从稍微迎水的方向而上。水底的石头湿滑，马蹄也容易打滑，同队的老徐一不小心在河中心人仰马翻，跌入水中全身湿透。一时还追不上驮运行李的牦牛队，无法更换衣物，在海拔4000米的地方忍受着潮湿和寒冷，滋味可想而知。

“当心，有野牦牛！”向导们紧张了起来，马匹的状态也警觉了起来。顺着向导指的方向看去，山顶上一对弯弯的牛角很威仪地凸现在山脊线上。野牦牛的体型要比普通牦牛大很多，毛长膘肥，走起路来浑身都在抖动，有时候有袭击人畜的情况。刚才还在山巅的野牦牛很快就俯冲到了山脚，向导们进行了分工，有的负责断后，有的负责用石块驱赶，有的用声音恐吓。野牦牛和我们的马队并行了很长一段距离，最后悻悻离去，所有人才松了一口气。

TIPS

关于阿尼玛卿

阿尼玛卿雪山位于果洛州玛沁县（大武镇）西北部。从省会西宁乘汽车到果洛州所在地玛沁，全程638公里。冬季有时大雪封山，交通会临时停断。从玛沁沿东倾沟北上至雪山乡，雨季常有山洪暴发，阻碍交通。从玛沁县包车前往雪山乡需要5小时。也可从拉加乡包车前往雪山乡。从雪山乡到观看平台需要1小时左右车程。从雪山乡换乘马或耗牛，沿切木曲河西行可达曲哈尔晓玛冰川末端的登山大本营。

煨桑台边观看藏戏的藏族妇女，她们的生活简单快乐。

在两个海拔最高的垭口煨桑

第三天的达却贡卡是转山途中两个海拔较高的垭口之一，海拔达到近5000米。这里置有8座白塔，以及壮观的经幡阵，我也亲自挂上了一条红色的经幡，并围绕经幡阵行走一周后向阿尼玛卿的方向磕了三个长头，心中默念想要实现的美好夙愿。藏族的先贤们这样描述朝拜阿尼玛卿山的功德：只要我们以至诚之心供养，我们心中所有美好的愿望就都能实现，所有的不顺都能离我们远去。不论你是求事业、婚姻、家庭、健康等人天福报，还是求解脱、成佛，只要心诚，就都能如愿。

藏族向导们则继续煨桑，这次是牵着马匹或者骑马围绕煨桑台顺时针旋转，在桑烟中将手中一叠叠的龙达洒向天空，阴霾的天色为仪式增添了几份威仪和悲壮。藏人的高声呼喊、马匹的嘶鸣、漫天飞舞的碎片，更让人隐约感受到人们心中对阿尼玛卿的敬畏。

翻过垭口后阿尼玛卿从厚重的云层中显出形来，露出了真容，山峰并不陡峭，山形平缓敦厚，整个下午都在我们的右侧一起并行。阿尼玛卿雪山，藏族人称“博卡瓦间贡”，亦称“斯巴乔贝拉干”，即开天辟地九大造化神之一，也是21座神雪山之一，排行第四，专掌“安多”地区的山河浮沉和沧桑之变，是藏族的救护者。我们行走在山脚下的草场地带，阿尼玛卿的西南侧。这里生长着成片的高原植物红景天，以及珍稀的绿绒蒿。我们的右侧是连绵的雪峰，左侧的山体传说就是阿尼玛卿的舅舅，而周边散布的小湖据说有

TIPS

画外音一:

从大武到参仑堪多是一段自驾路程，迎面打在车窗上的暴风雨让我对于自己的第一次徒步旅行心生忐忑，只好扭头看车窗外迅速掠过的黄色、白色、红色的花海，风光美不胜收。此时，向远方蜿蜒而去的路究竟是一条光亮圣洁的哈达，还是一条意欲噬人的蟒蛇？所幸经两天的休整，头疼、低烧、睡不着等症状已经被大家所习惯。

画外音二

抵达参仑堪多的时候，马帮带着成群的牦牛和马匹已等候我们多时了。按照当地藏族的习俗，进山之前要进行一场隆重的“煨桑”仪式，以祈祷平安。雷雨交加，当成堆的牛粪、木柴、柏枝堆上祭祀台，浇上汽油点燃，火星飞溅的时候，“煨桑”才刚刚开始。喃喃念诵的经文、肆意飞溅的青稞酒、漫天抛洒的风马旗和声嘶力竭的“哈伽罗”喃喃让我隐约感受到阿尼玛卿的庄严肃穆，似乎他就在头顶俯瞰众生，瞬时对连绵的山脉心生敬意。

年轻的藏族母亲

108个，是阿尼玛卿的佛珠。

传说阿尼玛卿山神是活山神沃德的第四个儿子，沃德为了拯救藏区百姓，使他们解脱灾难，能过上安居乐业的日子，派老四到安多消灭妖魔，降伏猛兽，惩办坏人，使百姓过上幸福祥和的日子，后来老四与其父沃德巩甲相会时修建的9层白玉琼楼变成了阿尼玛卿山。同时，阿尼玛卿还是格萨尔王的护法神，有着无穷的智慧和慈善的心肠，他的许多族人、侍从和卫士，皆围绕在他的身边。而我们转山一圈，自然也就逐一认识了整个阿尼玛卿家族。

走着走着我们感觉进入了一个奇怪的石头阵。一堆堆黑色的小石块垒至马腿高，面积很大，成片地延伸至山脚。当地人称“莫阿多阿”，是以前占卜的地方。我们沿着蜿蜒在其间的小路骑行，虽并不熟知各种通过石头进行占卜的方法，但确能感受到一种很神秘的气场。

走进阿尼玛卿的南大门

2004年2月这里曾发生过一次大型冰崩，冰崩地点在阿尼玛卿Ⅰ峰6282米高程点西北330度方向的西坡上。这次冰崩形成的冰碛物东西长2.2千米，南北宽1.5千米，面积约为3.3平方千米。堆积物占压了玛沁县下大武乡约3.3平方千米的夏秋草场，清水河、达玛曲河、权隆河被阻断，并由此形成了一个面积达30000平方米的堰塞湖。我们此时正经过冰崩区，一条黑色的冰碛带从两山之间倾泻而出，黑色的碎石上已经被这几年过往的马队和朝圣者踩出了明显的小路，但距离很长，全部走完也得一两个小时。

这一天的路程有24公里，我们走得很吃力，向导们寻找营地也很吃力，营地要保证有可靠的水源、平坦的地面以及背风的地势，结果寻到了一处高地“西马智地”。传说是山神们赛马的地方，从这里可以俯瞰整个山谷，印有格萨尔王的彩旗高高飘扬在山巅的玛尼堆上，对面的山体就是阿尼玛卿的南大门，山门入口处。营地很美，在一个清澈的小海子边，开满了黄色小花。帐篷就搭在河畔湿地厚厚的草包上，虽然有些潮湿，但软软的很舒适。马和牦牛被放养在周围的山里，马的双腿虽然被绑上绳子，但仍然能挪动得很远，第二天早上牧人们再将其逐一寻回。一夜风雨，一个藏族向导的帐篷头天晚上塌了，早上他从一堆帐布中钻出来，和同伴嘻嘻哈哈地抖掉毛毯上的积水，还一边高声唱着藏歌，在艰难的环境中，他们仍能保持开心和幽默。他们的快乐是如此简单，是这广阔的草原、奔腾的河流，以及巍峨的雪山，赋予了他们天生的坚韧、勇气和乐观。

TIPS

画外音三

秀桂克吉灌木丛中突如其来的车陷，注定了我们徒步的开始，也就是在这个地方我们第一次开始了和自然的博弈。灌木丛也许不是最佳的扎营地，却是目前唯一可选的营地。看着灌木丛边的河流，掺着冷汗、雨水在泥潭里搅和许久将车推出了泥潭，众人再没有力气前行。没有供给站、没有电、没有信号，坐在熊熊的牛粪篝火面前，翻烤着我湿透的衣物，吃着喷灯煮出来的面条，内心的忐忑突然变成了“兵来将挡水来土掩”的破罐破摔。

画外音四

藏族兄弟索南和春心走在最前面探路，10个人变成了一个长达百米的队伍，走在最后的是我。路上偶遇的卓玛母女不会说汉语，一路上卓玛边走边冲我笑，教我念诵六字真言，不时悄悄递给我一颗水果糖，当我跟不上大家的时候，她就笑眯眯在草地上等着我。穿过挂满经幡的河谷、又翻过陡峭的草坡，遍地盛开着野花，天空金雕静静飞过，那时候躺在地上气喘吁吁的我相信：我在天堂里，也在地狱里。

阿尼玛卿文化中心是兀立于草原中心的一处雄伟的藏式建筑。

天上的神泉和白塔

第四天出发不久，肉孜夫妇指点我们看白度母神泉水，就在山崖下很不起眼的一处溪流处，周围挂有少量的经幡，不注意还很难发现。据说在这里用藏语念卓玛经,泉水就会变大。想不到，随后跟上来的一位向导真的会念卓玛经，只见随着他的念诵声本只有一股的泉水竟渐渐由三股变成了五股！而随着经文的结束，泉水又慢慢恢复了原状。肉孜夫妇在这里磕了几个长头，还用泉水清洗脸庞，相信能带来吉祥。这附近还有很多神奇的泉水，记得从大武镇到达转山起点三岔口的途中，还有一处红色泉水（估计是含有铁矿的原因），喝起来居然是啤酒口味的，有气泡感，略带苦涩。路过的藏族群众都用瓶子接饮，这泉水可以治疗胃病。但不能连续饮超过3天。

傍晚时分，我们到了觉木央然，这里可以算是阿尼玛卿的西北侧肩膀。在一排白塔和经幡的后山崖上，一个不起眼的山洞为“消孽洞”，进口为一人腰那么粗的洞口，据说能钻过的人即可消除之前的孽。旅游局长索南指导我以奇怪的姿势顺利地钻进，待再从另一口钻出后我感到心情无比舒畅。

“报恩石”是放置在洞口附近的一大一小两块巨石，分为男石和女石，男人抱那块大的，女人抱那块小的，如果能围绕白塔行走一周，就算能报答一遍父母的养育之恩。我费了很大力气试图抱起那块小的，可没戏，它根本纹丝不动，看来父母恩真是如山重啊，如何能轻易报答得了！

白塔对面的山崖上挂满经幡，是大宝法王的修行洞，藏语意为阿尼桑姆修行洞，藏族历史上有很多高僧大德曾在这里修学佛法。传说这里属杂日山脉，天竺国的空行母修行岩洞，唐东杰布等修成正果后，在岩壁上留下头部与胸部的痕迹。岩石上还留有格萨尔王的神驹和神犬的足迹。

同样在索南的指点下，我双手抱住消孽洞口一块凸出的石头，双脚蹬住岩壁，头朝下，把上半身翻了过来，朝后看修行洞一侧的山体，得到了和正常观看不同的视角，夕阳正逐渐从山尖隐退，山体绯红，配

黑牦牛帐篷外张望的藏族美女。

合深蓝的天空，色彩绚丽，天地开阔。我问索南能看到什么，他神秘地说：“你能看到什么就是什么。”我说我看到了一个明亮的未来，一方更广阔的天地。一种希望和力量从心中破土而生。

这里是阿尼玛卿的最西端，从此就开始拐向阿尼玛卿的另一侧，后面的路程都是通有公路的，我们从这里换乘越野车沿着东北侧继续转山。

作别马帮奔冰川

阿尼玛卿文化中心是兀立于草原中心的一处雄伟的藏式建筑，外部是典型藏式的雕梁画栋，内部是现代的钢结构和玻璃屋顶。一层大殿置有阿尼玛卿精美的雕像，二层和后院则是学校的教室和宿舍。这里完全是活佛自筹资金建立的，旨在为更多的藏族孩子提供学习机会。活佛大部分时间在其他地方筹款，我们前往拜访的时候恰逢他在，他说这里比较缺教师，如果有志愿者愿意过来支教，一定要推荐过来。同时，队友沐沐的朋友正好在藏区做“免费午餐”的公益活动，也准备介绍给藏文化中心。

马帮昨晚就驻扎在藏文化中心前面的草滩上，我们就此与他们道别。由于今年虫草经济的发展，这些向导们都是腰缠万贯的家伙，每人都镶有一颗大金牙，但却一路忍受着寒冷、辛劳，不厌其烦地为我们做好每一个细节。卷毛向导骑一匹快马在雨中追随我们的车

画外音五

天黑之前，我们抵达了旦却隆哇。这天最后一条异常宽阔的急流出现的时候，我已经完全靠催眠自己在走路，看着河流对岸营地上的马匹，我终于可以不用承受着心理负担趴在藏族同胞的背上过河。然而比心理负担更严重的是，抵达营地后，我的膝盖开始剧烈地疼痛起来，也许是因为初次长途徒步，也许是因为被雪水浸泡，我已经被寒冷、疼痛和疲惫占据了全部的知觉。

这一夜的奢侈品是牛粪篝火和热汤。

队很久，我在车内隔着挂满水珠的玻璃一个劲儿地和他挥手道别，心中有些许的不舍，不舍这些和他们一起跋山涉水、一起赛马打趣、一起搭营喝茶的日子。很多时候我们留恋一个地方是因为留恋那里的人们，因为他们，此行的转山增加了无数生动的情节。

越野车继续行进在阿尼玛卿东侧的山路上，这是一条颠簸的土路，沿河而行。周遭的草原上布满很多小洞，这些都是鼠兔留下的。鼠兔是草原的天敌，被它们刨过的草场基本都荒废了。草场上孤零零的一个白色的帐篷里住着一户人家，这是科研项目的工作人员，他们负责在周围种植草地，我们经过的时候他们正在犁地，准备种植草籽。这里是海拔4000多米，生活条件艰苦，我不由得感叹他们的坚韧，但同时又为项目担忧，偌大的草场，这样的做法是否只是杯水车薪呢?

哈龙冰川是黄河流域最大最长的冰川，是此行的第二

个5000米级高海拔的垭口，由于是驾车到达，并无太强烈的高山反应，但仍感觉到稀薄空气的压迫感。在这里本可清晰地看到阿尼玛卿，但由于淫雨霏霏，浓重的雾气完全遮住了雪峰，只露出下方延伸出来扇形的冰舌。我们照例在猎猎风中系上经幡，让山风吹动经幡捎去对阿尼玛卿的敬意。面对隐藏在重重雾霭后面的巨大山体，比晴天更加一览无遗，拓展出深远的心灵空间。在尘世中于人于事，有时候我们宁愿不要看得那么清楚，彼此都有一定程度的保留。痛苦往往来自于太清醒，混沌未必是不好。

比起西藏那些经常受万人朝拜的“热门”神山来，阿尼玛卿可谓遗世而独立。

TIPS

画外音六

一路沿着河谷行走，一头孤独的野牦牛高傲地站在山腰，似乎是阿尼玛卿的守护者。不到半天就开始了似乎无止境的爬山，海拔的逐步增加让每一步都举步维艰。我开始觉得自己没有办法再往前走下去，甚至用手爬都爬不动了。走在最前面的是驴友蒲宁、然后是藏族兄弟索南和春欣，将我和导演沐沐远远地甩在后面，为了鼓励我们，索南告诉我们前面就是徒步路程中海拔最高的垭口，可以看到阿尼玛卿的真容。就是那一段一直向上的路程，似乎耗尽了我全身的力气。

画外音七

阿尼玛卿雪山上天气变幻莫测。时而风雨交加，时而阳光普照，走在软绵绵的草甸子上，沿着雪线一直往前走，我开始享受徒步这件事情。而骡子牵着我越过了导演、越过了藏族兄弟索南和春心，走到了最前面，以快得惊人的速度前进，然后它会找个地方开开心心地吃草，直到我边用力拖缰绳边“哧哧”地吆喝它前进为止。

画外音八

越过了阿尼玛卿发生过冰崩的山脉与河谷抵达西玛直地，狼非常配合地开始为夜色伴奏，灌木丛里的野兔急急忙忙地窜动，土拨鼠已经静静地趴在地下不出来。就在这个时候，隐隐听到山脚下有马帮的歌声与隐约的头灯光线。这时候才知道：唱歌唱得好，原来是可以救命的。

牦牛帐篷内，围着藏族家庭颇具特色的牛粪灶台，我们喝上了香甜的奶茶。

传说中比珠穆朗玛还高的山峰

曲格纳降魔白塔海拔3650米，离雪山乡3000米，到达这里就已经接近转山的尾声了。白塔背面有一座小寺庙，庙内用笔画（唐卡）简单介绍了阿尼玛卿雪山的神化传说。据说这里还埋着当年约瑟夫·洛克留下的十字架。洛克在早年的笔记中有这样的记述："1926年，我考察了青海湖南的阿尼玛卿山脉以及黄河的峡谷地区，成了对黄河和阿尼玛卿山脉的中间地带进行探险的第一位白人。"后来他在为《国家地理》所撰文章中说，他当时登临该山的4900米处，而他测算距离顶峰尚有3600米的

高程，所以这座山可能是世界最高峰，超过了珠峰！

1944 年，一位美国飞行员驾驶飞机途经阿尼玛卿时紧急报告：“我机飞行高度 9000 米，前方上空出现有高出我机数百米的山峰。”据载，1949 年美国登山者雷纳德·克拉克曾在阿尼玛卿探险和测量，他测出主峰海拔为 9041 米，这也超过了珠穆朗玛。这期间还有一些勘查队来此，然而都无功而返。直至 1960 年北京地质学院 11 人登上阿尼玛卿峰，这座山才逐渐被人认知。

阿尼玛卿东侧的山路崎岖颠簸，这个季节多处被雪山融水冲毁，要不是当地司机熟悉情况，很难分辨出小瀑布密布的路面上究竟哪里是路。途中车辆事故频出，在海拔近 5000 米的前后不着的地方，一辆车出现了故障，藏族司机居然用一条哈达给绑好了。而第二天另一辆车被开断了转向轴，这个问题哈达可无法解决了，只能将车弃在附近的居民点了，找机会再进来拖车或维修了。最终我们于第六天到达了雪山乡。

在雪山乡的黑牦牛毛织成的毡房里，我们手捧洒满人参果和白糖的藏家酸奶，围着牛粪炉喝上女主人亲手烧制的奶茶时，心里才真正温暖踏实。至此，转山的旅程正式画上句号。阿尼玛卿此时在我心目中的形象反而由清晰变得模糊，或者说是多元. 它不仅仅是远方那片洁白的雪峰，也是那个骑着白马力量超凡的山神，还可以是朝圣者梦想中的美好福地，甚至是跋涉者心中不灭的希望与力量。

TIPS

画外音九

马帮的藏族兄弟们除了能歌善舞外，骑马自然是好手，当抵达一片异常平整的草甸子时，马帮的兄弟开始了他们自发的赛马，跑得最快的马往往也是最桀骜不驯的马，自然价格不菲。我看了看我牵着的骡子，发现它完全不在意。当然，它是骡子，马帮里唯一的一头骡子，不是马。

画外音十

马帮的女主人兼御厨西沙卓玛长得很漂亮，夫妻俩总像初恋般腼腆相视而笑。每天早饭时间我都端着热汤对马帮老板柔桑说：“我也喜欢西沙卓玛，她贤惠又漂亮！”每天早上出发的时候，马帮的小伙儿们总会问我：“累不累？骑马吧！”慢放的电影一帧一帧地滑过，唯一的配音是那熟悉的“哈伽罗”。不知道为什么，眼角会有眼泪滑下，也许是因为配音太动人。

画外音十一

最大的冰川？穿过一个个垭口，一路狂奔至冰川面前，颤巍巍伸出了双手。当碰触冰川的时候，我相信这个庞大的冰川是有生命的，只需要俯首，你就可以听到她在喘息，似乎一个曾经无所不能的神明生命正在缓缓流逝，如果不用心，你看不到她的疲惫与挣扎。

策划、执行、撰文 / 马明

八千公里追寻草原灵境

【申玉忠 / 摄】

夏至草长，人们不自觉地就会对草原心生向往。向往的是什么呢？只有蓝天白云、蒙古包、手把肉、马奶酒、歌舞的姑娘和遍地的牛羊吗？显然那不是全部。越来越多的自驾者不满足于在草原上走马观花，而是要深入探究一下草原深处的历史隐秘。

内蒙古高原是一块如此神奇的土地，因为有两个那样“影响巨大且具有强大生命力”的民族族群——匈奴与蒙古，曾经在这块土地上上演了一幕幕宏篇巨制的历史剧集。

当然，汉朝盛极一时的匈奴南迁之后才进入内蒙古中西部，而蒙古族却是完全起兴于草原。更有意思的是，被古代波斯著名的历史学家费尼所盛赞的“世界征服者”——以成吉思汗为首的蒙古族人竟然是多个游牧民族融合的产物，他们征服的历史，也是他们迁徙的历史、发展的历史。

今天，草原文化已成为国内公认的中华民族古老文化三大主源之一，与黄河文化、长江文化并称“三源共流”。

当我们脱离了常规路线的束缚，从黄金色的阿拉善荒漠开始回溯，穿越内蒙古九大草原，去东北边陲探索古老的“蒙兀”起源时，就算是粗浅地完成了对腾格里所主宰的游牧世界一次虔诚的精神礼祭。

TIPS

八千公里 追寻草原灵境

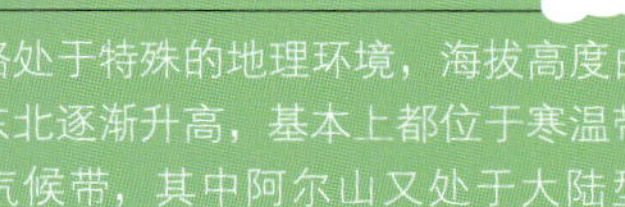

自驾区域气候

本条线路处于特殊的地理环境，海拔高度由西南向东北逐渐升高，基本上都位于寒温带大陆性气候带，其中阿尔山又处于大陆型高山气候区，春秋相连长达 138 天，尤其是八九月份早晚温差非常大，最高平均气温 16.6℃。基本上是一路东南风相伴。

最佳自驾时间

看草原的景色一种是碧绿如毯，每年 7 月初到 8 月末是最佳季节；也可以看金黄草浪，那就要从 9 月初到 10 月下雪之前，不过前一个时段天气温暖湿润，是自驾车的最好时节，后一个时段气温较低，到草原上得注意防寒保暖。

预计行程

走完全程需要一个月左右，如果要从容地在某一个草原玩上一个星期或更长时间，也可以选择就近的城市出发，走一些小环线。

适宜人数

这条路线较长，可选择的分支路线太多，虽然高差不大，但地形复杂、路况多样，即使是老手也不太适合单车前往，另外行程较长，如果是两辆车以上的车队便于互相照顾，而且车队里至少要有一到两位能处理各种紧急车况的老司机。

必需装备

全套能带上的修车装备，千斤顶尤其不可少。比如在盛夏时去阿尔山，大车碾过的车辙是最大考验；车队的话，多带几条备胎；雨具保证每人一套，草原上的风雨说来就来；阿尔山无夏，防寒衣物随身带；摄影器材中建议要准备长焦，在草原上拍摄会只恨长焦不够长，不过因为是平原，一般很难取到高角度，随时准备爬到车顶上吧。

【李秀平 / 绘】

自驾内容

这一路几乎囊括了西起祁连东到兴安最好的草原盛景。从黄金色的秘境阿拉善，到沙漠奇葩鄂尔多斯；从袖珍却韵味十足的希拉穆仁，到孤傲英武的阿尔山；从柔美的科尔沁草原湿地，到东端无垠的呼伦贝尔大草原……返回来还能经过包容了无数第四纪冰川遗迹的贡格尔草原，取道乌兰布统，穿越木兰秋围的塞罕坝国家森林公园，将草原、白桦林、大青山、石林和边境的俄罗斯风情尽收眼底。

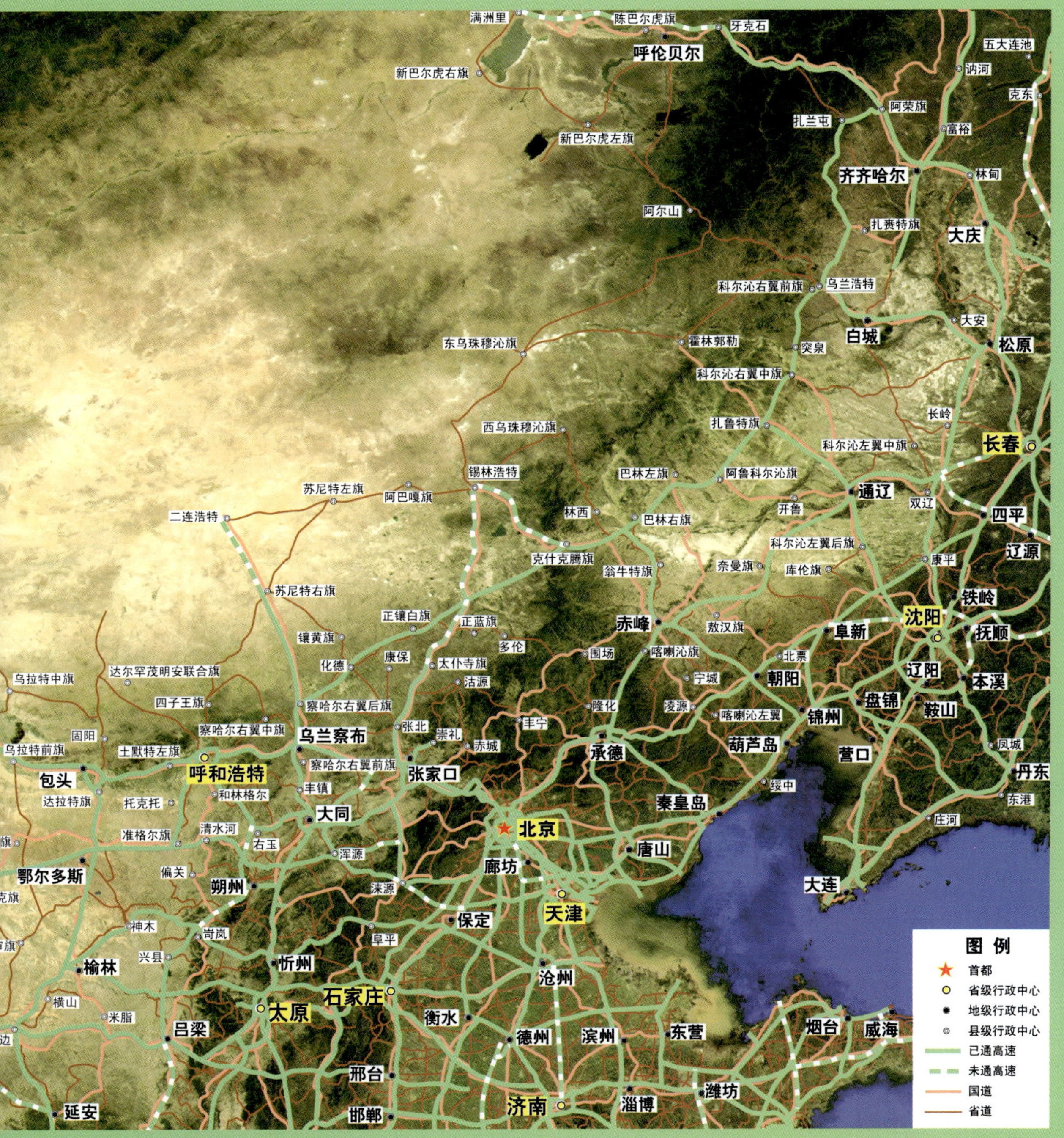

自驾路线

兰州市—武威市—山丹长城口—阿拉善右旗—巴丹吉林沙漠—阿拉善左旗—磴口县【1425公里】—巴彦淖尔市—五原—乌梁素海—乌拉特前旗【278公里】—七星湖—杭锦旗—鄂尔多斯市—响沙湾—达拉特旗—包头【510公里】—五当召—固阳秦长城—白云鄂博草原—百灵庙镇—石宝镇—希拉穆仁镇【337公里】—四子王旗—格根塔拉草原—察哈尔右翼中旗—灰腾锡勒草原—乌兰察布市—察哈尔右翼后旗【436公里】—苏尼特右旗—苏尼特左旗—阿巴嘎旗—锡林浩特市【希日塔拉草原】—东乌珠穆沁旗—满都胡宝拉格镇—阿尔山市【1206公里】—新巴尔虎左旗—新巴尔虎右旗—满洲里—扎赉诺尔—黑山头—额尔古纳—恩和牧场—室韦俄罗斯民族乡—莫尔道嘎国家森林公园—根河市—呼伦贝尔市【1323公里】—牙克石市—扎兰屯市—乌兰浩特市—突泉县—科尔沁右翼中旗—扎鲁特旗—珠日河草原—通辽市—开鲁县—阿鲁科尔沁旗【1274公里】—巴林左旗—巴林右旗—克什克腾旗—达里诺尔—好鲁库—乌兰布统—塞罕坝国家森林公园—围场—承德—北京【1050公里】

NO.1

【王平/摄】

阿拉善
荒漠中的海市蜃楼

“阿拉善”在我的印象中曾经是一个很平面的词汇，巴丹吉林、生命禁区、一望无际的大沙漠——然而在最近的一次探访中，她却因一个从前忽略了的概念而变得立体鲜活起来。原来，“阿拉善”是“贺兰山”的音转，贺兰山之名源于匈奴族贺兰部曾在此住牧，阿拉善盟就是因贺兰山而得名。

能让阿拉善更立体的是叠加在上面的许多游牧民族，从北魏时期的柔然婆罗门领地的居延古都，到隋唐时突厥贵族的甘凉二州，之后居延地区又先后为吐蕃、回鹘、契丹等部占据，直至明中期以后成为蒙古达延汗属部的游牧地。不仅如此，在横跨大漠、沟通中亚的草原“丝绸北道”上，北方羌族、月氏、鲜卑、乌桓、党项等少数民族全都为这古老的居延海添上过浓墨重彩的一笔。于是，就在我们下了国道，循着看不见的古代车辙奔向额济纳深处去时，那些曾经的兰山要塞、商周遗址、古郡重镇、城堡烽燧、屯田遗迹、汉元墓葬、岩画汉简——全都变成了一面在沙漠中拔地而起的历史大幕，让种种悲观离合像海市蜃楼一样在上面轮番上演。

【聂晶洁/摄】

» 第一天…………【440公里】兰州—乌鞘岭—武威—永昌—山丹长城口

从兰州出发到山丹长城口是一路高速，而且每隔30到50公里就会有一个加油站，走起来特别顺畅。上午，车队通过素有河西走廊东大门之称的乌鞘岭时，天下起雨来，蒙蒙细雨中的乌鞘岭山水朦胧，铁路、公路优美的弧线在雪山峰峦叠嶂的衬映下，景色壮丽。而乌鞘岭东南山坡上的那一道道蜿蜒起伏于崇山峻岭间的汉、明代长城及古代兵营遗址，又给这山川增添了大量人文景观。车队行进在那蜿蜒的山道上，很是壮观，令人忆想起这古丝绸之路上的千年往事。

翻过乌鞘岭，驶出古浪峡，车队在河西走廊的阔野上高速行进。天开始转晴，雨后的河西走廊，大地一片茵绿，夹着泥土气息的空气从车窗外裹携进来，将大家旅途的劳顿一扫而光，年轻的车手们随着汽车音响唱了起来……在武威凉州市场午餐，风味小吃很多，居然有一种小吃叫"三套车"，包括拉面、卤肉和枣茶，真是有趣，好好品尝了一下，味道很特别。

下午5点多钟到了山丹长城口。在蒙蒙的细雨中驶近山丹明长城，农家院里羊肉面卷的香味扑面而来……山丹明长城保存较为完好并且容易观赏得到的一段，是从绣花庙到新河的长城口一带——这里地势较高，降雨量少，又因远离村落而较少受到人们生产活动带来的破坏。对于过路此地漫游丝绸之路的游客而言，在整个河西走廊，山丹新河的长城口是唯一距公路最近，城墙又较完整的地点。因此，那些满载中外游客的大巴也就几乎无一例外地要在长城口停一下，让游客观赏长城、拍照留念。

山丹县城与阿拉善右旗额肯呼都格镇都有类似三星级的宾馆。从兰州到山丹必经的国道312线离山丹县城还有20公里（路标为2641公里）的长城口，有一个自助式游客之家，叫"长城边的院落"，主人是位家在兰州的对河西走廊人文地理很有兴趣的文化人。住在这里可体验到河西走廊自然环境又能近距离欣赏长城。夜晚我们在"长城边的院落"里仰望星空——哇！天上竟有如此多的星星啊。看来城里的星星也都跑到乡下来了……晚餐在山丹长城口吃羊肉面卷，有沙葱做小菜。

» 第二天…………【85公里】山丹长城口—龙首山—额肯呼都格镇

第二天出发去阿拉善右旗，先得到了店老板的提示说以下的100多公里没有加油站，于是特意先去加满了油，并且带上了一桶备用油，然后直驱龙首山。荒疏的龙首山地与阿拉善高原旷野的戈壁荒凉到了极致，也就生出壮美的景致，秋季的一场雨后，走上那条旧日的大道。雨过天晴，在泛了点绿色的荒滩上蜿蜒着一条白色的路。茫茫荒滩，漫漫长路，行驶着一辆破旧的吉普——那滩，那路，那车，极和谐……

往东北方向行驶约一两公里，路为省道317线的铁刺隔离网所阻。循路东行数十米，路随一道河床从道桥下穿过。河床上曾经有一道与省道平行的"边墙"——明长城，现在已荡然无存，我们的车继续顺着河床往北，就"出了关"。从山丹到额肯呼都格基本上都

阿拉善的经典镜头之一就是倒影，蓝天、沙山、芦苇，无一不是水幕台上的主角。【聂晶洁/摄】

是柏油路，只有“出了关”以后这一段有40公里左右的沙石路，但是路面显然经常修缮，比较平坦。

长城以北与北部山地之间，还有一大片荒草滩，叫“花草滩”，也许是头一天这里的雨量较大，或者是地处北山山前冲积扇的缘故，花草滩的路边及低凹处积水较多，加之整个花草滩上羊群又很多，因而显得较有生机——也许，没有羊群的啃吃，那草要茂盛得多呢！石井口是一道山谷的口，那山谷叫青井子沟，这是一条大致南北走向的山沟，沟底是干涸的河床，通往沟里乃至于内蒙古阿拉善右旗的路，就是那河床。有时正沿着河床上的车辙走着，车辙突然消失了，就只有“跟着感觉走”了。

沿省道317线驶过茫茫的花草滩，青井子沟沟底的河床领我们向前去……到了额肯呼都格镇，我们住进早已预订好的阿拉善大酒店，标间398元/天，同样预订好的还有一只烤全羊，488元含配菜。“烤全羊”是阿拉善地区特有的传统美味之一，也是最大的一道菜肴。它最初是清朝康熙年间，阿拉善旗第一代扎萨克王和罗理率部从新疆移居阿拉善时带入的。后来，第三代旗王罗布

TIPS

自驾路线：

兰州—武威（柳忠高速公路转连霍高速公路，276公里）—山丹（连霍高速公路，180公里）—额肯呼都格（省道317线，86公里）—努尔盖（县道766线，40公里）—巴丹吉林（县道766线转省道317线，114公里）—雅布赖（省道317线，43公里）—巴彦浩特（省道317线转省道218线，410公里）—乌斯太（省道314线转乌石高速公路，136公里）—磴口县（京藏高速公路，140公里）

自驾内容：

沿着古丝绸之路行走，我们选择了一条历史上就是连接河西走廊与阿拉善高原的传统线路——先从河西走廊的山丹县翻越龙首山脉到了阿拉善右旗政府驻地额肯呼都格镇，然后从额肯呼都格镇往各苏木（乡），及各苏木间的道路则基本为历史上形成的“驼道”——如今大多只能由当地熟悉环境的人驾驶越野车通行。

看乌鞘岭的马牙雪山、山坡上的长城和历史文化名城武威。蜿蜒100多公里长的山丹长城是另一大看点。山丹还有已延续了两千多年的国家军马养殖基地，如今是世界上最大的天然牧马场——山丹马场。中国第三大沙漠巴丹吉林沙漠沙山间的诸多海子与高大的沙山相映成趣，景色瑰丽而又充满了神秘感。

沙漠里的“金旋风”不只有沙丘，更炫的是骆驼的群舞。【聂晶洁/摄】

藏多尔济因战功卓著而被赐封为朝廷驸马亲王，并建王府于北京。他又在原工艺基础上吸收了北京烤鸭烹饪的特点，形成了现今阿拉善烤全羊的独特地方风味，至今已有近300年的历史。阿拉善烤全羊须用特制的烤炉和阿拉善特有的梭梭干枯柴作燃料，并精选阿拉善土种绵羯羊。这种羊个大尾肥，肉质鲜美，无膻味。制作过程由宰、烫、配料等18道工序后烘制而成，烤全羊皮黄肉色深红，悦目诱人，香气扑鼻。吃起来皮酥、肉鲜，味道浓香而不腻。烤全羊的吃法也很独特：将羊放置于大盘内，先端给客人观赏，引人食欲，然后由表及里，按皮、肉、骨的顺序逐样品尝，再辅之荷叶饼、小葱、面酱、包卷而食之。最后，再食用烤羊的调味汤煮的柳叶面。听大厨介绍完这些制作过程，饥肠辘辘的我们还没有等闻到羊肉的香味就已经在流口水了。

» 第三天……【186公里】额肯呼都格镇——努尔盖——阿拉腾塔拉——海森楚鲁怪石城（喇嘛井）

从额肯呼都格镇开始就是一望无际的戈壁，天似穹庐，偶有牧民定居点。因此我们余下的行程，大部分的“路”都是随意在戈壁上走出的，加之还要穿越大片的沙丘，靠我们自己是绝对无法找到路的。所以我们在额肯呼都格镇雇请了两辆越野车，开车的是胡三、胡四兄弟。胡氏兄弟一人驾一辆北京生产的“金旋风”，都是深蓝色的，而且在阿拉善右旗的地面上往往是弟兄两人一起行动，熟悉的人一见那两辆深蓝色“金旋风”一前一后在戈壁沙漠里驰骋，就说：“胡三、胡四的车过去了……”我戏称他们是“狼行成双”。

离开额肯呼都格镇往西而去。沿路经过的惟一一个在165万分之一分省地图上标记的村镇叫“努尔盖”，距额肯呼都格镇60公里，这里不久前还曾是设立了几十年的苏木——乡政府驻地，因地下水源枯竭而于几个月前举镇搬迁到了额肯呼都格镇——用阿右旗人的话说，叫“撤回到旗上”。这句话颇耐人寻味——似乎含有出征败北的意思，这是人类面对大自然的失败，是对家园的弃守，是对一片曾带来生命和希望之地的绝望。

离开努尔盖，接下来我们的行程就是在戈壁和荒漠上凭借胡氏兄弟的经验行进了。这天下午，我们到了一户牧民定居点，因为大人们都去嘎查（村）参加一年一度的村民大会了，我们在这里只见到了两位未成年的蒙族少女——乌雅和乌日娜。我被乌雅碧绿色的明眸和在井台上推着水车汲水饮骆驼的样子吸引，频频按动快门。在乌雅家里我们吃到了正宗的蒙古族油炸面果、手抓羊肉和揪面片儿，面片儿汤真是太香了，我呼噜呼噜喝了两大碗。

下午直奔喇嘛井，车子在硬戈壁上走了一阵，开始进入沙丘地带。冲了几个小沙丘后，3辆车都找平坦地方停了下来，各自将车子的前驱挂上——阿右旗的驾车人跑沙漠都已相当有经验，为了省油惜车，一般的沙地是不用四轮驱动的。接下来的沙丘已是较高大的了，胡氏兄弟自如地操纵着车子在沙丘间左突右冲，着实令大家心惊不已。

自流井这个地方的小环境实在很好。处在一片硬戈壁中央的自流井，似乎连个像样的地名都没有——牧民敖云达来

只有在胡杨林中憩息的时候，骆驼才显出了它温婉的一面。【聂晶洁/摄】

告诉我：这里原本叫“喇嘛井”，因为“那里从前有座喇嘛庙”，他指着南面远处的山说，“后来，不知怎么的，人去庙空，现在连庙的影子也没有了……”

喇嘛井也好，自流井也罢，关键是井。在这共有三五户人家的村落中央有一眼自动往出流水的井，它是村落的灵魂。自流的井水约有碗口粗的一股，汩汩流过一片杨树、沙枣林，再往前流入一片芦苇荡，有限的水也就在这芦苇里自生自灭。

自流井是从阿拉善右旗往额济纳旗、往河西走廊的临泽的必经之地。一个陌生人来过这里之前，从远远的地方望见自流井所浇灌那一脉绿色时，不会相信自己看到的是绿洲。等到他乘坐的车子以每小时八九十公里的速度从机场跑道一般平坦的戈壁上拖着尘烟一头扎进村子时，随着戛然而止的惯性，昏昏然打开车门，站在那清澈的水流旁边，亲聆随风摇曳的树叶发出的沙沙声，他才会相信这的确是绿洲，是世外桃源。

这一晚，我们就歇在牧民敖云达来的家里。

» 第四天…………【264公里】喇嘛井—努尔盖—额肯呼都格镇—巴丹吉林沙漠腹地

从喇嘛井返回到额肯呼都格镇，我们没有忙着进入巴丹吉林，而是在旗上先购置毛毯和其他御寒的装备以便当晚在沙漠野营。因为胡三兄弟告诉我们，尽管在巴丹吉林沙漠里会遇到放牧点，但最好还是准备出足够 4 天吃的食品——挂面、方便面、风干羊肉、咸盐、压缩饼干、咸菜等等。虽然从第二天起可在海子边取到淡水，至少也要备带两天饮用的淡水和 4 天的矿泉水，此外需

要自带大锅、搪瓷碗等炊具和餐具，捡柴野炊。

装备妥当，出了额肯呼都格镇往北直奔巴丹吉林，一个多小时以后，我们的眼前已完全是沙山了。我们此行所经过的巴丹吉林沙山从山脚到山顶的垂直高度都在两三百米上下，坡度在30度以上，要驾车翻过这无数座呈金字塔或新月形状的沙山到达目的地，是需要相当的技巧、长期的经验积累和准确、敏捷的反应，缺一不可——胡氏兄弟就是具备了这些要素的沙漠车手。

不走进沙漠深处，就实在无法体会沙漠魔幻的一面，如海市蜃楼。【王平/摄】

一座高大的沙山，主峰可能会呈现金字塔般的形状，在它的周围会有一片较矮小的沙山簇拥着，这些周边的沙山因风向的原因，大都呈月牙形，“月牙”的一个尖端扎在主峰腰部，另一个尖端自然向相反方向汇入更低的沙丘里，在风的作用下，“月牙”沙山的山脊与主峰的山脊连成一体，这就是所谓“新月形复合型”沙山。

在驾车翻越每座沙山时，一般都先沿着“月牙”与主峰山脊的一侧，朝高处全力以赴地冲，这在阿拉善右旗驾车跑沙漠的车手中叫“往高码”。在此过程中，车子实际是左右倾斜大约30度向上冲的，由于重力的作用，车在前进的同时，必然还会向较低的一边侧滑，由于车轮下是松软的沙漠，这种侧滑以车轮下的沙子向下坡方向坍塌的形式显现出来，这一现象的意义在于：连续的侧滑不停地调节着车的重心，从而避免了侧滚翻。

最大限度地将车“码”到便于通过主峰山脊的某个稍低凹处，突然调正车头，正对峰脊冲去，在车跨上峰脊的一刹那，制动车速到几乎为零，在车将停未停之际，适当恢复动力，使车平稳地垂直下到长达数百米的坡底。如此一气呵成，须在操作完全无误、尽善尽美的情况下。有时因“码”得不够高，离主峰山脊距离较远而无法一次性通过，若附近有可用来“借”劲的沙山坡，则可先将车冲到那个坡上，借助俯冲的惯性冲过。否则，就只有兜一个大圈子回到下面重新“码”。胡氏兄弟说：上坡可“码”，下坡则绝不可“码”着斜下，那样，车必翻无疑。还有，在冲峰脊时，驾驶者掌握收车的时机非常重要，“我们亲眼见一辆车飞出了五六米，一头扎在沙子里，幸好停了片刻，后轮着地而没朝前翻滚下去……”

» 第五天…………【140公里】巴丹吉林沙漠腹地—巴丹吉林嘎查—巴丹吉林庙—雅布赖镇

不管是在那达慕大会上，还是牧场里的闲逛，马儿都要无奈地让位于沙漠之王。【王平/摄】

令人谈之色变的庙海子沙山。

最艰难的翻越是第二天下午。一座我们此行最高大的沙山挡在眼前，我们要去的巴丹吉林庙——当地人叫“庙海子”，就在这座沙山的那边，除了翻过它，我们别无选择。

这座沙山不但高大而且又很陡，它同身边的几个稍低一点儿的沙山恰好形成一个“漏斗”，“漏斗”内壁的坡度至少有45度，深有五六十米，我们及两辆车就在“漏斗”的靠近边缘的部位。当时的困境是：我们进入这个“漏斗”时，由于外面较平坦而车速较高，利用离心力抵消了部分“码”车时的侧滑，如果原路返回，则会因达不到一定车速而侧滑较快，这种情况下为防侧滚出意外，就只有沿“漏斗”内壁做类似马戏中的飞车旋转，并在尽可能的高速飞车旋转过程中螺旋上升找到“突破口”，驶离“漏斗”。再加上这里是巴丹吉林的腹地，长期干旱无雨，使得沙子表面较虚软，极易陷车。

胡氏兄弟试了几次都失败了。山顶部的风极大，裹着细沙劈头盖脸打得人生疼。眼见得太阳就要落下，胡三丢下一句“我就不信活人能叫尿憋死！”回到了自己的车上。只见他启动了车子，并没有原路返回，而是借助刚才翻越不成已占据的高度，逆时针方向贴着“漏斗”内壁上缘高速俯冲过去，在旋转了大半圈之后，突然在一个“突破口”跟前右转，正对着“漏斗”边缘冲上去！又是一系列的冲、停、起步操作，接着连续几个“S”形大回环，居然一举成功翻越了这座沙山！这一幕只看得大家目瞪口呆，半天才回过神来。

进了巴丹吉林嘎查（村），我们正准备宿营，跟胡三相熟的生产队长却跑过来热情地邀

TIPS

区域小气候：

群山环抱的内蒙古阿拉善盟属典型的大陆性气候。干旱少雨，风大沙多，冬寒夏热，昼夜温差大，四季气候特征明显。由于受东南季风影响，雨季多集中在七、八、九月。多西北风，一年有70多天大风天。

线路评价：

高速公路、省级公路与戈壁沙漠各1/3，兰州到山丹400多公里全线高速公路。山丹到额肯呼都格为省级沥青公路（有一段约40公里为沙石路面，但较平坦）。余下的是戈壁滩或纯粹的沙漠。有人认为巴丹吉林的沙山高度甚至超过了非洲撒哈拉沙漠的最高处。独特的地理环境与历史背景，使阿拉善地区成为名副其实的“秘境”。

必需装备：

沙漠野营装备，除了防寒的帐篷睡袋以外，还要在额肯呼都格镇提前购置御寒的毛毯，被称为“生命禁区”的巴丹吉林沙漠要是发怒起来可真不是闹着玩的。另外还有炊具和餐具。备用的油桶多带几个，从额肯呼都格深入沙漠深处都找不到加油站了。

加油提示：从额肯呼都格以后都没有加油站了，万一没油只有找牧民买他们为摩托车或汽车备用的油，所以最好多带几桶备用油。

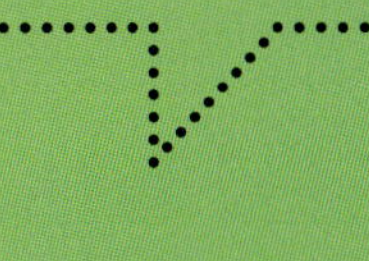

黄沙间的碧水可能没有大海般湛蓝，也没有大河般雄浑，但却为沙漠保存了难得的柔美。

我们去他家住，我们不愿意打扰，最后折中了在生产队的房子里打地铺，睡睡袋，这一夜虽然还没有床可以住，但是比在沙漠里露营不知道强了多少倍了。胡氏兄弟轻车熟路，晚上就在牧民家搭伙做饭，还一块喝了不少马奶酒，再一次见识了牧民的爽快。

巴丹吉林庙是我们这次深入巴丹吉林沙漠的目的地。它处在一个四面环绕着高大沙山的盆地里，让人们能住下来的惟一原因就是这个盆地最低凹处有个海子——沙漠中的湖泊。“巴丹吉林”的意思有一种说法就是“海子众多”，但这些海子绝大多数是咸水。其实现存的每一个海子都有泉源注入，那些泉水也都是淡水，只不过因长期以来海子里逐渐融入的盐碱及水的蒸发形成了咸水。海子周围常为牧场及聚落所在，“庙海子”就是一个典型。除了几户牧民的房屋以外，还有十来间生产队的房产。

第二天一大早，我们先去巴丹吉林庙主持桑木腾喇嘛家中拜访。桑木腾气色很好，完全不像70多岁的老人。他家的房子同这里的其他牧民家一样，屋子前有院墙，不同的是院外的高处整齐地码放着高高的梭梭柴垛。胡氏兄弟曾对我说过：蒙古人是很看重自家门前的那些柴垛的，高大而整齐的柴垛是持家有方、家底殷实的标志。

桑木腾家里有他的老伴、儿孙。还有一位徒弟也和他们一家住在一起。待客热情的桑木腾家人为我们端来炸油果（蒙古人一概称为“馍馍”），倒上茶水。桑木腾的家就在巴丹吉林庙的近旁，我们请他带领着去庙里参观，桑木腾同徒弟先去更衣——同阿拉善地区我所见过的其他寺庙里的喇嘛们一样，桑木腾看来平时也是不着袈裟的。

坐落在黄沙碧水间的巴丹吉林庙显得肃穆而有情调，庙前的一片空地有铁丝围栏圈起，围栏上有用栅栏做门，并上了锁。桑木腾打开锁，带我们走进去。

据桑木腾介绍，巴丹吉林庙始建于清雍正年间。当时建筑所用的砖瓦石料全部用骆驼从沙漠外驮运进来，可知极其不易。更为令人费解的是庙里的三口（一口毁于文革）巨大的铁锅，以骆驼之力是无法驮运进来的——这成为巴丹吉林庙之谜。

巴丹吉林沙漠的海子因大都是卤水，许多海子里都生长有卤虫。这种卤虫约有稻米粒大小，红色，状如虾，成群浮游。这种卤虫的卵当地人叫“虫蛋”，咖啡色，极细小，一般都漂浮在水面上，捞虫人可以用专做的滤网来捕获它们。阿右旗政府将巴丹吉林中的海子视大小不同，以每个海子每年10～40万元的收费承包给当

地人，取得了在海子里捕捞权的老板们再雇工专事捞虫卵，负责吃住外，按每公斤干虫卵两元人民币给工人支付工钱。捞虫卵一般每年从3、4月开始到11月结束。每个捞虫民工的收入在四五千元到七八千元之间。听胡三说：去年因受美国盐湖卤虫卵的影响，阿拉善右旗的卤虫卵售价一落千丈——从前几年的1公斤数百元跌到数十元，鉴于所有承包人都亏损的实情，政府今年免去所有海子的收费。

»第六~七天……【675公里】雅布赖镇—孟根布拉格—查干陶勒盖—达吉岔路口—巴彦浩特镇—乌斯太镇—巴彦淖尔磴口县

沿着S317、S218公路，穿过巴丹吉林与腾格里间的400多公里戈壁，中午赶到了巴彦浩特。巴彦浩特在蒙古语里是富足的城，她既是阿拉善左旗旗府又是阿拉善盟盟府所在地。街道宽阔、规制有序，有些现代城市的味道。

腾格里沙漠就在巴彦浩特周边，就是离市区30公里的腾格里达来。月亮湖是腾格里沙漠的标志性景观，有沙漠香格里拉之称。如此顺便，好像又没有不去的道理。午后小憩，驱车轻轻松松到了景区。我们开的虽然也是越野车，但进腾

巴丹吉林庙如果不是坐落在阿拉善深处，可能就不会拥有如此震撼人心的气势了。

格里沙漠还是不大保险，所以跟两位银川游客拼租了一辆沙漠吉普。

司机或许为了显示车技，或许为了增加刺激，加大油门专找陡坡、峭壁开行。同行的银川姑娘不时发出尖叫，我们却波澜不惊：见识过巴丹吉林的险峻，腾格里便当如履平川。半个小时的路程就是月亮湖。据说鸟瞰月亮湖，像是一幅中国版图，湖中的芦苇像是省界区划。可惜没有这个角度，相机的广角也不够开阔，仅取了湖的一角。坦白讲，腾格里沙漠的面积跟巴丹吉林相比真是小巫见大巫，但是它也有它的好处，腾格里沙漠的南部已经进入了宁夏中卫地区，延伸到了黄河边，也就是著名的“沙坡头”地区。沙漠跋涉一天固然不易，但是最后能扎起羊皮筏子渡黄河，就将这种跋涉的乏味完全抵销了。

本来以为从巴彦浩特往东去乌拉特草原，中间就没有什么可以吸引我们停留的东西了，没想到，中途的乌斯太镇又给了我们一个惊喜。

2007年9月，乌斯太镇巴音敖包嘎查科泊尔地区发现了世界上最大的一片原始梭梭林，总面积达200多万亩。野生沙地梭梭属我国濒危保护植物，它看上去很是其貌不扬，不挺拔，不参天，也不是观赏树种，

【王平/摄】

上、下图：沙漠中的金碧辉煌，不只有被阳光青睐的金沙，也有夜色中塔銮的华灯，更有千年胡杨与红柳的不朽咏叹。

【聂晶洁/摄】

巴彦浩特是个古典与现代紧密结合的城镇。【王平/摄】

但是它的顽强生命力和它所维护的沙漠生态植物群落可以说是沙漠上赖以为继的生命之源。

科泊尔野生梭梭林地处乌兰布和沙漠腹地，东缘至阿拉善左旗巴音木仁苏木黄河以西，南缘至宗别立镇，西缘至吉兰太镇，北缘至敖伦布拉格镇，林区范围东西长约60公里，南北宽约50公里，最粗的梭梭主干直径达二三十厘米。

“就是那片乱树毛子吗？”当我们开车去找寻那片梭梭林的时候，很惊愕地听到了过路的牧人这样的问话。看来，那些并不挺拔的弯曲树干在他们眼里就只是好用的烧柴，能带来温暖的火花而已。还算幸运，路上遇到了一位来科泊尔考察的生物老师，据他讲，科泊尔野生梭梭林中沙生植物种类繁多，有白刺、冬青、芨芨、沙葱等十几种。林中还生活着狐狸、兔子、野猪、獾、黄羊、野鸡等十几种野生动物。他指着路边那些铺一张塑料布叫卖特产的当地人说，他们卖的是肉苁蓉。

如果说，梭梭本身就很不起眼的话，那么寄生在梭梭根部的肉苁蓉就更容易被人忽略了。不过，肉苁蓉的某些功效还是让它获得了一个爱称——“沙漠人参”。乌斯太镇不是阿拉善最大的肉苁蓉产地，在巴丹吉林那边已经有很多企业来合作开发肉苁蓉产品，比如苁蓉酒、苁蓉茶、苁蓉咖啡等等，而乌斯太基本上还停留在比较原始的采集状态。风中的沙漠如虎啸龙吟，怒吼着，咆哮着，连沙漠中的方舟——骆驼都会缩颈低头，但是平凡的梭梭和肉苁蓉却依然故我，顽强地伫立在黄河的迎风面，用身躯完全抵挡住沙漠的肆虐，为黄河树立起一道不高却坚实的屏障。

巴彦淖尔

悲喜敕勒川

“敕勒川，阴山下，天似穹庐，笼盖四野，天苍苍，野茫茫，风吹草低见牛羊。”这句诗念了几十年，只是把它当成对草原的一个笼统的赞誉，等到从阿拉善驾车进入巴彦淖尔地区，才知道这句诗所描述的就是该地区阴山以北的乌拉特草原。乌拉特草原在历史上只是元太祖十五贝子的一个世袭之地，比起内蒙古高原上其他的草原来说也不算壮丽，但却因为一场充满力量的“阴山那达慕”，名气不胫而走。

曾经，这里是内蒙古最重要的产粮区，匈奴、鲜卑、蒙古人都为这块土地纷争不断；阴山之下，又是二狼山的白山羊原产地，那些生活在悬崖峭壁上的羊为各个部落贵族的生活提供了最昂贵的乌拉特羊绒。还有，那片美丽的乌梁素海，曾经是多少水鸟追逐的家园，可是如今，满目疮痍。谁来拯救敕勒川?

【王平/摄】

在到巴彦淖尔之前，可以去拜谒一下延寿寺。【王平/摄】

» 第一天……………【65公里】
磴口县—巴彦淖尔市

在阿拉善的几天虽然十分丰富，行程却着实很长，不禁有些疲惫，从乌斯太镇经磴口县到了巴彦淖尔，便想好好地歇一歇。巴彦淖尔是内蒙古自治区西部的一个新兴城市，“巴彦淖尔”系蒙古语，意为“富饶的湖泊”，处于河套平原和乌拉特草原上，东接包头市，西邻阿拉善盟，南隔黄河与鄂尔多斯市相望，北与蒙古国接壤。这“敕勒川”指的就是巴彦淖尔北部广阔的天然牧场，俗称乌拉特草原。乌拉特草原是内蒙古自治区九大天然草场之一，主要分布于乌拉特前旗、乌拉特中旗、乌拉特后旗和磴口县境内，草原地势从西北向东南倾斜，草场可利用面积41390平方公里，其中86.6%属于荒漠半荒漠草场。

乌拉特的草原中心有一堆大乱石，非常突兀，车子远远地开过去，它就猛地凸在那里，像一个恶作剧式的意外。据说，这些石头是第二纪冰川时期的遗迹，原本这里是一片海洋。站在大乱石的最高处，极目四望，草原蜿蜒无边，东面的阴山山脉连绵不绝，秦长城依稀可见。乌拉特草原这个季节可谓绿草如茵，牛羊肥壮，气候凉爽，幽静宜人。在这片草原上行走，有一股很好闻的香气，那是来自于当地的一种草，汉人说不上名字，蒙古族牧民叫“文文草”，会散发出幽香的气味，我在其他的地方没有闻到过。古人闻香下马，我们是闻香下车，就在草原上找了一个帐篷餐厅吃饭，没想到蒙对了地方。这里的羊肉是我吃到过最好的一种，似乎比北疆阿尔泰的还要好，奶茶也比新疆的要柔顺入口。在这里好像周边的每个人都可以大声说话，大声唱歌，不过最受不了的是要大碗喝酒，这里的人好像都有一副好嗓子，一个好酒量，还特别会说祝福的段子。

乌拉特草原的那达慕大会，是当地传统的群众集会，每年举行一次。主要内容有摔跤、赛马、套马、赛骆驼、舞蹈等活动。“那达慕”一般于七八月间举行，若是正遇上那达慕盛会，可以观看传统的民族体育表演，还可以与牧民们一起角逐，参加这兴趣盎然的娱乐。

因为还没到那达慕大会的会期，所以草原上并不热闹，除了偶有放牧的牧人赶着他的牛羊从我们的车前穿过，几乎没看到运载着帐篷的卡车，当然，也就看不到绿色草原上那一朵朵可爱的“白蘑菇”了。不过，这并不影响游人的热情，随处都可以看到外来者身着蒙古袍，脚蹬蒙古靴满草原转悠。更有勇者，跨着追风的骏马，或是乘上稳健的骆驼，在草原上漫游。

夜宿乌拉特草原，侧耳倾听阵阵牧歌，抬头数点点繁星，遥想当年，元太祖之弟哈布图哈萨尔的十五世孙布尔海，游牧呼伦贝尔，他被赐予的部落就叫“乌喇特”，也就是今天的乌拉特草原。这位年轻的世子也许正像我们一样，夜夜在篝火边歌舞升平，只不过，他们始终没有摆脱游牧的命运，正如我们永远要走在路上一样。

» 第二天…………【145公里】巴彦淖尔市—五原—乌梁素海

乌梁素海位于乌拉特前旗境内，距乌前旗政府所在地西山嘴镇 13 公里，距国道 110 线 22 公里，是黄河改道形成的河迹湖，也是中国八大淡水湖之一。曾几何时，这颗夺目的“塞外明珠”是整个巴彦浩特盟的骄傲，因为它是全球范

看到这些芦苇，谁能想到就是它们毁了乌梁素海？

TIPS

自驾路线：

磴口县—巴彦淖尔市（京藏高速公路，65 公里）—五原县（京藏高速公路转京新高速公路，108 公里）—乌梁素海（国道 110 线，60 公里）—乌拉特前旗（国道 110 线，45 公里）

自驾内容：

比起在阿拉善一待七八天的眷恋，在巴彦淖尔短短两天我们只能算是匆匆过客。

阴山山脉横贯巴彦淖尔东西，南麓是广阔的河套平原，北麓就是辽阔的乌拉特草原。七八月间，当一顶顶新搭的帐篷在此地如繁花一般怒放时，一场盛大的阴山那达慕就要开始了。

每个人到了乌拉特都会受那达慕的热烈气氛感染，换上蒙古袍，脚蹬蒙古靴，跨上追风的骏马，或者乘上稳健的骆驼与蒙古族同胞一样去草原上漫游，有的还要跃跃欲试参加一些赛事。

看过那达慕的热情之后，再去乌梁素海，热情可能会瞬间冷却，但是却不能不关注这块被污染的地方，因为越没人关注，它的恶化就会越快。相反，多一声呼吁，就多一分希望让乌梁素海早得重生。

围内干旱草原及荒漠地区极为少见的大型多功能湖泊，也是地球同一纬度最大的湿地。在浩瀚的湖水中生息着鲫、草、鲢、赤眼等20多种鱼类，尤其以盛产黄河大鲤鱼而蜚声内蒙古。每到春、夏、秋三季，锦鳞跳跃，鸟语花香，有130多种珍禽异鸟在这里安家落户，生息繁衍，其中有列入国家重点保护的疣鼻天鹅、大天鹅、斑嘴鹈鹕和琵鹭……但是，这样一片难得的“地球之肺”，如今却濒于消失。走近湖边，有些不敢相信自己的眼睛——曾经坐拥上千平方公里湿地的乌梁素海，现在竟然只剩下四分之一都不到，更可怕的是，大量黄苔滋生，大量垃圾飘浮水面，多处可见死鱼……为什么会这样？

在沙漠和草原之间，一条条新的油路悄悄延伸。【王平／摄】

看到湖边有一些人正拿着仪器在做监测，以为他们是环保部门的人，便信步上前去了解情况。没想到，他们不属于任何单位，而是从北京自发组织来的一些城市环境系的学生。我看学生们都围着一个中年人叽叽喳喳，还以为他是位带队的大学教授，便走过去攀谈一下，这样认识了张长龙。这位曾经最好的渔把式，现任乌梁素海湿地保护区编外管护员。

张长龙的老家在白洋淀，1955年随父亲来到乌梁素海的新渔场。那时他仅仅三岁，整天赤条条的，在海子里翻着水花。张长龙天生就是水命，离了水他就没有力气，打不起精神。他还特别能潜水，嘴里叼根苇管，隔一会儿，咕嘟咕嘟冒一串泡泡，在水下潜上个把时辰不成问题。他回忆说，刚来渔场时，乌梁素海水鸟和鱼多得超出想象。多到什么程度呢？水鸟多得飞起来遮天盖日，落到海子里见不到水面。鱼呢？那就更多了……套马杆插在水里，生生不倒……乌梁素海的鲤鱼就是好吃，舀海子里的水炖鲤鱼，那是河套一带远近闻名的美味。除了捕鱼，张长龙还在海子里猎雁猎野鸭掏鸟蛋。那时候，天天饭桌上有鱼虾，有酒喝，日子过得那叫一个滋润。

后来，一个人的出现令张长龙改变了自己的活法。那个人是一位鸟类学家，叫邢莲莲。上个世纪90年代初期，作为内蒙古大学教授的邢莲莲带着研究生来乌梁素海搞鸟类调查，请张长龙当向导。接触的过程中，张长龙学到了许多鸟类知识，知道了鸟类是人类的朋友。从此，他成了乌梁素海湿地保护区一个不拿工资的编外管护员。

这几年，张长龙是越来越

不开心了。巡护回来，他常常一个人在窝棚里喝闷酒。他的不开心源于乌梁素海的水。乌梁素海的水质是越来越差了，由于工业废水、农业废水（农药、化肥含氨氮、汞和高锰酸钾的指数严重超标）和生活污水的涌入，乌梁素海迅速富营养化，淤泥越积越厚，芦苇不断疯长，黄藻不断疯长，水域面积缩小，海子的底儿抬升，平均水深已经不足一米了。这是怎么啦？张长龙自言自语，乌梁素海一定是出了问题。

活水变成死水的原因是什么？乌梁素海湿地保护区管理局局长岳继雄说，除了这几年向乌梁素海补水太少外，活水变死水的主要原因是利益驱动。一些外地商人承包租赁了乌梁素海周边的芦苇滩地，大面积经营芦苇。为了让那些芦苇长得更好，卖更多的钱，那些苇商们就雇人筑起一道一道的土坝，把水放进来，却不放水流出去。特别是乌梁素海的下梢，都被这样的土坝一道一道地分割了，本来是流动的活水，都成了死水，芦苇在死水里疯长，生活在死水中的疣鼻天鹅和野鸭、大雁等水禽却不断地出现死亡现象。虽然政府发文明令不准筑坝，保护区的管护队员也多次现场制止，但由于权属等复杂的原因，苇商雇人筑土坝的行为仍然屡禁不止。

张长龙一看到那些土坝，心里就来气。月黑天，他曾偷偷用铁锹把那些土坝掘开一个一个的口子，让水流动起来，可用不了多长时间，那些口子就又被合上了。他之所以恨那些土坝，是因为土坝里疯长的芦苇阻挡了疣鼻天鹅的起跑飞行。疣鼻天鹅的体重接近鸟类飞行的重量极限。小型的鸟类，只要展开翅膀，双腿用力一蹬，就能很快飞向高空。而疣鼻天鹅却不行，它个头太大，必须有120米以上的跑道并且通过“九蹬十八刨”，才能产生足够的起飞速度，飞翔起来。可如果芦苇荡太过茂密，没有一定的水域空间，一旦遇有紧急情况，往往就会给它们带来致命的灾难。

2011年底，《内蒙古乌梁素海富营养化治理建设项目可行性研究报告》获得国家发改委批复。按照这一规划，乌梁素海富营养化治理项目建设期限3年，到2020年，乌梁素海治理总投资将达到86.2亿元，最终目标是使入湖污染负荷在现有基础上减少70%，水质达到四类标准，水生态系统全面改善。专家曾经预言过，如果不进行很好的治理，乌梁素海可能会在一二十年内消失。这次的大治理速度能否跑赢污染的速度？只能拭目以待。

临走时张长龙有些得意地告诉我们：这个春天，天鹅还是来了。

TIPS

住宿

乌拉特规格最高的只有三星级酒店，其中英丽泽大酒店成立于2010年，酒店建筑面积14000多平方米，是一家集贵宾接待、商务活动、重要会议、婚庆宴会、及各种商贸活动为一体的综合型酒店，有各类客房共84套。另外还有一个乌拉特大酒店。

夜宿车站边的巴运宾馆(90元/三人间)，是经济型选择。

购物

乌拉特草原除了盛产牛、骆驼及肉苁蓉、发菜、黄芪等等之外，最有名的就是二狼山的白山羊，年产绒毛8000多吨，有“纤维钻石”之美誉。

推荐景区：乌拉山国家森林公园

位于乌拉特前旗境内的乌拉山段，是1992年林业部确定的45个国家森林公园中最大的一个，主峰大桦背海拔2332米。景区峰峦叠嶂，松柏参天，山势陡峻，沟壑纵横。

乌拉山森林公园植被茂盛。核心区森林覆盖率达67％以上。国家级保护动物4种，主要有雪豹、金雕、蒙古斑羚、猞猁等。

乌拉山有悠久的历史渊源。北魏时称跋那山；唐代称朝那山；元代称穆纳山；明代称母纳山；清代称穆纳乌拉。大桦背叫“拂云堆”。早在汉代，我国北方民族就有人在大桦背上设坛祭天，一直延续至今。

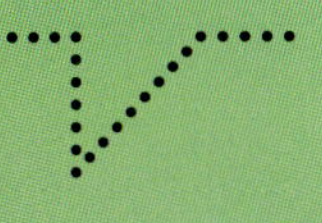

鄂尔多斯 割裂后的回归

“鄂尔多斯”这个词代表了多个概念，鄂尔多斯羊绒、鄂尔多斯市、鄂尔多斯草原，还有鄂尔多斯现象。如果从地理的角度讲，这些概念本来应该是同一的，但是在铁铮铮的事实面前，它被无情地割裂了。

最早出现在人们视野里的应该是鄂尔多斯羊绒，在 20 世纪八九十年代，能拥有一件超级紧俏的鄂尔多斯羊绒衫不仅说明家底殷实，还能显现出这个家庭对外联络与交易的手段。当然，羊绒背后隐含的概念就是草原，没有草原哪有羊群，没有羊群哪有那象征贵族标志的商品。然而，在那个旅游业尚不发达的年代，大部分内地人对鄂尔多斯草原一无所知。

21 世纪伊始，仿佛在一夜之间人们通晓了一个名字——“鄂尔多斯市”，那个如拉斯维加斯一样在草原上神秘崛起的暴富之城。它暴富的原因其实很简单，因为“羊、煤、土、气”（羊绒、煤矿、稀土和天然气）。然而，暴富之后所带来的别墅、豪车和一堆堆腰缠万贯的农民，并没有让这个城市瞬间变身大都会。相反，花 50 亿巨资打造的康巴什新区成了一座名副其实的“鬼城”，请 100 位国际知名建筑师设计的“鄂尔多斯 100”被弃之荒野。于是，“鄂尔多斯市”的概念又衍生出了发人深省的“鄂尔多斯现象”。

再入鄂尔多斯，似乎是本能地绕开了城市，不是源于对“鬼城”的恐惧，而是对草原本能的回归。就算再怎么暴富，一个康巴什只能代表自己，代表不了杭锦旗、伊金霍洛旗和鄂托克旗的广大草场。

» 第一天…………【350公里】乌拉特前旗—七星湖—杭锦旗—鄂尔多斯市

草原和沙漠似乎是两个风马牛不相及的事物，一个碧绿如织，一个万里黄沙，然而造物就偏偏是这样弄人，不愿给它们划分明显的界限，总是你中有我，我中有你。因此，就有了我们进入鄂尔多斯地区的这种奇妙感受——想去杭锦旗的大草原上撒撒欢儿吗？抱歉，先得跋涉穿越库布齐沙漠。

从巴彦淖尔市的乌拉特前旗往东，走一小段国道110线，到乌拉山镇转省道215线，在独贵塔拉镇南部上了著名的沿黄高等级公路，掉头向西，大概再走半个小时，就可以到库布齐沙漠北部边缘的七星湖区。七星湖，顾名思义，是7个湖泊的组合。在草原上，尤其是沙漠腹地，除了不息的大河，很难有涓涓细流留存许久。七星湖是黄河故道的冲击湖，也就是说伟大的黄河曾经在这里奔流驰骋，待水量渐小以后慢慢退去。流沙见有机可乘就迅速占领阵地，被拦腰断成一截截的河水就聚成了一汪汪湖泊。一经成湖，无懈可击，流沙再凶恶也无力续进，碧波荡漾的湖泊七姐妹就留在了沙漠之中，奇峰耸拔的沙山无奈也只能做了她们的卫士。

“天上北斗成行，地下七星拱月”，有一颗“星星”，便有一个“道图”。“道图”在蒙古语中是“有声”或者“作响”的意思，七星湖中的扎汉道图、东达道图和大道图(又叫伊克道图)3个湖统称为“道图湖”。它们是不是就是当地牧民口中的“响水海子”呢？神奇的传说给这些海子赋予了浪漫的色彩，说过去这里有一种水牛鸟，眼如饭碗，肢如木椽，体如牛身，在空中盘旋轻

七星湖近年来水量渐小，个别地方已近似于滩涂。

如果以为鄂尔多斯只有那些一夜兴起的高楼大厦，那就大错特错了。

如羽毛，叫声如牛吼，发出“哞哞”的声音。许多飞禽走兽视它为怪物，只要看到它的影子便都躲起来。不过，当地的蒙古族牧民却认为这种鸟能够人们消灾免难，带来吉祥，于是取名“道图”，就是说它们震天的吼声可以赶走一切魑魅魍魉。七星湖区的牧民常说，不怕在沙漠里迷路，就怕听不到“道图”的响声。

这3个道图湖以沙山相隔，湖水异常清澈，湖内芦苇丛生，生长着甲鱼、红拐子鱼，草鱼、鲫鱼、白鱼、鲶鱼等几十种原生鱼类，还栖息着一二十种鸟类。最东边的扎汉道图又叫天鹅湖，水面千余亩，每年春秋两季白天鹅便会如约而至；中间的东达道图（又叫遗鸥湖）则是小鱼小虾的乐园，也吸引了众多鸥鸟在这里繁衍。除此三湖之外，还有沙山上的神海子、被称为“珍珠湖”的小泡子和最为神圣的伊克尔神湖，每一个湖都显现出巨大的差异性，走一圈儿下来，也不会感到乏味。

从七星湖往南就进入了真正的鄂尔多斯草原。鄂尔多斯草原主要在杭锦旗境内，最大的特色就是核心区由一个蒙古大营和100多个蒙古包组成了一个巨大的蒙古包群，比赤峰克什克腾旗那个大营还要大好几倍。从草原的概念上来说，鄂尔多斯市可以忽略不计，但是紧傍市区的伊金霍洛旗却是鄂尔多斯草原不可分割的一部分。比起内蒙古东部广袤的大草原来，这里真不能算得上水草丰美。不过，这种草原和沙漠交错的荒蛮景观也算别具一格吧。

TIPS

自驾路线：

乌拉特前旗—七星湖（沿黄高等级公路，90公里）—杭锦旗（省道215线，139公里）—鄂尔多斯市(荣乌高速公路,120公里)—响沙湾（包茂高速公路，94公里）—达拉特旗（包茂高速公路，22公里）—包头（包茂高速公路，45公里）—五当召（京新高速公路、省道211线转青五公路，67公里）—固阳秦长城（县道076线，43公里）—白云鄂博草原（县道077线，95公里）—百灵庙镇（省道104线，43公里）—石宝镇（县道089线，62公里）—希拉穆仁镇（县道089线，27公里）

自驾内容：

鄂尔多斯大草原最好的一片就在杭锦旗附近，从巴彦淖尔的乌拉特前旗不必走包茂高速公路绕道包头，而是从乌拉特前旗走一段沿黄高等级公路，就可以进入杭锦旗库布齐沙漠腹地的七星湖地区。看过了如北斗七星一样排列的七星湖夜色，可露宿一晚，再进入库布齐沙漠。

库布齐虽然不是中国面积最大的沙漠区，然而它向以神秘莫测而著称，不仅沙山之下隐藏着无数的盐矿，而且还有100多公里长的响沙湾，时刻在荒漠中演绎铿锵有力的勇士进行曲。

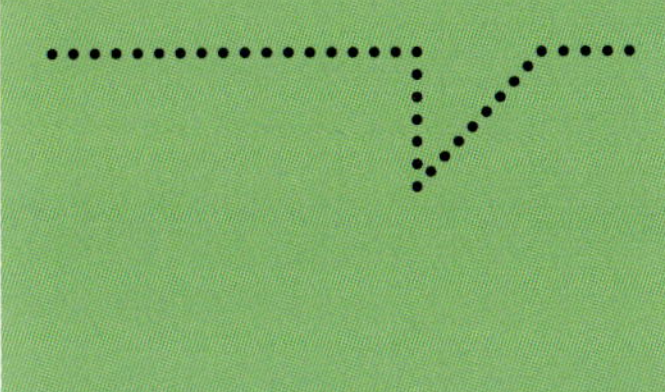

"举着喇叭唱着歌"，在响沙湾的怀抱里，就像进了温柔乡。

》第二天…………【160公里】鄂尔多斯市—响沙湾—达拉特旗—包头

进入库布齐沙漠以后，"道图"的传说并没有完结，而是令人惊异地发现：原来沙漠上亦有"道图"，只不过不是海子，而是沙丘。九曲黄河几字弯里有股长400公里、最宽处达50公里的大沙，这就是著名的库布齐。黄河几字弯像个弓，自西向东横亘的大沙像弦，蒙古语里的弦就是"库布齐"。这股大沙西宽东窄，有200公里在杭锦旗境内，其余200公里在达拉特旗和准格尔旗境内。库布齐沙丘连绵，偶有一股股湿地，灌木草滩，还有一些湖泊和季节性河流，所有这些与其他大漠没什么区别。但仔细观察，里面有好多独特的东西，比如哈日芒乃盐湖。

哈日芒乃盐湖不仅在鄂尔多斯地区有名，而在长城以南也很出名。在漫长的历史进程中鄂尔多斯牧民不管哪个旗，都会象征性地交些税银，尽力运取盐块，而后贩运到周边农区或集镇换回粮食或生活用品。从哈日芒乃盐湖延伸到四面八方的旧盐路豁子足以说明这一点。不仅如此，库布齐中还有几处各种矿物质湖，从西往东数，有乌兰特肯、查干淖尔、查干呼吉尔、哈日芒乃、道图、图古日格等，其中盐湖两处、碱湖一处、硝湖三四处。据传在大漠深处的沙下还有比现在的盐海子更大的盐矿床。

越是深入大漠，就会发现越多的"道图"。在这个大沙里头叫道图的海子有4处，而叫道图的沙丘无数，整个从达拉特旗响沙湾到沙日召，宽两三公里，长一百来公里，形成了一道长长的"大道图"，这种奇观在全世界都罕见。

大漠南边，也就是在阳面，奇特的自然景观更多，只是路不畅，知道的人太少。从南面看，大沙本身就是壮观。另外，

堤阁梁、铁曼哈达、铁木纳哈达、书柜哈达、哈日哈达等等都令人惊奇。尤其是堤阁梁，在浩瀚的沙海里像个孤岛或者一艘巨大的航空母舰，高高屹立。上了堤阁梁，可以看到鄂旗境内的卓资山和巴盟境内的二郎山。堤阁梁东畔有一块柴登滩，大约百十来亩。紧挨着柴登滩就是哈日哈达，在那座叫哈日哈达的怪石上长着几棵野杏树，石头脚下有一个不太起眼的泉眼，泉水不大不小，一年四季不干枯。

有人说，如果要看内蒙古某片草原在历史中的地位，就要看在这片草原曾经有过多少召庙。像沙日召、沙日特莫图等鄂尔多斯西部重要的宗教活动点，还有甘珠庙、占加庙、巴城庙、格更召、堤阁独岗、辛那嘎尔庙、苏泊尔干庙……以及许许多多数不清的召庙，足以说明库布齐曾经的辉煌。因为，草原贵族建庙，一是选择风水好的地方；二是有建设资金；三是要有高僧，三者缺一不可。库布齐有古城遗址，有过这么多的召庙，还有数不清的大小敖包，而敖包作为萨满教的痕迹历史要比召庙还早的多。在诸多敖包里头，在巴音乌素镇至图古日格苏木中间有个小小的马日斋敖包，敖

TIPS

关于银肯响沙

银肯响沙（即响沙湾）位于内蒙古鄂尔多斯市达拉特旗南部，库布其沙漠的东端，北距草原钢城包头市50公里。

响沙湾居中国各响沙之首，被称为“响沙之王”。“银肯”是蒙语，汉语意思是“永久”。

银肯响沙陡立于罕台河谷西岸，因为时有清泉从坡底涌出，便更添奇特。响沙湾沙高110米，宽400米，依着滚滚沙丘，面临大川，背风向阳坡，地形呈月牙形分布，坡度为45度角倾斜，形成一个巨大的沙丘回音壁。沙子干燥时，游客攀着软梯，或乘坐缆车登上“银肯”沙丘顶，往下滑溜，沙丘会发出轰隆声，轻则如青蛙“呱呱”的叫声，重则像汽车、飞机轰鸣，又如惊雷贯耳，更像一曲激昂澎湃的交响乐。

响沙湾的沙漠总面积约有1.6万平方公里，沙坡斜度约50度，其上没有任何的植被覆盖，从沙丘的顶部向下滑会响起“嗡嗡”之声。

响沙湾的沙鸣奇迹如何出现？相关学者曾提出“地形说”、“共鸣箱原理”、“静电学说”等种种理论来揭示它的成因，但目前尚无定论。

◆响沙湾景区门票：

80元/人次（学生半价）

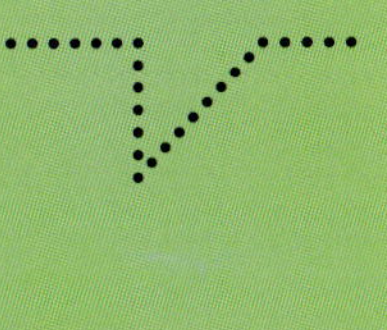

在响沙湾滑沙不仅有动感还有“音乐”可赏。

包周围的石盘上有不少马蹄印和放茶壶、茶勺的痕迹。据传这是成吉思汗西征时他的一部分兵马在这里打过尖留下的痕迹，敖包也是由他们堆起来的。是真是假无法考证。

穿过包头南部50公里的响沙湾，库布齐沙漠就到边缘了。响沙湾在蒙语中被称为“布热芒哈”，意思是“带喇叭的沙丘”。这个名字显然与“道图”如出一辙，看似荒凉肃杀的大漠竟然是“举着喇叭唱着歌”伴我们一路，金黄色的长长的沙丘就像伴舞舞女的水袖，优美地翻转着，将我们一直送出了沙漠地带。

» 第三天…………【210公里】包头—五当召—固阳秦长城—白云鄂博草原

在包头稍事休整，我犹疑着要不要去白云鄂博，因为严格来讲白云鄂博真不能算草原，而只是一个矿区，没有天上地下的两群绵羊，也没有令人心动的泡子或者海子，然而内心始终存着些期望，期望这个矿区能给我一些惊喜。

行路不欣赏等待，即刻出发去五当召。蒙古语中“五当”意为“柳树”，而五当召的前身巴达嘎尔庙之“巴达嘎尔”在藏语中意为“白莲花”。即使我对这寺庙不大感兴趣，但一个种满了柳树的古寺，又盛开着白莲花，这种联想本身就让我兴奋。事实上，这座召庙建在五当沟的一座叫做敖包山的山坡上，面南背北，是一幢层层依山垒砌的白色建筑。不忍打扰召庙的宁静，将车停在山脚下，一步步走向那苍松翠柏中的顶点。虽然没有阶梯，但那种感觉好像是在朝拜布达拉宫，尽管这只是一座袖珍版的藏式庙宇，尽管它还有一个汉族名字——广觉寺，但它仍然凝聚着创建者的魅力。他是第一世罗布桑加拉错活佛。在大青山深处，这位可敬的僧人默默忍受着孤独，一点儿一点

去广觉寺的路上偶遇马群，原来矮小的蒙古马速度一点儿都不慢。

TIPS

五当召

五当召位于包头市东北70多公里处，是内蒙古最大的藏传佛教寺院，以八大经堂（现存六座）、3座活佛邸和一幢安放本召历世活佛舍利塔的灵堂组成；另有僧房60余间以及塔寺附属建筑，全部房舍2500余间。

现存六大经堂为苏古沁殿、洞科尔殿、却伊日殿（显教经堂）、当圪希德殿、阿会殿（密宗经堂）、日本伦殿（菩提道学经堂）等。各殿各有特色，或立高达10米的释迦牟尼铜像，或供高达九米的黄教始祖宗喀巴铜像，或护法金刚像，或供奉白度母和绿度母塑像等。

五当召是内蒙古地区有名的学问寺。它为了弘扬佛法，专门设有供喇嘛们学习经典，研究佛学的学塾（札仓）。学塾分4个部分：时轮学部，设于1750年；显教学部，设于1752年；密宗学部，设于1800年；菩提道学部，设于五世少佛时期，是本召设置最晚的学部。蒙古著名史学家达摩陀罗在《白莲念珠》中记载，“五当召的经学最为有名，到19世纪末，本召僧侣仍有800余名。”

◆五当召门票：

40元

儿树立起与西藏的布达拉宫、青海的塔尔寺和甘肃的拉卜楞寺齐名的内蒙古最大藏传佛教寺院。

去白云鄂博会途经一个固阳秦长城，实话说对它很失望，它看上去更像是新建的而不是古迹，所以没作停留，直驱白云鄂博，那片“富饶的神山”。穿越了几道小山谷，眼前豁然开朗，那是一片已经接近尾声的油菜花田。虽然花已失色，阳光正好。不远处，草原大风车用它们投下的巨大阴影来向我们反证阳光的伟力。就在这一刻我似乎产生了幻觉——那些比钻石更贵重的稀土在绿草被下熠熠发光。当然，现实并非如此。主矿区是一个巨大的大坑，虽然当地人告诉我那曾经是一座山，但我真是很难相信。白云鄂博在历史上是当地蒙古族牧民的神山圣地，眼下人们就在神山之下挖掘神的馈赠，但他们也非常知道感恩。每年农历五月间，数百里之内的牧民都会云集神山那达慕，向他们心中的主宰朝拜。

» 第四天…………【130公里】白云鄂博草原—百灵庙镇—石宝镇—希拉穆仁镇

希拉穆仁这几个字简直就是“迷茫”的代名词，不管是网站信息还是当地的旅游介绍，光是归属地就有好几种说法——乌兰察布盟、包头市达尔罕茂明联合旗、呼

虽然，希拉穆仁草原已无往日的情致，但蒙古大营门前的卫士却依然挺拔。

TIPS

白云鄂博矿区

白云鄂博铁矿于1925年由地质学家丁道衡发现。1934年，著名地质学家何作霖发现了白云鄂博矿的两种稀土元素新矿物，取名为白云矿与鄂博矿。

白云鄂博是一座世界罕见的多金属共生露天矿床。现已探明矿体内蕴藏着175多种矿物，71多种元素。矿物种类主要有铁、铌和稀土矿物，其中稀土资源居世界第一位。

推荐景区

"草原英雄小姐妹"事迹展览馆

"草原英雄小姐妹"事迹展览馆位于草原英雄小姐妹龙梅、玉荣的故乡达茂旗新宝力格苏木希日朝鲁嘎查，距 包头市160公里。展览馆占地1500平方米，目前面向社会开放的有展厅和影视厅，其中有价值20万元的实物资料。

希拉穆仁食宿

可以在看过草原之后去达尔罕茂明联合旗住，大约两小时车程。旗里有那达慕大会主会场，周末晚上有演出，很不错，晚上可以住在 会场旁的蒙古包里，200元一个包，能睡5个人，挺干净的，能停车，人多了还有篝火。另外住帐篷也是个不错的选择，但是要注意尽 量把帐篷搭在居民点附近，做好防蚊虫措施。

五当召的转经筒很与众不同。

和浩特市武川县。看看地图才明白，原来这片草原正好在三区交界处，“希拉穆仁”在蒙古语中意为“黄色的河”，而曾经因六世活佛行宫而闻名的清代喇嘛庙“席力图召”（汉名普会寺）就坐落在这条“黄河”边。如今“黄河”已经不知所踪，只有寺庙和草场还留存在高原上。

本以为白云鄂博矿区的草原已经退化得够严重了，没有想到，号称“活佛避暑圣地”的希拉穆仁草原更是让人瞠目结舌。这片典型的高原草场，前些年的夏秋时节一向是绿草如茵，鲜花遍地，但是近年来，不但不能“风吹草低见牛羊”，甚至连成片的草场都很难见到。当地人也总结了 7 个字，“老鼠跑过见脊梁”，听起来让人不胜唏嘘。亲眼一见，心里更是凉透了，草原上的草还没脚脖子高，真是“远看绿油油，近观癞痢头”了。停下车来讨口水喝，一位七十多岁的蒙古族老人对我们说：“有水的草原才是真正的塔拉(蒙古语译草原)，我们的草原不是塔拉，而是聂力木斯(蒙古语

曾经的草原主人，如今因为迅速沙化而数量剧减。

译眼泪）！”

沿着一条土路驶进草原，一个黄土堆积的山丘挡住了去路，听当地牧民说，这里正在采矿。走近后看到，十几米深的大坑里，几十辆运载车正在往坑外拉运黄土。绿色的山丘被移平，变成了几十米深的大坑，低处的草场堆起黄土，形成了一个个几十米高的黄土山。听说当地为了保护草原生态平衡，防止草原沙漠化，已经都禁止在草场上放牧了，没想到还有这些采矿者，为了个人的利益，把万亩绿色的草场变成了黄土山。

草原没得可看，就只能去瞧瞧普会寺了。普会寺（席力图召）建于清乾隆三十四年（1769 年），经 200 余年来的几次修葺，形成如今的规模。这座汉藏混合风格的寺庙坐北朝南，是一座长方形院落。院中排列着三重殿阁，建筑造型精巧别致，雄伟庄严。主要殿堂有四大天王过殿、大雄宝殿、后殿、西院正殿等，在草原腹地能见到这么令人心仪的殿宇，也足以令人惊叹 200 多年前蒙汉能工巧匠的技艺了。

【钱家瑞/摄】

乌兰察布
草原全画幅

看过了许多草原的小景，一入乌兰察布，便如眼前突然出现了一场盛宴，这不仅是因为乌兰察布几乎囊括了内蒙古高原所有的草原地貌种类，还因为它所处的位置，正是内蒙大草原的中部，匈奴部族曾在这里叱咤风云，后来察哈尔部落又盘踞于此，让这块水草丰美的土地日趋成为蒙古族各部落向往的中心，最终成为六部会盟的结缘之地。

乌兰察布有三大草原最令人向往：当年会盟的四子王旗处于草原那达慕的中心格根塔拉草原；堪称“绝色”的高山草甸辉腾锡勒草原；还有位于察哈尔右翼后旗的白音察干草原，与河北坝上的生态草原连成一体，成了离京城最近的“后花园”。

乌兰察布也有“海市蜃楼”，但它们不是远处的房屋，而是一排排狂舞的风车。【申玉忠/摄】

TIPS

自驾路线：

希拉穆仁镇—四子王旗—格根塔拉草原（县道0521线转省道101线，111公里）—察哈尔右翼中旗（省道101线转310线，127公里）—辉腾锡勒草原（县道560线，27公里）—乌兰察布市（县道560线转京新高速公路，94公里）—察哈尔右翼后旗白音察干镇（二广高速公路，70公里）

» 第一天…………【112公里】
希拉穆仁镇—四子王旗—格根塔拉草原

“乌兰察布”是蒙古语，红色垭口的意思。清朝初年，浑善达克周边的各旗会盟于红山口，便把建的盟以此地命名，简称乌盟。我们疾驰过了希拉穆仁草原，最先出现在眼前的就是乌兰察布盟的四子王旗，闻名遐迩的格根塔拉草原便处于四子王旗境内，它在乌兰察布的草原中虽然不是最美，但已经举办将近20届的乌盟那达慕却弥补了这一缺憾。

四子王旗的格根塔拉草原目前是乌盟最大的那达慕会场，今年已将近20届。“格根塔拉”在蒙古语中意为辽阔明亮的草原。能在这样的草原上看勇士角斗、骠骑奔驰、箭弩拔张，真是一件快事。不过，除了这些传统项目之外，那达慕很多新的惊喜让我兴奋不已。

第一个就是元代的蒙古族服饰表演。从不知道蒙古族的服饰也可以这样秀美。元朝皇帝都比较开明，所以当时的蒙古族服饰吸收了很多汉服与满服的特点，不失宽大豪爽之余，又增添了许多贵气。蒙古族的模特也许比不上别处的女孩纤细，但那种健康饱满的青春丰韵是最独特、最美丽的。

和服饰表演相比，“马术表演”简直就是一种马上选美，把蒙古族的巴图鲁与胯下神骏

为了保护草场的生态，许多度假村都修起了专供游人行走的木栈道。

草原是最好的练习场

的气概表现到了极致。看那坐骑，身瘦却有神，毛色极其俊美，或是如青缎一样的亮黑，或是如紫绸一样的枣红，或是如金锦一样的棕黄，最难得的是如哈达一样的雪白。男女骑士更是出彩，男的骁勇彪悍、体魄健硕，女的飒爽英姿、身轻如燕，无论男女皆是飞身马上四旋荡转，腾上跃下如履平地。说是选美也不确切，那样久居大漠才能养成的英姿，怎是T台上弱不禁风的MODEL可以比得？不过，来参加那达慕的人们确实是像追星族一样，在心中暗暗比较着，看自己做哪一位骑手的粉丝才好。最英武的骑手虽然得不到鲜花和奖金，但却会赢得最真诚的崇拜。

饱了眼福不算最幸福的，我们这次还结结实实饱了一次口福。谁都知道内蒙古的烤全羊风靡天下，但是格根塔拉的烤全牛难度更大。大厨一边操作一边说，最早的烤全牛是源自北京公主推荐的烤鸭技术。他在头一天，就将一只收拾好的整牛吊挂在一个用砖、泥垒筑的特大烤炉中，先点燃木炭干烤，熟后再撤去明火，用炉子的余热慢慢烘烤，经过十多个小时之后，我们正赶上牛的出炉。那场面真是壮观，几位彪形大汉一起动手，掀开炉子的顶盖，然后站在高处把热烘

TIPS

住宿：

一般分别墅双标间和蒙古包多人两种形式。

◆别墅双标间：电视、电话、独卫俱全，有插座。一般200-300元/间。

◆蒙古包多人间：有电视、没电话，没有独立卫生间，浴室公用，需自带洗漱用具。一般20-100元/间。

乌盟在集宁市选择范围也很多，像乌盟宾馆或外贸宾馆等；岱海可住凉城县宾馆。

美食：

各旗的饮食都差不多，有著名的烤全羊、手把肉、奶食品、全羊宴、马奶酒等等。平均每人不超过50元。只有景区里的蒙古族套餐每人每天要100元左右。

◆烤猪方

内蒙古传统烤制菜肴。食用时配黄瓜条、葱段、甜面酱。肉香纯正，肥而不腻。此菜是内蒙古已故特一级烹调师吴明的佳作，在全区享有烤制菜肴之魁的声誉。

◆全羊汤

内蒙古风味汤菜。俗称羊杂碎汤。把羊心、肝、肺、腰子、口条均生切成薄片，下入煮羊肉汤内，后放熟羊肚片、肠片，加以佐料而食。汤菜味鲜、辣、香而不腻。也有选用熟料制作的，两种用料风味各异。市肆餐馆经营颇多，深受群众欢迎。

烘的烤全牛抬将出来。经过献哈达敬酒的仪式之后，他们便用刀把牛熟练地肢解。我像吃烤鸭一样，先拈起一块喷香的牛皮放进嘴里，那滋味，真是给个皇帝都不换了。

大帐外，最精彩的赛马已经开始了。30公里赛马的赛程，数十名青少年骑手同时策马，这才是真正的“铁骑追风”。纵然比起马儿的血肉之躯，越野车也许更强壮一些，但是，开车时绝对少了一种飞扬的气势，少了一份风发的快慰。一瞬间，我觉得自己身上所有的激情都一齐迸发出来，几乎恨不得立刻就变成一个骑士，与他们一起去笑傲人间了。

» 第二天……………【161公里】格根塔拉草原—察哈尔右翼中旗—辉腾锡勒草原

尽管还沉浸在那达慕力与美的震撼中，但号称“绝色高山草甸”的辉腾锡勒却不断地呼唤着我们，所以那达慕一结束，就直奔卓资山。进入察哈尔右翼中旗没有多久，便遥见一道格外显眼的山梁，那就是著名的灰腾梁。

辉腾锡勒是蒙语，意即寒冷的山梁，因此也叫“灰腾梁”，这是一道淡蓝色的天然屏障，海拔2000多米，素有阴山屋脊之称。我们的汽车从缓坡向上开去，肥沃的高山草甸上满是牲畜最爱吃的苜蓿草。这里的天气变化很大，上来时还是湛蓝的天空，大朵大朵的白云叫人心跳，一路走着，不知不觉头顶上已然是浓云密布。上得山梁，便见一个接一个的都是海子。向导告诉我们，这里周边不到40公里的地方，密布着数不清的海子，早在鲜卑王朝时期，拓跋皇帝就曾命名这里为“九十九泉”。其实，灰腾梁上的海子绝不止99个，那些大的海子直径有几公里，小的只有几百米甚至几十米，有的海子就掩映在苜蓿草中，

格根塔拉那达慕

格根塔拉旅游区位于乌兰察布草原深处，距自治区呼和浩特市140公里。每年8月15~25日，都要举办旅游那达慕，这个时候也是避暑的极好时光。另外这里每年定期举行一次隆重的大型庙会，每月一次小型庙会和一年一次的祭敖包活动，在祭敖包活动中，可见到蒙古族传统的摔跤，骑马，射箭等精彩竞赛。

不仔细找还真看不见了呢。

正值夏末黄昏，大批的马群都在海子边随意吃草。我观察了一下，在这群以吃苦耐劳著称的蒙古马中，有日行百公里的三河马、上都河马，还有唐太宗称誉为“昭陵六骏”之一的乌珠穆沁马。再一细看，居然还有体格高大的俄罗斯马，它们平时不拉车，是专门放养的种马。因为海子多，天气就不会干旱，所以灰腾梁与内蒙许多经常遭遇旱灾的地方不同，土地都是肥沃的黑土地，草甸长得非常好，自然是人间绝色，另外又有一个特别的妙

7月的灰腾梁绿毯如织，没有了“屋脊”的霸气，却多了无限温柔。【钱家瑞/摄】

TIPS

美食：

◆马奶酒

每年七八月份牛肥马壮，是酿制马奶酒的季节。勤劳的蒙古族妇女将马奶收贮于皮囊中，加以搅拌，数日后便乳脂分离，发酵成酒。随着科学的发达，生活的繁荣，蒙古人酿制马奶酒的工艺日益精湛完善，不仅有简单的发酵法，还出现了酿制烈性奶酒的蒸馏法。六蒸六酿后的奶酒方为上品。

马奶酒性温，有驱寒、舒筋、活血、健胃等功效。被称为紫玉浆、元玉浆，是“蒙古八珍”之一。曾为元朝宫廷和蒙古贵族府第的主要饮料。忽必烈还常把它盛在珍贵的金碗里，犒赏有功之臣。

◆手把肉

“手把肉”是蒙古人传统的食肉方法之一。做法是将肥嫩的绵羊开膛破肚，剥皮去内脏洗净，去头蹄，再将整羊卸成若干大块，放人白水中清煮，待水滚肉熟即取出，置于大盘中上桌，大家各执蒙古刀大块地割着吃。因不用筷子，用手抓食而得名。

◆烤羊腿

整羊后腿、整腿盛盘上桌，色泽酱黄，肉质焦嫩，干香不腻，系内蒙古地方风味。

处——草甸下面是永久性冻土层，当地老乡在夏天随地挖个两米多深的坑，把啤酒、蔬菜、肉类放进去，在上面加一个盖儿，就是一个完全无污染的天然冰箱了。

有美景，有美食，灰腾梁无疑是一个度假的好地方，所以不忍待一天就离去，逐渐走到草原深处去。腹地中有个叫“铁骑”的地方很有趣，起了那样一个硬汉的名字，但却蓝天绿草、白云青山、牛羊成群、鲜花遍野，说不出万种柔美。似乎是被这种柔美感染了，暂时抛弃了喝汽油的家伙，而是坐上一架吱吱呀呀的勒勒车去草原上闲逛。察哈尔部族的后人显然都是些淳朴的牧民，只要有炊烟升起的地方，都可以去讨一杯新鲜的奶茶喝。有时候，遇上健谈的主人，还能用不太流利的普通话讲述一番祖先的铁骑故事。等到傍晚，在海子边坐下来，望望夜空，想想心事，便可以将自己融化在草原上了。

» 第三天............【163公里】辉腾锡勒草原—乌兰察布市—察哈尔右翼后旗

在“铁骑”的蒙古包里住了两天，恋恋不舍地向南走，十分不愿意马上就走进城市。所幸，在灰腾梁和乌兰察布之间还有一个黄花沟。早就听说“南有九寨沟，北有黄花沟”，一直不太敢相信，那冠绝高山海子的九寨沟怎可轻易与人比肩？不过进入这片海拔2000多米的高山草甸之后，确实感叹它的原始和完整。看来草原可不是“高处不胜寒”，还是离城市远些才好。

辉腾锡勒草原（灰腾梁）

灰腾梁景区位于卓资县城北约30公里的乌盟种马场附近，海拔2000余米，盛夏最高气温低于15℃，湖泊众多，千余年前即为“北魏诸帝常幸之区”。

低缓阳坡十几座白色蒙古包群排成扇形，居中一座最大，铁木结构。山中地层陷落积水成“小天池”，附近一对泡子湖形浑圆，恰如猫眼一对。

还有个著名的景点叫黄花沟，在黄花沟的南侧有两处秦长城遗址、汉代沃阳城遗址、蒙古帝国第二位大汗，成吉思汗第三子，窝阔台的两处点将台，还有历代留下的烽火台、戍堡、议事台和富于神秘色彩的敖包，看高山草甸之余值得前往一观。

到灰腾梁如果不自驾车的话可以包租小面包车过去，每日180～200元。自驾车的话也最好在卓资山先找好向导。

每每走进草原都会为那些巨大的风车而沉醉，不过我也深深知道，它们实际上是草原的“破坏王”。

阴山北脉、大青山东段，第四纪冰川的典型地质遗存，在黄花沟我没有做跟九寨沟有关的联想，但却不知不觉想到了北京西郊的灵山。灵山顶也是海拔2000多米，与京城的

能住在黄花沟这样的地方，怎能不叫“画中人”？【钱家瑞 / 摄】

气候迥然不同，甚至可以看到本应生活在高原上的野牦牛。黄花沟虽然没有野牦牛，但是山林间遍布的火山岩也是别具一格。据说每年都有很多热爱奇石的人来这里“淘宝”，亿万年前奔涌的岩浆用强大的力量为他们造出了各种各样的“半成品”，只待他们慧眼识珠。

人们总是喜欢给大自然雕琢出的各种山形赋予一些奇怪的名字，什么“双驼峰”、“卧龙峰”、“剑门山”、“佛手山”、“神龟岭”、“一镜天”……我对这种象形的比喻却不大感兴趣，我更想知道的是在那些奇形怪状的熔岩背后，曾经有怎样的人群走过怎样一段漫长的岁月。曾经于15到16世纪活跃于乌兰察布大草原上的察哈人是蒙古人的东支，隶属达延汗（1470–1543年在位，统

TIPS

乌兰察布市短途考察路线

乌兰察布市—凉城岱海—和林格尔汉墓—呼和浩特市—卓资县—乌兰察布市

◆凉城岱海旅游区

乌兰察布盟著名旅游胜地——凉城岱海旅游区位于乌兰察布盟南部，在呼和浩特、大同、集宁三市环绕的三角中心地带。

岱海是内蒙古中部地区最大的内陆湖，南北长10公里，东西宽35公里。盛夏时节，略呈椭圆型的岱海宛如莲叶初露，翠色可人。岱海在历史上文字记载甚详。汉代称“诸闻泽”，北魏叫“葫芦海”，宋元时代称“鸳鸯泊”，清代蒙古人称之为“岱根塔拉”，后称岱海沿用至今。

有文人墨客形容过岱海，“鸿鹜成群，风涛大作，浪高丈余，若林立，若云重”，这一点也不为过。岱海湖面面积160平方公里，一遇大风就会白浪滔天。岱海四周滩川广阔，林木茂盛。湖北面有一个温泉，为重碳酸钠型弱矿化热水，地表水温38摄氏度，水中含有锶、锂、锌、硒等17种对人体有益的微量元素。在温泉以北的山中有一睡佛，近看是山，远看是佛，眼、耳、鼻极为形象。

目前该旅游区内建设有度假村，温泉浴池，住宿用蒙古包、游船码头、餐厅、游乐场所等多种设施，可以开展游泳、划船、温泉浴疗、篝火晚会等多种活动项目。

白音察干草原

白音察干草原是指察哈尔右翼后旗白音察干镇周边的一些地区，属中温带半干旱大陆性季风气候，夏季凉爽宜人。地形开阔，水草肥美，绿色草原中以白色蒙古包点缀，充分展示了云高风清、草长莺飞的美丽景象。此外，从白音察干再往东就与河北坝上草原相接，交界处的商都、化德等地生态草原景致也十分壮观。如果时间较紧的话完全可以从北京出发奔张北，然后只走这条生态小环线。

蒙古族兄弟常说，不爱马的人别来草原，因为你很难触及草原的灵魂。

草原的时尚不是珠宝名牌，而是祭敖包时神圣的哈达和高扬的风马。

一蒙古的最后一位可汗）帝国。这位蒙古历史上的“中兴之主”，雄踞内蒙古中部的广大地区，使察哈尔人一度成为“最强大的蒙古人”。只可惜，好景不长，达延汗死后帝国就名存实亡。最后一位察哈尔可汗死后，大部分察哈尔人臣服于满族人。

灰腾梁一直向南延伸，余脉的尽头就是乌兰察布市。乌兰察布市是一个新兴的城市，原来叫集宁市，现在集宁成了乌兰察布市的一个中心区。集宁名声在外，大部分的原因是因为集宁国际皮革城。其实不止皮革，集宁已经是内蒙古自治区最大的商品集散中心之一。进入这个区以后，竟然有一种到了上海南京路的感觉，大牌无数，购物者络绎不绝。

可能因为在灰腾梁和黄花沟看过的美景太多，到了察哈尔右翼后旗的白音察干草原就有些麻木了。在蒙古语中，“白音”意为“富饶”，“察干”意为“白色”。这个镇子周围有两座山，一座叫“白音陶勒盖”，意为“富饶的山峰”；另一座叫“察干敖包”，就是“白色的敖包山”，所以当1953年修建集（宁）二（连浩特）铁路时，在此就设了一站叫“白音察干车站”。我一直对老车站是情有独钟的，对曾经在集宁这段铁路上运行的蒸汽机车更是念念不忘，如今蒸汽机车虽然下线了，但是老车站还在。夕阳下，我坐在车站的老式长椅上，看着那些颇为寂寞的铁轨悄然向远处延伸。这里一天可能才一两趟车，调度员同时也兼任了小车站的管理工作，日复一日，甘于寂寞。

TIPS

乌兰察布市短途考察路线

◆和林格尔汉墓壁画

在和林格尔县东南40公里新店子小板申村东，1971年被发现，为多室砖墓，由前中后三主室、耳室等组成。墓门朝东，反映了东汉后期的农牧业生产、坞壁庄园、车马出行、城垣宫署、舞乐百戏、历史故事以及祥瑞等等。

黄花沟风景区

位于内蒙古中部的乌兰察布草原腹地，是典型的高山草原地形。平均海拔2000米以上，总面积600多平方公里。由于地形的特殊，这里山峦起伏，沟壑纵横，两崖壁立，蜿蜒伸展。每当盛夏，更以绚烂的黄花闻名。

苏木山旅游区坐落在内蒙古兴和县大南山深处，以其险峻的山势，茂密的森林，纷呈的花卉以及浓郁的民族风情吸引着越来越多的贪 享自然之美的旅行者。苏木山属阴山之尾，长达35公里，宽约25公里，平均海拔为1800米，沿蛇形山径攀援而行，直上景致迷人的最 高点——望天涯。举目四望，但见群山叠翠，雾色缥缈，犹如一幅浓淡相宜的壁画垂挂天际。轻懈送来浓浓花香，山溪泉水叮咚作响 ，使人如入仙境，心旷神怡，人间一切烦情愁绪荡然无存。

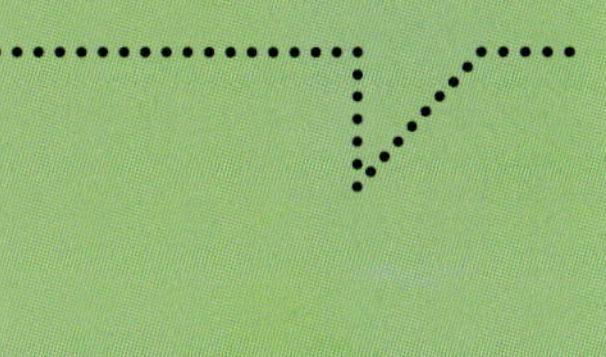

NO.5

【杨文凯/摄】

锡林郭勒
八旗黄白蓝

如果说锡林郭勒盟从历史上就是一个兵家必争之地，一点儿也不为过。上千年里，这里都分兵割据——汉朝以前从匈奴，三国两晋归突厥，宋元明清又先后被契丹人和蒙古人选为都城。显然，这个“上京”或者“上都”十分被王者认可，以至于清朝将察哈尔部划分八旗之后，锡林郭勒就占了四个旗：镶黄、正白、镶白、正蓝。能让这些历朝历代的王公贵族都驻于此地，极尽皇家牧场之荣华，足见锡盟之风水了。

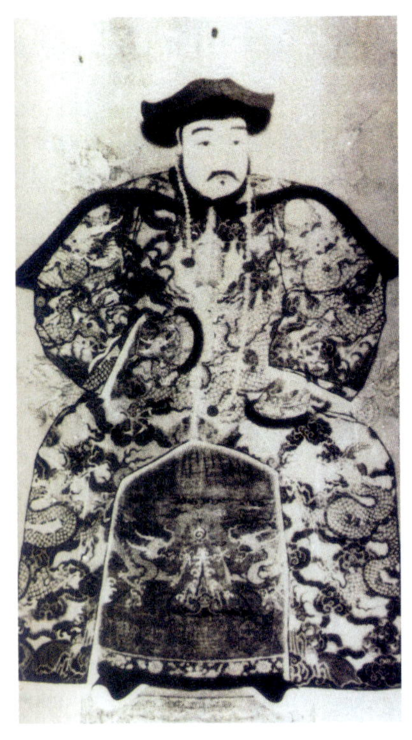

左、中、右图：电视作品中演绎的多铎亲王风流倜傥，但历史上的他却没有好好享受自己的领地。如今的蓝天、白云、草场、牛羊，已经完全没有他的印记。

» 第一天…………【321公里】察哈尔右翼后旗—苏尼特右旗—苏尼特左旗

虽然在地理区划上乌兰察布大草原和锡林郭勒大草原各居一方，但是真正站到草原上却看不出来明显的界限。从察哈尔右翼后旗上了二广高速公路往北，一样起伏的丘陵，一样青绿的草地，一样晚归的牧人。不过，在历史上这两片草原却是迥然不同。锡林郭勒的西大门就是苏尼特草原，它是13世纪元王朝皇家牧场的一部分，地处著名的浑善达克沙地西部。看看历史上的记载，这里几乎历朝历代都是兵家必争之地。到了清朝，它还与著名的“荒唐王爷”爱新觉罗·多铎结下了一段不解之缘。

可能很多人还记得上世纪80年代儒雅小生郭凯敏所饰演的《荒唐王爷》主人公，其实历史上的努尔哈赤第十五子多铎既不荒唐也不风流，而是清初一代名将。他13岁就封了正白旗主旗贝勒，参议国政。后金天聪二年（1628年），从后金汗皇太极征察哈尔蒙古多罗特部，以功受赏。次年，从攻明，入长城，逼临北京。清崇德元年（1636），封和硕豫亲王。顺治元年（1644），从摄政王多尔衮在山海关之战中大败李自成大顺军，占领北京，晋亲王。不久，授定国大将军。1647年，他以扬威大将军的身份率师征讨叛逃的蒙古苏尼特部腾机思，来到了苏尼特草原。虽然如今已经没有任何他的古战场遗迹，但是这位年轻的亲王驰骋沙场的英姿还在很多乌兰牧骑的牧歌中传唱。可惜，从苏尼特回京的第二年他就因病而逝，年仅36岁。

多铎虽然没有在苏尼特草原待上多久，但是因为他的功迹，察哈尔部才能平定，平定之后，清政府才在此地建立了八旗，也就是历史上的蒙八旗。蒙八旗虽然在地位上不如满八旗，但还是要高于汉军八旗。清军入关前后，蒙八旗担负的都是征战厮杀的使命。果然，在苏尼特右旗，赛马和摔跤的活动似乎比其他地方更多一些，这里的蒙古汉子看上去都异常彪悍。也许，他们从祖先身上继承的那种血性还在身体里蠢蠢欲动吧？

TIPS

自驾路线：

察哈尔右翼后旗—苏尼特右旗（二广高速公路，165公里）—苏尼特左旗（省道101线，156公里）—阿巴嘎旗（省道101线，112公里）—锡林浩特市（希日塔拉草原，省道101线，98公里）—东乌珠穆沁旗（省道101线，267公里）—满都胡宝拉格镇（省道101线，185公里）—阿尔山市（省道303线转203线，223公里）

自驾内容：

在草原上待了半个多月，一直都是随心所欲地行路，从乌盟出来到了苏尼特左旗以后发现，内蒙古自治区的省道101线是一条绝佳的草原旅行路线，沿途不仅可以走到许多非旅游区里去感受原生态草场的魅力，还能直奔呼伦贝尔大草原，不用绕什么路，这可真是一举两得了。

» 第二天……【210公里】苏尼特左旗—阿巴嘎旗—锡林浩特市（希日塔拉草原）

绕行了一段二广高速公路之后，我们又重新上了省道101线。正是雨季，草原油路上时常有些地方会因积水而断路，要把车开到路边的草地上去，绕行一段崎岖的坡地再上路。还好，一直到了锡盟的首府锡林浩特市，总算有惊无险。

在锡林浩特有幸拜会了一位当地的作曲家，在他家里的小型聚会上，一位蒙古族歌手深情地唱起了一首民歌："在那黄沙滩头上，一直坐到月亮升起，思念我那亲人啊，伤心落泪把歌唱……"一时间，我被那种悠扬婉转的声音吸引住了。没有想到，魁梧的蒙古族汉子唱起小调来也能这样动情。

《希日塔拉》是锡林郭勒地区广为流传的一首短调民歌，歌曲情感悲愤，真挚感人。这首歌曲的背后蕴含着很多真实的故事，其中广泛流传的一种说法认为，该歌曲产生于清朝。1649年，卫拉特部蒙古人和科尔沁部蒙古人曾经共同生活在呼伦贝尔地区。卫拉特部落的蒙古人为了反抗清朝廷的压迫，便和清朝政府的官兵进行了大规模的征战，因双方力量悬殊，卫拉特人迫于无奈离开了家乡，由东向西开始了漫长的迁徙，清朝官兵乘胜追击，卫拉特蒙古人被迫来到了乌审旗希日草滩，当他们看到荒凉的草滩，触景生情，怀念故土，想念家乡，便编唱了这首歌曲。这歌外的故事，曲中的悲情，就像锡伯族人的《西迁之歌》，又像土尔扈特英雄东归途中发自肺腑唱出的《鸿雁》，荡气回肠，催人泪下。

在锡林浩特市东南15公里的地方有一条小河，它曾经是一条欢快丰盈的河，但后来渐渐干涸，变成了一片沼泽地，当地人就给它重新命名为“希日塔拉”（黄花滩）。近年来，雨量充沛，人们又有意憋住河水，“希日塔拉”又成了一片有水的草原。由于地势宽敞平坦，牧草茂盛，现在这里已经建起一些度假村，又成了一个享受草原的好地方。

越往阿尔山前进，草原就越不明晰，一片片林场出现在眼前。【王平/摄】

» 第三天…………【240公里】锡林浩特—东乌珠穆沁旗

锡林浩特到东乌珠穆沁可以说是我们这一路除了高速公路以外最好的路段，两边都是一望无际的草原，道路笔直通天。虽然是不断停下来拍照，还是在下午7点就进入了东乌珠穆沁旗的首府——乌里雅斯太镇。乌里雅斯太镇比我们想象中要繁华、干净得多。正是傍晚，中心广场上热闹非凡。选了广场旁边的嘉誉东乌宾馆，标间198元，放下行李就迫不及待地去吃当地有名的“地锅”。

这原生态关东地锅炖不知道是不是东乌的特产，反正今年在内蒙和东北都非常流行，它是一种集炖、涮、焖、蒸于一体的最新吃法，将肉类、禽类、野味等先行在大地锅内炖制，再用小地锅盛上桌，由于肉类在地锅里炖制营养损失最少，从而使炖制出的地锅菜肴鲜香醇美、营养丰富。我们是先饱餐了地锅的鲜汤、炖肉之后，又在锅里加上了原味鲜汤，接着涮蔬菜、菌类，最后再用极入味的汤涮一锅手擀的面条，一天的疲惫便一扫而光。

» 第四天…………【445公里】东乌珠穆沁旗—宝力格—满都胡宝拉格—宝格达林场—阿尔山市

早起先找到一家加油站加满了油，因为从东乌珠穆沁旗到阿尔山中间只有满都胡宝拉格有加油站，但93号油不一定有，像我们开的越野车比较费油，最好在东乌加满，不然只能加90号油将就了。

出城先走上了S101，大约40分钟后，在离距宝力格收费站还有200米的地方有个向北的小路口，这就是S303中蒙边境公路的起点（终点是五岔沟），也就是著名的三米小油路。左转向宝拉格苏木的方向，

早就听说这一路风景绝好，内心不禁雀跃起来。这一带的草原看来没有经过大的破坏，在离高速公路非常近的地方也可以看到“风吹草低见牛羊”的美景，不过路况比起张北要差得多了，出了满都宝拉格，大概有二三十公里的坏路，一看就知道是被大型重卡生生压坏的。我们的车底盘较高，不用担心拖底，但为了保险也减慢了速度，沿途看到几辆坏在路旁等待救援的车辆，都是底盘较低的轿车。

从303省道路碑98公里处又有一段坏路，至50公里处结束，这段坏路破坏没那么严重，轿车照跑，如果舍得轮胎的话跑70以上的时速都行。从路碑88公里处就进入林区了。这一片森林都属于宝格达林场的范围之内。林场很大，满山遍野的森林在这个季节尽显秋韵，如诗如画，只有车轮在柏油路上的沙沙声伴着我们，关掉音响，打开车窗，细细地品味寂静的的山林。40公里的路不觉就到了林场的出口，居然有些不舍。

出了林场，天色将晚，看到大车碾过的横七竖八的车辙，我们也开始小心行车，还好，走到S303的0公里处就看到了五岔沟收费站。遵照老驴们的指点，我们不进收费站，而是转向左边的S203，走白狼方向去阿尔山。夜色渐渐笼罩了一切，但S203极好的路况鼓舞了我们，虽然这时室外的温度只有10度，但是每个人的脸上都洋溢着热切和兴奋。

入夜，阿尔山市到了。这个叫“伊尔施”的镇子很大，它不仅是阿尔山地区的首府，也是阿尔山林业局的所在地。地处大兴安岭西南山麓的阿尔山向以广阔的火山熔岩地貌、举世罕见的矿泉群以及丰富的动植物资源闻名于世，所以林业局在这个地区的地位至关重要，他们肩负着保护自然地貌和动植物的三重责任。不过，显然阿尔山还远远不是一个成熟的旅游区，可以选择的宾馆酒店不多而且要价很贵，我选了沿街路东的“蓝泽宾馆”，标间230元，比较好是一张大床。另外还可以住阿尔山市宾馆，标间大概150元。

【于怀/摄】

呼伦贝尔
最古老的征服者

有很好的史料表明，作为东胡民族集团的一支，蒙兀本部最早的故乡在中国东北呼伦湖一带。“蒙兀本部”最早见于汉文史籍，是两《唐书》所载的“蒙兀室韦”。“蒙兀本部”就是蒙古族部落的起源。

唐代是蒙古部落从大兴安岭地区迁移到蒙古高原的关键时期。其历史背景便是8-10世纪室韦——鞑怛人大规划西迁运动。到10世纪初期，契丹辽国兴起之时，蒙古高原已成为室韦——鞑怛人的世界了。

从狭隘山谷到无垠草原，古老的“蒙兀”部族经历了地理环境的大变革，也为“世界征服者”的养成奠定了坚实的基础。

【高健生/摄】

莫尔道嘎国家森林公园里面的小湖【于怀/摄】

» 第一天............【200公里】阿尔山市—阿尔山国家森林公园—阿尔山市

阿尔山至森林公园开始的路段很窄很荒，单车行进很容易有走错路的感觉，不过据当地人讲：放心跑好了，按路标走就行，因为就那一条路。小油路很窄，路边风景如画。先经过一个小镇，有岔路，路标都是各个景点，有蓝色指示牌沿小油路走。穿镇而过，就是国家森林公园了。

从阿尔山市到国家森林公园门口是70公里，门票60元，天池、杜鹃湖、石塘林、三潭峡等多数景点在公园内，另外到玫瑰峰25公里，杜鹃湖是92公里，驼峰岭天池109公里，但是经常修路不通车，推荐徒步，松叶湖111公里，好深沟最远124公里，风景好但是路况差，需要越野车，另外中蒙边境杜拉尔口岸只有下午开放。

买了票进门，先经过一个高桥，桥下是哈拉河峡谷，水流很急，河水清澈见底，说是峡谷其实不很高，很秀美。号称“中国第三大天池”的阿尔山天池，就在森林公园里面的天池山上。天池山脚下是一大片空地，停车非常方便。天池海拔1332.3米，有484级台阶。由于来得比较早，山上还没有绿，但是林木很茂密，地上长满了草，一踩还往外冒水。登上天池山顶，没有那种“一览众山小”的感觉，相反会感到视野更狭窄了，只能看到13.5公顷的湖面和与之对应的那块蓝天。这个天池在天山天池、长白山天池之后，居全国第三，周边长满了兴安落叶松。

从阿尔山天池下来，林场东侧就是石塘林，石塘林长20公里、宽10公里，是第四纪火山喷发的地质遗迹，是亚洲最大的近期死火山玄武岩地貌区。堆堆假山般壅塞的火山岩，千奇百怪，有的像指天利剑直立向上，有的像英勇武士持戟征战，有的像威武雄师闪电狂奔，有的又像年迈老人饱经风霜……更令人难以想象的是，在基本上无土可言的石塘林里，高大茂密的兴安落叶松挺拔俊秀，枝繁叶茂，粗壮的盘根紧紧抱住火山岩，在熔岩缝隙间深深扎下去；高山柏以其低矮的身躯遍地延伸，显示出顽强的生命力；四季常青的偃松像朵朵盛开的雪莲；金星梅、银星梅一片金黄，一片银白，真是一步一景，处处一派生机盎然。

出了石塘林，天又阴了起来，我们赶往下一目标——三潭峡。三潭峡位于阿尔山东北的哈拉哈河上游。河床由岩石组成，湍急的哈拉哈河从河谷穿过，珠飞玉卷，长约3公里的峡谷中依次分布着深不可测，波平如镜的卧牛潭、虎石潭和悦心潭三处潭水。卧牛潭的潭水静止平稳，大大小小卧牛石横河摆放，如庞大的牛群小憩河中，气势雄浑。虎石潭则气势汹汹，河中密布着形状各异的巨大岩石，宛如虎群在玩耍嬉戏。火山岩石布满了整条河谷，峡谷南壁陡峭险峻，北壁由巨大火山岩石堆积而成。走进这里，一种巨大的冷峻感扑面而来。正是六月天，河谷中居然冰雪尚存，据当地人讲，这里的河水要到八、九月份才能融化，所以被称为“夏日冰川”。

又回到兴安小镇，才知道驼峰岭那边正在修路，去不了，便到小镇上有名的林家饭馆吃饭，全是山野菜，做得有点儿粗，但是比较鲜。放弃驼峰岭就去了松叶湖，这是在另一个岔路上，是这边最大的湖，距兴安林场12公里，位于杜鹃湖东南10公里。金秋时节，松叶纷飞，撒落湖中，密匝匝如锦似锻，湖岸山峻峰险，生长着茂密的原始森林。看看天色已晚，决定把泡温泉的计划留到第二天起程的时候，便又沿着小油路返回到阿尔山市。

从阿尔山往呼伦贝尔方向拐个弯就能到黑山头马场【于怀/摄】

TIPS

自驾线路：

阿尔山段：

阿尔山市—新巴尔虎左旗（省道203线，192公里）—新巴尔虎右旗（省道203线，129公里）—满洲里（省道203线，124公里）—扎赉诺尔—黑山头—额尔古纳市

呼伦贝尔段：

额尔古纳市—（省道301线，245公里）—恩和牧场—室韦俄罗斯民族乡（省道201线，160公里）—莫尔道嘎国家森林公园（拉莫公路，86公里）—根河市（拉莫公路转省道301线，130公里）—呼伦贝尔市（省道301线，257公里）

自驾内容：

如果说，内蒙古自治区的每个盟或者地区都有一条省道可以做“最佳草原路线”，这绝不是对内蒙古大草原的一种吹捧，而是亲身进行过草原行旅之后的一个真实感受。

在锡林郭勒盟玩味过省道101线以后，就要好好体会呼伦贝尔地区的省道203线和301线了。这两条线恰好是两条截然不同的草原路线，一条通向阿尔山，一条通向中俄边境。阿尔山自然是冰川地貌加高山草甸，而额尔古纳的室韦、根河和莫尔道嘎国家森林公园则彻底展现了草原的湿地之美、河湖之美。

在呼伦贝尔看草原不一定非得跑多少路，海拉尔区的城郊就有绝美的草场。【高健生／摄】

» 第二天............【467公里】
阿尔山—新巴尔虎左旗—新巴尔虎右旗—满洲里

出阿尔山市不远，就是五里泉。这是第一个可以看到温泉真貌的地方。五里泉因其距阿尔山矿泉群5华里而得名，泉水的温度、化学成份、水量、水位不受季节性变化影响，水温常年在6.3～6.8度，水位2.23米左右。五里泉水清澈透明、清凉可口，尝上一口，余味甘甜。令人向往的矿泉群则位于离五里泉正好2.5公里的温泉街上。在这条东西宽70米，南北长500米的狭长地带，分布着48眼温度成份不同，作用疗效各异的矿泉。矿泉分为南北两个泉群，南部为冷泉群，主要是放射性氡泉和偏硅酸泉，北部为冷泉、温泉、热泉、高热泉相间的温泉群，主要是重碳酸钠泉、放射性氡泉、偏硅酸泉等。

早在几百年前，科尔沁草原、呼伦贝尔草原及蒙古草原上的游牧民最先发现了阿尔山温泉群，并且善加利用。清咸丰三年（1853年），黑龙江呼伦贝尔总管府派人考察、勘测，并于此后开始修建经营。民国37年（1948）年后，特别是1990年以后，阿尔山温泉的价值真正为世人所识。一片阳光，拂去尘世烦恼，一捧圣水，洗净天下尘埃。阿尔山矿泉可能是远古送给现代的一份圣洁的礼物吧。

在五里泉洗去了一路风尘，我们精神抖擞地上路。从阿尔山到新巴尔虎左旗许多地方在修路，路况不是很好，但比省道303线要好不知多少倍，我们的越野车走起来不在话下，189公里的路，两个多小时就到了。在新巴尔虎左旗午餐休整，要了个羊排锅。跟羊蝎子差不多，又要了些白菜、豆腐、宽粉和火锅面，吃得别提多爽了。

躲过了中午的酷热，疾驰满洲里，这一段路况比上午好得多了，下午6点，胜利到达满洲里。为了方便找吃的和逛街，我们选了位于五道街上的一家小酒店。停好车，步行到二道街的海马中西餐厅吃饭。这里不愧是国门附近，尽管不是什么大城市，西餐做得颇为地道，而且一点儿也不贵，我们4个人才吃了不到300元，俄罗斯鱼子酱的味道美极了。

» 第三天............【450公里】
满洲里—扎赉诺尔—黑山头—额尔古纳—恩和—室韦

就要走上传说中那条最美的边防公路了，非常兴奋。从满洲里上国道301线，过扎赉诺尔收费站后看到向呼热图/黑山头口岸方向的路标左转，这个路标距路口非常近，很容易一脚油门就飞过了，不过前行2公里有掉头的地方。去黑山头是条新修的柏油路，路况非常好，也没什么车，因为黑山头到额尔古纳的路也已经修好了，就不必再绕道去呼伦贝尔了。

扎赉诺尔到黑山头的这段中俄边境公路果然名不虚传。蓝天作衫、白云如裾，为一望无际的绿色大草原披上了明媚的夏装，成群的牛羊骏马奔跑觅食，一条额尔古纳河弯弯曲曲流淌其间。从额尔古纳市沿着公路一路北行，经过了三河回族乡和恩和牧场，当看到成排的白桦树时，同时映入眼帘的还有显眼的欧式红色房顶。有趣的是，一个个红色房顶下

额尔古纳河流域几乎每隔几公里就有一片牧场，令人欣慰的是这里的牧人都很注意保护环境。【于怀/摄】

面却是一座座纯蒙古式的独立木格楞。当看到一群群牛羊在这样中西合璧的房屋周围悠闲地吃草时，室韦就到了。

额尔古纳河正好从镇边北流而过，河畔有不少人临河垂钓、捕鱼。河面上飘着一层薄雾，天空映衬着火红的朝霞，红顶白墙的边防哨所掩映在满山的云雾之中。刚进入室韦的地界，就看见路旁两棵树桩上架了一块用剖开的树干做成的牌子，上面醒目地写着“室韦俄罗斯族民族乡”，旁边新建的一座“三套车铜塑”吸引了我们的眼球。这时，我们的耳旁仿佛响起了熟悉的俄罗斯民歌“三套车”那深沉而忧伤的音乐。室韦对岸就是俄罗斯小镇奥洛契。可以说，到了这儿国别的界限就不是那么明显了，代之以蕴含着温情的一块热土。

室韦的俄罗斯色彩极为浓厚，处处显得与其他地方不同。这不只表现在各村屯的地名大部分多以俄语命名并连续使用了50多年，在生产与生活方式上也是保留了俄罗斯人的习俗。室韦的居民吃苦耐劳，乐观豪爽。他们擅长种麦、放牧、狩猎和捕鱼。经过朋友的推荐，我们到一家别具俄罗斯风情的家庭旅馆里吃午饭，它就是室韦家庭最好的一个缩影。男主人是俄罗斯的后裔，叫尤里，能说一口流利的中国话，而且是纯正的东北话，他的妻子都日娜则是鄂温克族。在镇上，他妻子的名气要比尤里响得多，2005年，都日娜作为室韦的代表远赴中央电视台参加了“中国十大魅力名镇”节目的

晨光中的白鹿岛。【于怀 / 摄】

录制，在主持人阿丘的提议下，都日娜现场演唱了她的祖母教给她的鄂温克民歌。毫不夸张地说，都日娜堪称室韦的形象代言人。

走进白桦木圈成的院落，院前院后都堆着整齐的桦木段子，散发出一种森林独有的清香。他们的"木格楞"里面铺着欧式的木地板，极为干净而且相当雅致。墙壁洁白光滑，开着一扇扇明亮的正方形窗子，十字的窗格子上摆放了一盆盆艳丽的鲜花，在午后的阳光照射下，就像毕加索笔下明快的油画。

尤里的家在当地来说占地并不是很大，但对我们住在大城市的人来说，想住这么大的地方简直是不可思议的。房屋虽然简陋，但也洁净明亮，布置得井井有条。给客人住的那个屋子有一个大的客厅兼餐厅，还有4间卧室，可留宿7个人。主人一家住在后面的房子里，屋子的旁边有一个花园，花园里搭建了一个蒙古包，以供客人多的时候住宿。屋子的后面就是尤里家的菜园。

华俄后裔家庭都有着非常传统的清洁习惯，喜欢洗蒸汽浴。在木格楞的旁边，尤里亲手建造了一间全部用木材制作的桑拿浴室。本来连洗澡都没敢奢望的我们，这回像是捡到宝一样一脚踏进浴室。浴室的墙上挂着几束桦树叶子，尤里告诉我这是在蒸桑拿时可以蘸上水轻轻抽打，会感觉全身放松。我只记得早年在北欧见识过这种风俗，没想到在这么偏远的一个小镇的华俄后裔家里也秉承了下来。我们快快活活地体验了一回。虽然不如城里的桑拿，但也别具风味。

» 第四天……………【86公里】
室韦—莫尔道嘎国家森林公园

小小的村庄竟然住着这么多的华俄后裔。很难想象，整天吃面包喝伏特加的俄罗斯人怎么能适应中国农村的生活？一夜好睡，第二天晨起去转村子，远远地就望见了一处明媚的草场，跟别的地方不同的是，在这排围栏里吃草的居然是一头头强壮的黑白花奶牛。当地没有这样的品种啊？正好，它们的主人李志钢也在场，他热情地向我们解释了其中的原委。李志钢家里养了80多头牛，其中部分是单价为1万9千元的澳大利亚种奶牛。李志钢的父亲是山东人、母亲年轻的时候则是一位标准的俄罗斯美女。非常具有混血儿特征的李志钢显然很好地继承了父母双方的优点，不但英俊挺拔，而且豪爽热情，他还有个俄罗斯名字叫瓦诺加。

让我们异常兴奋的是：在李志钢家的院子里我们居然发现了一辆真正的木制四轮马车，也就是俄罗斯民歌里所描述的那种三套马车。难道当地的华俄后裔还在用这种交通工具？他笑着跟我们解释：这种三套马车在俄语里叫做"哈道嘎"，从前倒真是俄罗斯人的交通工具，现在已经很少见了。这辆车是他特意从俄罗斯买来供游客乘坐的。而且由于留存数量少，马车的价格自然不菲，已经算得上是一个奢侈的收藏品了。

由于要尽早赶到莫尔道嘎国家森林公园去，我们草草吃了早餐，就去追赶拉莫公路上美好的晨光。离开美丽的边境小镇多少有些不舍，开了一公里正好有个山坡，我们不约而同爬上去向后俯瞰，清清的额尔古纳河环绕着镇子的炊烟格外朦胧。

80公里一晃就到了。徐徐地，我们驶进了大兴安岭林区。莫尔道嘎国家森林公园比我想象得还要大很多倍，林间公路有很多分岔，通向一片片未知的林子。这使那些普通公园里的景点相形见绌——那些不过是什么园、亭、阁、楼，但是莫尔道嘎国家森林公园里面却有很多如“红豆坡”、“一目九岭”这样的地名，使人真切地体会到这是一座山脉，是鄂温克人赖以为生的家园。

未及欣赏森林美景，先直奔部落酋长玛丽亚索的猎民点。

300多年前，敖鲁古雅鄂温克人的祖先从勒拿河流域迁徙到额尔古纳河流域，他们在大兴安岭深山放牧驯鹿和打猎为生，所以又被称为“使鹿鄂温克”。一看到驯鹿就不禁令人想起北欧，在北欧的北极圈里生活的拉普兰人，虽然人种和肤色跟鄂温克人不同，但是在林中游猎，打鱼和用驯鹿来拉东西的生活与鄂温克人如出一辙。鄂温克人对森林有着难以名状的感情，也把驯鹿当成自己最忠实的伙伴。他们世世代代都住在古老的树屋——“撮罗子”里面，宁可生活辛苦也不愿意走出森林。不过，近些年来原始森林的自然条件也日益恶化，政府为了保护这个仅剩243人、1200头驯鹿的部落，为他们在根河重建了一个敖鲁

从阿尔山到满洲里的路上处处是景。【杨文凯/摄】

TIPS

红豆坡

“红豆坡”位于莫尔道嘎国家森林公园9公里处，因山坡长满越桔（兴安红豆）而得名。红豆坡是大兴安岭林区典型的林林型，且是纯中龄落叶清塘林，植被自上而下，层次清晰。景区内，40～80年生中龄落叶松天然林疏密均匀，树干笔直，树冠葱茏，犹如人工修剪过一般。林地上长满红豆，褐茎绿叶，白花红果。红豆植株的上面，与其相伴而生着茂密的散发着香水般气味的杜香。游人步入红豆坡内，满目苍翠，清香扑鼻，采一把红豆酸甜可口；撸几片杜香叶，用手搓一搓，胜过喷洒香水.

一目九岭

“一目九岭”地处莫尔道嘎国家森林公园16公里处的山巅之上。登观景台极目远眺，大兴安岭的深邃与辽阔尽收眼底。在此观山，但见山连山，岭连岭；山外有山，岭外有岭。屈指数去，九重山横亘排出，一览无余。

下观景台，顺“猎人之路”走入山谷，山路崎岖，大兴安岭的各类野生植被在此应有尽有。观大树、闻松香、听鸟鸣、识野花，如能骑上马在林中穿行一段，更会切身感受到北方狩猎民族那种艰辛、充实的生活情趣。

古雅民族乡。大部分人都已经搬进了这个新家，但是部落首领玛丽亚索却难舍大森林。于是，莫尔道嘎森林公园与老酋长一家达成共识，在公园内建了一个鄂温克猎民点，完全保留了撮罗子里的生活方式。

不巧的是，我们来的这一天，玛丽亚索恰巧去市里检查身体了，只能到她的撮罗子里看一看。里面的床榻极其简单，还铺着一些兽皮，兽皮底下是松软的靰拉草。撮罗子里面没有电，老人家用的还是那种古老的马灯。

玛丽亚索的侄子告诉我，从前鄂温克使鹿部落在冬春季节每两三天就迁徙一次，夏秋在一个地方最多也只待20天。他们不断搬迁是因为驯鹿如果长期在一个地方居住，就会吃光附近的苔藓，对生态造成破坏，所以只能通过不断迁徙使土地得到休养。长年的游猎生涯，使他们逐渐养成了乐于搬家的习惯，所以家当特别简单。现在虽然大部分人已经定居于敖鲁古雅，但是他们仍然经常随着驯鹿出去游牧。

在晨光中远眺室韦俄罗斯民族乡。【于怀 / 摄】

» 第五天…………【290公里】莫尔道嘎国家森林公园—根河湿地—呼伦贝尔市

为了去白鹿岛拍日出，我们真切地起了一个大早，4点多一点儿就赶到了头一天看好的观景台。还好，天气没让我们失望，每个人都拍到了白鹿洲头霞光涌起的那个瞬间。因为前一天只顾着去了解鄂温克人的生活现状了，还没有好好地看看莫尔道嘎的林间美景，所以留了两个小时在这里转转。

说蒙兀室韦是蒙古族的发源地，不仅有许多传说和野史，在莫尔道嘎国家森林公园里也能找到不少力证，就连公园内“苍狼岛”和“白鹿岛”的名称来历，据说也有蒙古部落与突厥部落的战争有关。后来成吉思汗功成名就，回室韦祭祖，游猎于此，夜作一梦，但见一只苍狼和一只白鹿，伤痕累累，奔跑哀鸣。醒后召集随从解梦，得悟莫忘先祖劫难，大业未就，且勿高枕无忧。于是派其弟拙赤哈撒尔率兵征讨内外兴安岭的“林中百姓”。凯旋后，便将额尔古纳流域包括这两个小岛分封给了哈撒尔．

从白鹿岛观景点这边观瞻全岛，激流河绕着它形成了一个巨大的大拐弯，岛上树木蓊郁，河水碧蓝净透，从蓝天、绿岛到幽幽的河水，轮廓极为分明。尤其现在是夏天，空气透明度高，随便取个景就像是一幅油画了。白鹿岛风光夏秋两季有不同风貌，夏天基本呈现绿色，而秋天却有着不同的颜色层次，是摄影的大好时机。

去呼伦贝尔的路上就可以

看到根河湿地，这片湿地是额尔古纳河与其三条来自森林高山区域的支流根河、得尔布干河和哈乌尔河交汇处包含的特别大范围的泛洪平原，并且在此形成一个三角洲，还包括根河、得尔布干河、哈乌尔河及两岸的河漫滩、柳灌丛、盐碱草地、水泡子及其支流。

到离呼伦贝尔市还有几十公里的地方，景色完全不同了。这里叫金帐汗草原，位于呼伦贝尔盟陈巴尔虎旗草原有“中国第一曲水”之称的莫日格勒河畔，是呼伦贝尔唯一以游牧部落为景观的旅游景点，也是中外驰名的天然牧场。12世纪末至13世纪初，一代天骄成吉思汗曾在这里秣马厉兵，与各部落争雄，最终占据了呼伦贝尔草原。金帐汗景点的布局，就是当年成吉思汗行帐的缩影和再现。这个景区比较吸引人的地方是套马驯马表演。草原上的人们和马有着深厚的感情，同时也用马的英姿来展现他们的豪放。

看过了这么美的湿地和草原，天色已经完全暗下来，便抓紧赶路，晚上7点左右到了呼伦贝尔市海拉尔区。晚上在市区闲逛，发现游客都去买蓝莓酱，原来是当地的名特产，于是也随便买了一些。

TIPS

鹿道

鹿道位于莫尔道嘎国家森林公园14公里处，因有一条狍鹿下山喝水踩出的小道而得名。鹿道上下各有一株距今300年以上的高大樟子松，树干粗大奇特，在森林里大有鹤立鸡群之感，上下遥相呼应。坡下的树上长有状如钱币的巨大圆形松包，被称作“摇钱树”；坡上的树先被雷击而枯，后又因雷击而活，且生长得特别茂盛，被称作“大寿松”。当地山民有这样的习俗，对着山峰摆上祭品，摸一摸摇钱树，拜一拜大寿树，会人财两旺。

呼伦贝尔草原最佳旅游季：

呼伦贝尔草原什么季节最好看呢？其实不同的季节有不同的风景，6月、7月看花，8月看草，9月看黄叶，11月以后看茫茫雪海。

特别推荐夏日景观：

5月20日-6月20日：春雨蒙蒙，草地返青，蒲公英花遍地，河岸边的山丁子花，臭李子花开放。

6月20日-7月10日：各种野花争相绽放。现在呼伦贝尔草原的野花主要是额尔古纳向北才能看到比较多。

7月10日-7月30日：油菜花盛放。一般7月为雨季，降雨频繁做好心里准备。

8月初：雨季过去，光影合适，蓝天白云，草地长势最好时节，适合拍草地上牛羊，及日出日落。

NO.7

科尔沁
追寻乾隆的车辙

蒙古族科尔沁文化的发祥地，乾隆皇帝曾经三次临幸之地，这片“造弓箭者”（科尔沁在蒙古语中的释义）的草原究竟有着怎样的魅力？从金代的扎兰屯长城进了关，大兴安岭就渐渐向松辽平原过渡，那样陌生又那样熟悉的科尔沁湿地，会给我们带来怎样的惊喜呢？

【高健生/摄】

额尔古纳河周边的湿地与科尔沁湿地草原几乎连成了一片。【高健生 / 摄】

» 第一天…………【600公里】呼伦贝尔市—牙克石—扎兰屯—乌兰浩特

从呼伦贝尔市出发去乌兰浩特是一段长长的旅程，基本上就是在国道 111 线上走，内蒙段的国道有点儿像高速公路，虽然经过了一个个村镇，但都是游离于村镇边缘，远远地望见了放羊人的身影，却并不能靠前。国道从前要从牙克石的南北大道穿过，现在到牙克石之前就有岔路，不用进市区，走那吉屯方向经过。

过了牙克石就从林区进入了农区，森林渐渐稀疏，平原渐渐显露出来，国道两旁是一些低矮的起伏的丘陵。快到博克图时，在国道上有一岔路口（有路牌），在此走扎兰屯方向转到302省道。经吉祥、大兴，时近正午，到了被称为“塞外苏杭”的扎兰屯。扎兰屯属于呼伦贝尔市下面一个比较大的县级市，就是著名的金长城遗址所在地，金长城即金代界壕，又有金边壕、边堡等不同称呼，史称泰洲边壕或长春边堡，属金代军事重要防御工程。金长城在扎兰屯连接大河湾、成吉思汗、洼堤等四乡四镇，全长 140 公里，东端起点位于扎兰屯市成吉思汗镇境内，距离扎兰屯市区 31 公里，扎—碾（扎兰屯至黑龙江省齐齐哈尔市碾子山区）公路从中穿过。

扎兰屯市境内的金长城遗址保存完好，单墙单壕的金长城，历经 800 多年的风雨沧桑，目前城墙基本湮没在沙草之中，只剩蜿蜒曲折大堤般的土堆，残址一般高约 2 米，最高残留达 8 米左右。

出了扎兰屯便是一路坦途，两个多小时直驱乌兰浩特。

» 第二~三天……【857公里】乌兰浩特市—突泉县—科尔沁右翼中旗—扎鲁特旗—珠日河草原-通辽市—开鲁县—阿鲁科尔沁旗

向来不太喜欢在城市里停留，所以只是在乌兰浩特稍事休整了一晚，第二天早晨不到10点钟就到了突泉县。清朝皇帝除了爱下江南之外，其实也经常来内蒙古巡幸，科尔沁大草原就是乾隆皇帝最青睐的地方之一。突泉县东南部有个突泉镇，原是一片荒原，就因为城北郊一口叫做“蟒泉”的清泉，水味甘洌，相传皇帝曾经饮过此泉之水，从而名声大噪。当然，泉水的故事恐不足信，但是乾隆皇帝曾经三次驾临科尔沁却是有史可查。

为什么这片草原会如此被皇家重视？最重要的原因是祭祖。东北是清朝的发祥地，也是其祖陵（其远祖葬永陵，太祖高皇帝努尔哈赤葬福陵，太宗文皇帝皇太极葬昭陵）所在地。康熙皇帝于康熙十年(1671年)第一次到东北巡幸祭祖，从此定下大清皇帝要亲自来东北谒陵的祖制。清朝皇帝来东北祭祖，很少从山海关直接走，多是经过驿道绕到内蒙古、吉林，然后到盛京（今沈阳）。祭祖活动完后，从山海关返回京师，不走“回关路”。当时出关到内蒙古的驿道有5条，即经喜峰口、古北口、独石口、杀虎口、张家口出关。其中古北口驿道关外设有10个驿站，经扎鲁特左右翼、巴林左右翼、翁牛特左右翼等和哲盟临近的9个旗。喜峰口驿道和古北口驿道往往是大清皇帝来东北祭祖的首选线路。因为这两条线路都经过蒙古部落，通过皇帝的巡幸能够进一步加深清廷与蒙古各部的感情，同时驿道所经过的克什克腾、翁牛特、喀喇沁、敖汉、科尔沁蒙古诸部地区是天然的围场。大清盛世的两位帝王——康熙和乾隆都酷爱行围打猎。康熙曾经对侍卫说，他一生共射虎135只、野猪132只、鹿数百只。乾隆一生行围次数更难以统计了，他最后一次参与指挥打猎时已经是80岁的老人了。他们把祭祖省亲、稽查地方、了解民情与游乐狩猎结合在一起，科尔沁草原也就成了他们的必经之地。乾隆皇帝在位61年，4次到东北来祭祖，3次路经科尔沁草原。

令人遗憾的是，科尔沁草原现在大部分已变为农耕地以及沙地，所以现在称呼它“科尔沁沙地”的说法比草原还要多。一路之上，我们只能假想着那曾经让皇帝念念不忘的丰美水草，然后看着眼前的荒原嗟叹。还好，面积广大的科尔沁仍然不乏一些草坨和草甸，隔一段时间就能看到一片“沙地中的绿洲”，总算给人些许安慰。

TIPS

自驾路线：

呼伦贝尔市—牙克石市—扎兰屯市（牙海、绥满转国道111线，415公里）—乌兰浩特市（国道111线，260公里）—突泉县—科尔沁右翼中旗（国道111线，156公里）—扎鲁特旗—珠日河草原-通辽市（S306转G304，241公里）—开鲁县（国道303线，84公里）—阿鲁科尔沁旗（国道303线，116公里）

自驾内容：

看过了呼伦贝尔大草原，也算是完成了草原旅行的一个大高潮。转回头去赤峰，差不多有1400多公里，接下来的3天就是一段长长的过渡期。不过，有了著名的扎兰屯金长城和科尔沁湿地，想必日子也不会太寂寞。

珠日河草原

珠日河草原旅游区距交通发达的通辽市101公里，中间5个殿堂式迎宾包坐落在用汉白玉制成的1.2米高的平台上，它周围的18译座高级固定包、18座毡包组成一系列蒙古包群，可同时接待200人住宿和500人用餐。

向海自然保护区

位于白城西南100公里处，是寻找草原和仙鹤的必经要道，到向海自然保护区仅有2个小时的客运班车。去草原深处则要换乘白城到阿尔山的普客列车，午夜1时左右在索伦站下车，再由索伦乘小公共汽车前往满族屯就可以了。

NO.8

赤峰
恋恋昭乌达

赤峰去过 7 次，但是对昭乌达这个名字却颇为陌生，为什么呢？赤峰在我的记忆中，有克什克腾旗西部的贡格尔草原和南部的乌兰布统草原，巴林右旗的巴彦他拉草原，翁牛特旗的海力苏草原等等，每一个草原都有它明显的符号特征，或是巍峨的阿斯哈图石林，或是从前君王木兰秋围的坝上，或是契丹王朝叱咤一时的草原都城……然而地理上的分割线永远也不会被那些光环所湮没。昭乌达，就是这些著名草原的统称，所以，它才是真正的主宰。

【申玉忠/摄】

» 第一天……………【67公里】阿鲁科尔沁旗—巴林左旗

在路上我发现了个有趣的现象，巴林右旗的大部分地区居然在巴林左旗的左边，也就是西边，所以，我们从东向西而来，先见到的是巴林左旗的旗治林东镇。林东镇是契丹辽王朝的发祥地。

公元916年，耶律阿保机统一契丹各部，在林东建立了第一个与宋王朝对峙的中国北方少数民族政权。辽国建过5个都城，赤峰市有两个，即辽上京临潢府（今林东）和辽中京大定府（今宁城县城）。著名的萧太后在辽圣宗年间统治大辽。“查渊之盟”之后，随着辽王朝的兴盛和与中原的和平交往，于1007年，辽国的政治、经济、文化中心由上京南移中京（现宁城县），辽中京成为辽代中晚期的都城。以后相继又建了南京（现北京）、东京（现辽阳）、西京（现大同）3个陪都。辽王朝的建立，开创了北方少数民族政权的先河，创造了马背民族特色文化，成为中国统一发展史和沟通中西交流的重要历史时期。

辽上京是契丹辽王朝在草原上兴建的第一座开国都城，城址由北皇城南汉城构成了一个“日”字结构。以上京为中心的祖州、祖陵、怀陵、庆陵（包括白塔）、辽真寂之寺石窟群、南北二塔，构成了一个恢宏的辽代建筑群。两个四方城相叠，在古代的城址中实不多见，这充分可以说明契丹人的开明先进，既要保持独立，又要吸取汉人的先进之处。所以，他们实行“以国制治契丹，以汉制待汉人”双轨政治制度。

如今的林东，完全看不到辽代的任何影子了，只有从某些汉子的眉目间，还能见得到一些契丹人的英气。这座旧都，正如贾平凹笔下的西安一样从颓败到新生，默默守望着，看着兴辽与盛唐一样，渐行渐远。

黄岗梁国家森林公园每到仲夏就已经有些秋意了。【张广智/摄】

» 第二天…………【205公里】巴林左旗—巴林右旗—克什克腾旗

一直偏爱石头，值钱的和不值钱的、奇怪的石头。车一开进巴林右旗的大板镇，我就知道来对地方了。这里店铺林立，除了间或有一家饭馆之外，满街都是卖石头的小店。小店都绚丽无比，细看之去又没有彩灯，玻璃也都是无色的，原来都是石头惹的祸。

中国四大印石之一的巴林石，矿床就坐落于巴林草原，

TIPS

自驾内容

进入赤峰境内仍然延续了我们"一个地区一条省道"的传统，不同的是这次走的是国道而不是省道。国道303线明显比其他草原油路的路况好得多，并且，赤峰的克什克腾旗无疑是内蒙古大草原上景观附加值最好的一处。这里不仅有草原，还有古都遗址、珍玩奇石、冰川遗迹、渔场大湖、红山文化、森林公园……如果说以阿拉善作为草原之旅的开始足够刺激的话，那么以赤峰作为草原之旅的结束就会永远意犹未尽。

自驾线路

阿鲁科尔沁旗—巴林左旗（国道303线，67公里）—巴林右旗（国道303线，91公里）—克什克腾旗（国道303线，120公里）—达里诺尔（国道303线，91公里）—乌兰布统（国道303线转经山线，210公里）—塞罕坝国家森林公园—围场镇（棋塞线，100公里）—承德市（承围线，136公里）—北京（京哈高速公路，235公里）

推荐宾馆

赤峰市可选择的范围很广，三星、四星都有；喀喇沁旗可住锦山宾馆；热水镇可住财政宾馆或环保宾馆；阿斯哈图可住石林别墅；红山军马场可住红山宾馆或军队招待所。

堪称“天价”的巴林鸡血奇珍

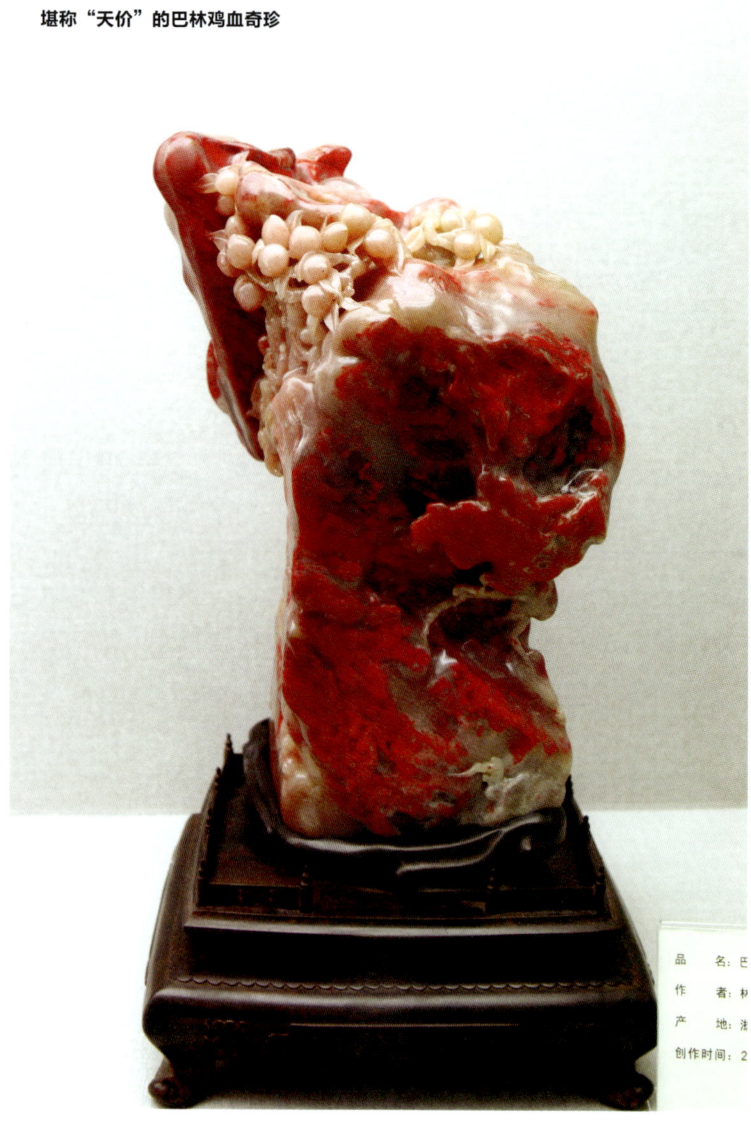

而主要的集散地就在这个小小的大板镇。巴林石储量丰富，种类繁多，按其质地、颜色、纹理等特征可分为巴林鸡血石、巴林福黄石、巴林冻石、巴林彩石和巴林图案石5大类数百个品种，其中以巴林鸡血和巴林福黄最为名贵，堪称国宝。

近年来，由于巴林鸡血的开采过盛，矿源枯竭，所以价格飞涨。在小店里我看中了一对稍稍带血丝的印材，居然就要3000元，至于将将能看得出血色的，则动辄上万了。草原上的牧民并不富有，但大板镇显然是个例外。这里的小老板们貌不惊人，一个小店的身家小则几十万，多则几百万，难怪奇石街周边就尽是一些高消费的精品街了。

不过，小店的物件虽美，到底还是抵不过巴林奇石馆里的珍藏。所有的人——爱石头的不爱石头的——一进门就会被那块极品的"巴林鸡血石王"牢牢吸引，再也挪不开步子。我自然不能免俗，呆呆地立了半晌，那鲜艳欲滴的血色，绝世无双，远远不是什么“乱花渐欲迷人眼”所能形容的了。奇石馆的馆长极度自豪地告诉我们：这块镇馆之宝将永藏馆内。

因为是中午，大部分店铺没有开门，买了当地的名酒套马杆。再上省际大通道825公里处转向306国道，再行驶约30分钟，就到了这一天的终点——克什克腾旗首府经棚镇。

克什克腾旗一直是我的保留项目，几乎每年都要去上一次，这次走草原环线也没有放弃这个熟悉的老朋友。经棚非常不起眼，顶多能算个县城，甚至就是个小镇，但是经棚的大集市非常有名，我转了内蒙那么多地方，这里的集市蒙式风格的工艺品最全而且最便宜，像蒙古刀、仿真的骆驼和小羊、毛毯、仿青铜摆设……几乎应有尽有。草草吃了晚餐，就一头扑向大集市，好好体验了一把“血拼”的乐趣。

特别要说一下，经棚没有什么有特色的宾馆，大多数宾馆的标间房价都在120元左右，如果想体验一下特色可以再开半个小时的车去赤峰地区著名

景区周围供人骑乘的马好像已经失去了草原的雄风。【张广智/摄】

的温泉镇——热水，那里房价跟经棚差不多，但是家家都是温泉水。

» 第三天……………【158公里】克什克腾旗—达里诺尔—乌兰布统—塞罕坝国家森林公园

克什克腾旗之所以能这么吸引我，不是因为它著名的世界地质奇观，而是因为达里诺尔。达里湖又被称为“天鹅湖”，是因为它是北方大天鹅、大鸨等候鸟的重要繁殖地和迁徙集散地。记不请我是第多少次到达里诺尔了，反正每次站在这个湖边我就觉得心静如水，如果恰好能碰到一对天鹅在此小憩，简直就觉得自己在天堂了。为了能赶到达里湖看日出，我们起了一个绝早，天不亮就上了路。

克旗大多是草原油路，虽然经过几年的修缮路况已大有好转，但是有些地方路面起伏还是很大。辗转迂回接近了水天一色的达里湖，我们一行人已经被颠得七荤八素。不过，旅途的疲惫马上就被兴奋所取代了。登上湖边的砧子山观看草原晨曦，湖面波平如镜。极目望去，朝霞映红了湖面。云在水中，浪在天上；鱼跃鸥拍，飞花点点。任谁在这样的晨光中，都有些浑然忘我了。欢闹了一时都有些腹饥，还等什么？达里湖盛产的鲫鱼和“华子鱼”(瓦氏雅罗鱼)鲜美至极，赶紧点上一桌。鲫鱼就不必说了，特别是那“华子鱼”天然就带着一种咸香的味道，仿佛在喂好的调料里腌过一样，令人叫绝。更奇的是达里湖的鱼全靠自然繁殖，勿需人工撒苗。从清明节到端午节前后，正是各类鱼产卵的时期，漫长的春季里，鱼群始终沿着牧草返青

TIPS

巴林博物馆

建于1985年，是内蒙古自治区第一家旗县级博物馆。馆藏文物6000件，其中国家三级以上文物约占三分之一。特别是巴林部出土的红山文化、如那日斯台文化等遗址中出土的玉器弥足珍贵，尚属国内首次发现，并其数量占世界红山玉器的绝大多数。

地址：大板镇荟福路中段

巴林奇石馆

建于1995年，馆内现珍藏巴林鸡血石、巴林福黄石、巴林冻石、巴林彩石、巴林图案石及巴林工艺精品2000余件。著名的"巴林鸡血石王"就藏于此。

地址：巴林右旗大板镇

赤峰泡温泉

◆克什克腾旗热水塘温泉园区，地处克旗热水镇，在全国11个甲级温泉中排名第二，是独具特色的医疗氡性矿泉，水温83℃。目前，热水镇的10家疗养度假村和宾馆均将温泉引入房间，有单人泡汤和双人泡汤两种，另有温泉游泳池。

◆宁城县热水温泉，地处宁城县城，温度高达96℃，10分钟便可煮熟一盆鸡蛋。引入游泳池及房间后，最适合旅途疲惫者、心情焦虑者和神经衰弱患者。

◆敖汉旗温泉，地处敖汉旗首府，水温70℃，比较适合长期浸泡。

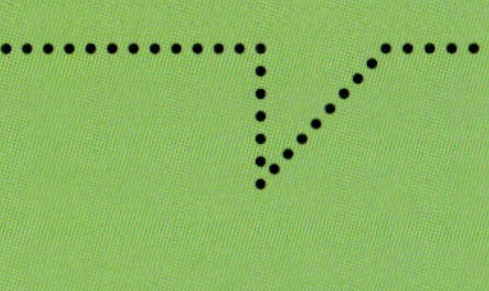

驾车穿越浑善达克沙地之后就又进入了乌兰布统草原。【张广智/摄】

的河道溯流而上。等到冬季来临，鱼儿又毫无顾忌地在冰层下聚集成群，冬捕便开始了。居住在达里湖附近的渔民们，世世代代都在这里享受着大自然的恩赐。无需浪费太多的功夫，无数尾鲜肥的鱼儿就会在渔人的网中快乐地跳跃。

吃过午饭，借道好鲁库前往乌兰布统。凭吊古战场不知道算不算附庸风雅，但是能站在大漠深处遥想当年金戈铁马，感怀昔日的叱咤风云，不亦是人生一大快事吗？

乌兰布统能成为古战场，源于清朝噶尔丹之乱。1690年，噶尔丹大军长驱直入，抵达乌兰布统峰下。康熙帝点兵十万，御驾亲征，在吐力根河畔扎下了连绵60里的十二连营。8月1日，两军大战于乌兰布统峰下，直杀得风云变色，天地染赤。这一战，不仅彻底粉碎了噶尔丹的入

侵计划，也留下了这个与后人评说的古战场。

今天的乌兰布统，再闻不见硝烟弥漫，只有水波不兴的公主湖悄然傍依，将军泡子纪念着浴血卫国的志士。我们在湖边的蒙古包小憩，幻想着还能听到那催人奋进的声声战鼓，看到拖着发辫的士兵们冲锋陷阵，甚至，有人虔诚地双手合十喃喃祈祷：请让我穿梭时空吧，回到那个激烈搏杀的时刻，让我的青春热血也沸腾起来，为了正义去挥动长矛。

冥想之余，有人忽然叫起来：我们进入浑善达克沙地了！我定睛一瞧，果不其然，那明显改变的沙石路与渐趋荒芜的河滩，都在告诉我们真正的旅途开始了。

浑善达克沙地位于锡林郭勒草原的中南部，呈东西走向，绵延300多公里，总面积2.14万平方公里。虽然刚刚踏入沙地的领域，却好像已经进入了它的腹地，后来经过实践证明，整个浑善达克的地貌景观都是如出一辙，均为有水沙漠。一路上，我们看到众多不知名的小湖、小泉、小泡子，泉水从沙地中冒出，汩汩地汇入小河。一条条小河欢快流淌，再齐齐地去高格斯太河聚会。

就是因为具有丰富的水源，浑善达克没有干涸、枯涩的沙地感觉，反而水草丰美，可以和很多草原相媲美，因此当之无愧被称为“塞外江南”，也有人叫它“花园沙漠”。至于与达里诺尔自然保护区一样具有的野生动植物资源，只是数量上的不同罢了。行驶在泡子中间，我们似乎已经忘了自己身在何处。反正也没有固定的路，心情便也没有了束缚，只是信马由缰地向前去。

TIPS

推荐景点

◆青山冰臼景区

位于大兴安岭东南边缘，赤峰市克什克腾旗新井乡境内，总面积9200公顷，海拔1574米。整个山峦连绵起伏近20公里，地质构造复杂。最为奇特的是，大青山山顶南面两边平缓的花岗岩岩面上，1000平方米的范围内竟有第四纪冰川造就的数百个冰臼，冰臼群的外围两侧均为悬崖峭壁。冰臼的平面一般为圆形、椭圆形、匙形和不规则的半圆形。其形状如臼如缸、如杯如桶、如盆如盘、如锅如碗，一般冰臼口小肚大，底部较平坦。冰臼的周边高处无进水口，只在低处有出水口，少数冰臼之间底部相通，中间有穿洞，居然是“连体婴”。最大的一个冰臼长10米、宽5米、深3.5米，最小的冰臼只有几厘米，如同一个纽扣大小。青山冰臼与阿斯哈图石林一样，都是罕见的世界奇观。

◆西拉沐沦河漂流

在草原上漂流是一种别样的滋味，位于克什克腾旗西拉沐沦河龙口电站水库旁的龙口水上乐园，有漂流区域5公里，全部是休闲自助漂，另外还有水上游艇、快艇冲浪、情侣休闲船、水上自行车、水上三轮车等娱乐项目。住宿有欧式别墅、标准间和蒙古包。

夜色中的塞罕坝。【张广智 / 摄】

» 第四天…………【440公里】塞罕坝国家森林公园—围场—承德—北京

塞罕坝并非是唯一的坝上草原，仅在京城周围，就有丰宁与张北与它齐名，但是有一点可以肯定，它是最令人迷醉的。想来清朝的皇帝也颇具慧眼，不然不会选择这里作为“木兰秋围”之所，从而才有了今天的围场满族自治县和塞罕坝国家森林公园。

300多年前康熙帝北巡，一眼就看中了这块水草丰美的土地，他盛赞这块草原的油绿如葱，还有那诸多泡子的明眸善睐，立刻宣布在此设立皇家狩猎禁区。谁都清楚：清王朝所谓的“木兰秋围”，实际上就是一次游乐型的准军事演习，是为了让王公大臣和八旗子弟们不荒疏弓马，保持良好的战斗力。当然，这里美丽的风景和适宜的气候，也是皇亲贵戚们避暑地的首选。当我们驾车上坝时，仿佛又看到了当年他们弯弓搭箭的英姿，胸中也不禁升腾起一股英雄豪气。

今天的狩猎，必定不如从前酣畅痛快，因为野生动物不容易打也不应该打，至于骑马，经过驯化的驽马也不能给人带来多大的快感。自然可以品尝各种满蒙小食，豪气干云地喝几碗烈酒，再大块朵颐一顿真正的烤全羊，但这显然不是我们的目的所在。塞罕坝最大的魅力，其实就在镜头里。如果把镜头分割成若干个小格子的话，你就会发现原来塞罕坝的每一格都可以入诗入画。那将军泡子、那五棵树、那大小喇嘛山、那山上的姊妹桦，山地丘陵的每一寸肌肤，无不令人浮想联翩。只要是身上带着相机的，不管是专业的、发烧的还是绝对业余的，都不会放过这天然去雕饰的大地造化，只有尽可能将它定格，然后用胶片去保存那醉人的葱绿与银白，保存那份珍藏的记忆。

坝上的另一个优点，就是独特的气候了。虽地处华北，但那以落叶松与天然白桦为主

告别承德的“外八庙”，草原渐行渐远。【张广智 / 摄】

的植被，竟与东北的大兴安岭殊无二致。虽然是草原，但是这里春夏秋冬的月份，却好像处于幽谷深山般耐人寻味。比如五六月份，京城已是炎夏似火，这里才迎来姗姗的早春，林间草地上，跳动着一团团、一簇簇的“小火苗”，那是被乾隆皇帝称为“恰似金钉钉地”的金莲花。待到城市里初冬将至，这里却正是仲秋时节，霜林尽染的白桦涤尽了血色，以淡黄的落英昭示它的熟韵，更有那漫山遍野的野菊，浓得要浸透人心似的，顷刻之间从脚下直延伸到远方。

新年前后，塞罕坝的雪景更别具一格。且不说那安详静谧的草原在雪绒被下睡得多么香甜，就是那与银色的夕阳相映生辉的白桦，也仿佛因为雪的荡涤而异常婀娜了，顾盼神飞，摇曳而生姿。当然，冬天上坝要有充分的精神和物质装备。加厚的羽绒衣裤自不可少，北方的军用大头鞋这时也可以派上用场了。驾车上坝还要格外留心，就算是陆虎这样顶级的越野车，最后也备上小铁锹、木板和草垫子之类的清理工具，以防没有欣赏到雪的景致先做了雪的奴隶。

返程勿庸赘诉，一路高速，回到北京温暖的家。

TIPS

推荐景点

◆平顶山冰斗群

位于赤峰市克什克腾旗东南部的平顶山，西拉沐沦河南岸的万合永镇，距经棚镇 51 公里，是继阿斯哈图石林和青山冰臼之后的又一奇迹。平顶山冰斗群也属于第四纪冰川遗迹。数以百计冰斗分布于群山之间，形成了大量的刀脊和角峰。据专家考证：这个冰斗群是目前我国发现的数量最多、发育最好、期次最全、保存最完整的大型冰斗群。据此可以推断，在距今 1 万年至 300 多万年期间，赤峰地区曾经是冰雪覆盖的世界，这就是人们所说的冰川时期。

◆贡格尔马文化园

位于贡格尔草原中心地带，克什克腾旗达日罕乌拉苏木贡格尔嘎查境内，是由牧民自愿组合的地道的蒙古部落。在这里可以做一天蒙古人，吃住在牧民家，半自助生活，参与养牧加工奶食品等活动。可以体验到骑马、骑骆驼，乘勒勒车、马车、骆驼车、羊车游览草原的乐趣。

如团体可以举办中小型的那达慕，组织摔跤、赛马、射箭和拣牛粪比赛。

可以看到马背上的蒙古长调无伴奏合唱，马背上的蒙古服饰表演等等。

SPECIAL ROAD

公路专辑

从前以为后工业时代的许多革新都会与传统形成悖谬——飞架空中的路桥在城市里还不显突兀，但在大自然中定会破坏山川之美。现在，这种想法正渐渐被美好的现实改变……在山腰蜿蜒的公路不是山的伤痕，而是为葱绿衣衫的美人系上腰带；在陡坡上盘旋辗转的螺丝桥不是坡的桎梏，而是打破了寂静山岭的单调；穿越山腹的隧道不是无情的利刃，而是打开山之隐秘的九连环……

有形的公路和无形的心路都没有终点，总以为阅尽天下美路、险路的人，不妨再多看一看，转过一道弯，路仍然在延伸……

“鲜红、艳黄和灿白，7%最鲜艳的色彩再加上93%的旷原，严酷的生存环境蕴含着人类一切最初始的体验、心理和记忆。”这是刘湘晨在他帕米尔新书自序中的开场白。对于他这样一位深入帕米尔高原数十次的纪录片导演来说，丝绸之路不是一条而是百多条，中巴公路也不仅仅是一条贸易通道，而是帕米尔神奇的血脉。

昆明通往滇西的公路（国道320线）几经改造、更替，早已不再是原来意义上的滇缅公路。但是，在这条路的沿线，很多七八十岁的老人却很难了却滇缅公路的情结，一直习惯将通往滇西、通往缅甸的公路称为“滇缅公路”。在他们眼里，滇缅公路绝不仅仅是一条公路的名称，而是一个时代的标志，饱含着失败和胜利、悲哀与喜悦。

中巴公路 帕米尔的血脉

国道320线 滇缅路的记忆碎片

中巴公路

帕米尔的血脉

“鲜红、艳黄和灿白，7%最鲜艳的色彩再加上 93%的旷原，严酷的生存环境蕴含着人类一切最初始的体验、心理和记忆。”这是刘湘晨在他帕米尔新书自序中的开场白。对于他这样一位深入帕米尔高原数十次的纪录片导演来说，丝绸之路不是一条而是百多条，中巴公路也不仅仅是一条贸易通道，而是帕米尔神奇的血脉。

撰文 / **刘湘晨**　摄影 / **刘湘晨、沈桥**

自家新生的小羊羔也是未来的希望。

在纵横迭驰的高山之间，雪线之上是终年不化的积雪和冰川，高山之下的沟谷成为水道并最终汇集为河流。在帕米尔高原，高原的东部边缘与昆仑山的西端之间是高原最长、最深、也最为宽阔的沟谷，一条大河滚滚而去，这就是高原上最伟大的河流——札莱甫相河。从昆仑山与帕米尔高原相接的群山万壑之间一直延伸到喀什噶尔平原，札莱甫相河是纵穿塔克拉玛干大沙漠的塔里木河最重要的上游给水之一。与札莱甫相河并行的塔什库尔干河是高原上的另一条重要的大河，塔什库尔干河谷每一片草甸的形成和每一支杨柳枝儿年年岁岁的抽穗儿，都与这条大河有着密不可分的关联。

与大河同样承袭着帕米尔血统的就是一条条道路，从古代的丝绸之路、近代的中巴公路又称喀喇昆仑公路、当代的国道314线也就是乌鲁木齐至红旗拉甫公路，无不像纽带一样连通起帕米尔高原的东西两端。尤其是国道314线，是唯一一条全程均在新疆维吾尔自治区境内的横向国道，在新疆经济社会发展中占有重要的地位，是北疆及内地通往南疆，与巴基斯坦等邻国交往的一条重要通道。沿线人口众多，是新疆重要的经济带。

当然，如果抛开经济因素不谈，那么还是从喀什经塔什库尔干县到红其拉甫口岸的中巴国际公路更受人瞩目。中巴国际公路（喀喇昆仑公路）是一条连接中国西部与巴基斯坦的公路，英文简称为KKH。中巴国际公路北起中国新疆的喀什，穿越喀喇昆仑山脉、兴都库什山脉、帕米尔高原、喜马拉雅山脉西端，经过中巴边境口岸红其拉甫山口，南到巴基斯坦北部城市塔科特，全长1224公里。其中中国境内415公里。

葱岭大道，丝绸之路大动脉伸向帕米尔的生命分支

如果你有幸深入到高原腹地的话，沿着札莱甫相河和塔什库尔干河都可以看到丝绸之路年代的遗迹：

驿站、烽燧和城堡……

这些坍废的人工建筑，正是往昔丝绸之路在高原上延续不断的标识。

在以往的历史描述之中，丝绸之路在进入帕米尔高原之前主要分为南道、中道和北道，没有进入帕米尔高原以后的详尽介绍。

其实，在进入帕米尔高原之后，也有几条彼此独立或相交的线路，估计，这些线路都属于当年丝绸之路在帕米尔高原通过的最重要的路段——葱岭大道。

今天游人可能领略的“葱岭大道”，主要是从盖孜驿站经苏巴什烽燧、石头城、吉勒尕勒驿站、公主堡和吐拉炮台……一直伸向卡拉其库峡谷纵深的瓦罕走廊，整个线路的大部分路段与塔什库尔干河随行，这是当年葱岭大道的主线。

另一条线路是在进入盖孜峡谷之后环白沙湖北岸而行，而后随盖孜河上游的木吉河西去。道旁有两处烽燧遗址，估计是完全独立的一条线路。

还有一条线路根本不经过盖孜峡谷，它可以从今天于田、叶城和莎车三地的任何一个地方进入昆仑山，而后沿札莱甫相河北上，最后在卡拉其库峡谷与主干道汇合，再分为明铁盖达坂路和南瓦根基达坂路，前者是唐玄奘结束长达12年游学之旅最后回到中国的过往通道，后者是马克·波罗离开中国而后返回欧洲的地方。

这种推断有依据吗？

考察丝绸之路通达的真实性有很多方式，其中，最重要的一条就是看沿途有没有相关设施的存在。在漫长的岁月中，这些带有明显军事性质的设施因大路的存在而设置，主要功能之一就是对大路安全的监护，同时，也是中央王朝权力的外延与象征。

沿札莱甫相河溯河而行，走到河段中段攀过十来米的一截儿悬索，我在一处高崖上看到了一座驿站遗址。站在遗址上，可以了望几十里内的辽阔河谷，由谷底吹来的风强劲有力，你本能地能理解这个高地显然具有重要的战略意义。我问了一下随行的人，这个地方叫“托库孜布拉克”，意思是“九眼泉”。

客观地说，帕米尔高原的各个山间隘口都可能成为丝绸之路过往的路径——这些路，最早都是由高原上那些牧羊人吆喝着羊群随意踩出来的。最终成为一条东、西过往必须依赖的大路，水源是最重要的保障条件。而这个因素，至今仍是影响高原人居生活必须面对的首要问题。

在新疆，由于气候条件、降水和时节枯丰的差异，阿勒泰山脉的雪线不足海拔4000米，帕米尔高原的雪线已在海拔5000米以上。雪线之上不具备人类生存的最起码的条件，距雪线不远的地方已开始有了稀落的炊烟和牛羊，那是塔吉克人、柯尔克孜人和他们的畜群。

新疆海拔最高的牧场主要分布在天山、昆仑山西部和帕米尔高原，塔吉克人和柯尔克孜人是新疆地处海拔最高的牧人，他们生存的地方通常在海拔3000米上下到海拔5000米以上。除了山羊、绵羊，牦牛已在畜群中占有相当的比例，甚至已有了不少专放牦牛的牧人。从野生到随人放养，牦牛的驯化是高原文明最伟大的创造之一，否则，人的生存和一切发生在高原上的过往都无法实现。我一直为《西游记》的作者没写到牦牛而奇怪，以一个地道“内地人”的视角，他是不会知道一个骑着白龙马的唐僧在高山纵横的帕米尔高原上是万万翻不过去的。随着每年的转暖，天气越热牦牛爬得越高，这

些野性难驯的牲灵常会突破雪线一直爬到纵横分布的冰川之下，这种习性注定了它们与高原的息息相关，离开高原就无法生存。

但是，由于暖季短，草情薄，再加上总量的有限，单纯的高原牧场生活不足以支撑，这就要求高原上的牧人必须找到牧场生活的某种“补偿”方式。

严格地讲，帕米尔高原大多数重山耸立的的山地并不适宜人类生存，但是，在这些巨大高山的沟谷间，却有零星的阔地、河畔草甸和其他适宜植被生长的地方。我吃惊地发现：塔吉克人寻求牧场生存补偿方式的努力竟然没有遗漏如辟力、米斯孔、勒斯卡木和大同这些在高原上随便看一眼轻易就能看丢了的地方——这些偏僻的山谷，大多数住在别处的塔吉克人一辈子也很难去一次。这些一个个隐于世外的仙境，海拔高度骤降到3000米以下至2500米左右，能看到粉红色的杏花开满山谷的情景，可以种植青稞、小麦和高原其他地方难得一见的一片菜花儿金黄。

被历史覆盖的河流，被公路覆盖的古道，组成了层叠的帕米尔

札莱甫相河谷的东岸是典型的沙砾荒漠，无数年沉积的沙屑拥掩着大小不一的石头，使脚底的路面有两种完全不同的质感。这些石头在持续不断的风化之中，小的可把玩于指掌，大的两人或数人环抱不及，久经暴晒，裸露的一面一层铁矿石褐色或黑色的釉质，散落在浅色近于苍白的大片沙原之间，时间一下被推至洪荒年代，而你则是那个年代走来的第一人。

呼哧促喘的骆驼压着后脖颈。回头一望，勒着纵横儿道的铁丝，依挡不住不断涌喷的白沫子堆满驼嘴。骆驼的鼻子能嗅出几十公里外沙地地底的隐约水汽，它的眼睛能看到数百步之外有一只沙蜥倏间吐出舌信子。这个时候，骆驼整天昂着头，以一双锐眼环视荒原，一只沙地麻雀飞过也会让它跺着蹄子狂躁不已，任人拽得两个鼻孔裂渗出血也拽不住。这是公骆驼一年最暴烈的时候，刺鼻子的腥骚气使辽远广大的荒原有了更确切的一种季节属性，远处的雪豹和狼也会绕着走。

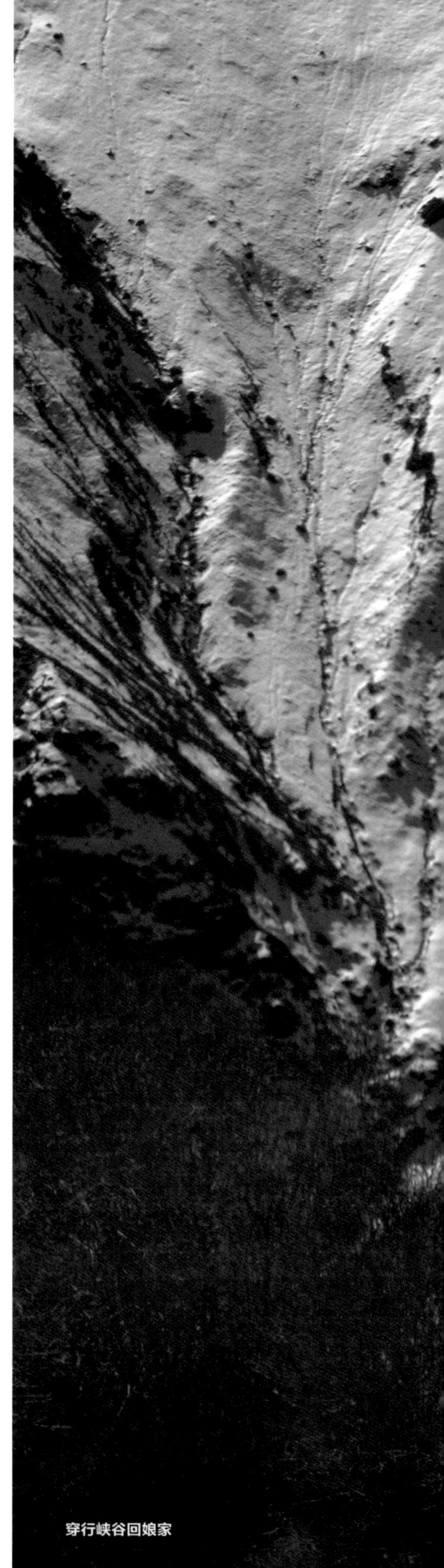

穿行峡谷回娘家

我为我再次进入帕米尔山地的时态找到了准确而形象的一种描述方式：

骆驼发情的时候，我又回到了帕米尔。

在整个东部帕米尔高原，对地理和人文构成影响的河流一是札莱甫相河，另一条是塔什库尔干河。两河相比，跨越近两千年，塔什库尔干河在史籍和人们印象中的比重都远远高于札莱甫相河，最主要的原因是当时羯磐陀国国都的北移和喀什葛尔作为丝绸之路中心枢纽的确立，这就是我们今天尚能看到的位于县城之中的石头城遗址。实际上，直接承接乔戈里冰川融水的札莱甫相河，远比红其拉甫达坂和瓦罕走廊山脉诸多河流网系积水汇流而成的塔什库尔干河流量大，才有可能形成足够的冲击力，最终在高原上冲凿出一条开阔的大道供人畜过往，这决定了札莱甫相河在民间传统中的地位和她更突出的土著特色。

事实上，在羯磐陀国国都未北迁之前，沿札莱甫相河畔自北向南再折向西直接进入瓦罕走廊，这条通道一直是沟通帕米尔高原各处的主干道，羯磐陀国当时的国都就是如今还能看到的这条主干道必须经过的“公主堡”遗址，它扼守在瓦罕走廊的最东端，与公元 644 年唐玄奘《大唐西域记》所描述的石头城相距一百多公里。这条大道的始用，最早可以推致由高原上第一个牧人有一天吆着他的羊群走过掀起的一阵烟尘在空中久久不散！但是，在整个帕米尔高原，尽可纵马的辽阔面积与更好的水土条件，都使塔什库尔干河谷成为后来羯磐陀国迁都的最佳选择，体现着塔吉克人更自觉的意识：

踞守公主堡，瞭望丝绸之路蜿蜒而来又进入瓦罕山谷，羯磐陀国永远都是大道的一个附属；北迁之后，既可得大道之便，又有了更为辽阔的经营空间，由此，札莱甫相河退出了人们的关注视野，塔什库尔干河渐渐成为东部帕米尔最重要的新的地理坐标。大概就是从这个时候开始，南道丝绸之路渐渐放弃了由叶城、莎车、英吉沙一线进入昆仑山的传统线路而改为由盖孜线直接葱岭大道。

不过，在如今大多数的地理描述中，札莱甫相河的概念常被叶尔羌河所涵盖，人们多知道有叶尔羌河而不知有札莱甫相河。实际上，自昆仑山口大片

塔吉克男人肖像一

的冲积戈壁南越，一直到乔戈里半山之间的冰川舌部，这条汇集了无数山地流水的汹涌水脉今天通被称为叶尔羌河，她的上段为克尔钦河，河流流经地域骑着骆驼需要走五到七天；下段就是塔吉克人所说的札莱甫相河，整个河段骑着骆驼需要走九天或者更多的时间，一直流入喀喇昆仑山的庞大山系之中。

大约 12 年前（1996 年），第一次翻越盖加克达坂深入帕米尔高原的东部边缘，我走的是塔吉克人的山间牧道。两天之后，第一次看到了札莱甫相河，实际上是完成了从塔什库尔干河谷到札莱甫相河谷的跨越。这是典型的凹形河谷，最宽的地方在一二十公里之外，河谷两边所有的地貌近于垂直矗立，岸、崖、从山顶到山脚的大陡坡和巨石，还有在山头的云垒，在最近的距离挤挤挨挨地码起来形成对峙让人瞠目，牵着骆驼踩着一条羊肠道走出去，两三个小时看不出有多少移动……

这段河谷走了五天，这是我第一次穿越东部帕米尔高原最重要的地理标志带：

帕米尔高原的东部边缘与喀喇昆仑山庞大山体的第一道隆起对峙，札莱甫相河横亘其间成为一道天然分界，长风鼓荡，云霞凝聚，每一处都会触发你的思绪跨越千年，山谷的尽头有隐约的雷声……

我走过了塔吉克人一连串的聚居点：

依沙布拉克、乌鲁克、托库孜布拉克、克克塔西、包先迪江、阿孜尕拉……

这些村子，可数的居住史，最长的不超过十代人之上，有助于在最近的距离看清人类行为最初的轨迹和动机，这让我极兴奋。在这些村子中，有一个村子 20 世纪 70 年代中叶始有人垦荒，黄褐色的大山环抱之间，砾石横陈的河漫滩渐渐被一片绿色掩隐，它的名字本身就是它历史的最好演绎：

穹托阔依，意为：大牧场。

每一个塔吉克人心中，都有一座“慕士塔格”

穹托阔依的一年四季，除了盛夏的绿和深秋的黄，几场劲风之后的凋敝会一直持续到第二年的四月。树和草，都没了长叶子时的绿意掩蔽和叶片悉悉簌簌所描绘的情致委婉，树干、草秆儿近于土色。风从北面骑着骆驼得走好几天的山谷中吹来，或者从南面折角的深远峡谷吹来，伴有扬沙持续推进。迎风而立，能感到衣襟撕扯、肌骨透侵的强劲。

对面的山壁，随着太阳的升起，会从一片幽暗渐渐被全部揭开面目，褶皱的阴晴两面和融雪久经时月在山壁上刻蚀的水迹线赫然呈现。太远的视觉差异不会让你过于惊讶，走近了你才会震惊这些“褶皱”和“水迹线”完全就是悬挂在山壁之上的一片土林，每一道“褶皱”或“水迹线”跨过去都会在数十步或数百步之外，一派久经风尘的残颓意蕴让时间在久远的从前轻纱若舞，劲风震耳，驼啸悠远，而这整个山体，就是帕米尔高原东部的高大边缘！穹托阔依没有雨，下雪也不会落在地面，山上却不少雪，天阴得深雪线低，阴得浅雪线高，雪线的高低就是一时或一年的寒暑变化。西南角最高的一座山峰常年堆雪，盛夏偶有雪崩溃塌。就是在一次雪崩的时候，我和勒斯卡姆村最年迈的长老吾守尔·尼牙孜在一起，这位104岁的老人望着雪崩滚落的大山感慨万千地摇着头，而后低叹一声：

慕士塔格……

从此，我才知道，“慕士塔格”并不为帕米尔高原的某一地所独有，每一个塔吉克聚居区或在每一个塔吉克人心中，都会有一座“慕士塔格”。这座山至高无上，被视作神灵之所，会给人以庇护，其本意为冰山，引申有“山父”之尊。而崇敬雪山，则是塔吉克人普遍的“心结”，他们将河流、草甸、畜群、及地面所能生长的一切，都视作为神圣“山父”所赐予，吾守尔·尼牙孜老人的万千感慨融含着一个民族的血脉沉淀与久远心履！

在东部帕米尔，冰山融水开凿了纵横散布的一条条水道，为牧人吆喝着畜群过往和后来大道的选择创造了条件；另一个重要价值就是为人的聚居提供了最重要的依存背景。札莱甫相河的流向自南向北延伸，流至穹托阔依这一段，河床西岸紧依帕米尔东部的高大边缘，另一面却极为辽阔，使得大河尽可以恣肆纵横，分流推进。水势旺的年景，河流任意改道，冲决堤岸，凿出新河道，让人隔年望去都会陌生，东岸的河床版图也会随之有所改变。我曾看到河流从第一片冰绒如花到河流大半冰封的全过程。但是，河面不会整个冰封，估计与水的流量、疾缓有关系，水流的声音没有一会儿中断，融于大山充斥的天地之间，融于人畜所在的每一个场景，河面的变化是穹托阔依最鲜明的季节标志。夏日没及驼腹的河水隐去，骆驼可以踩着冰面过往，旅人出门最惊险、让人最担心的情景不再，这个时候，你能随时看到有驼队驮着山外购置的东西从冰面上过。

河面冰封的季节，最直接的影响就是穹托阔

塔吉克男人肖像二

依后山的一条水脉断流。这条水脉，我长久以为是泉流，穹托阔依地面的每一株树、每一片地和人畜饮用的水，都有赖它的终年流淌。后来，我多次登上后山，曾绕到后山一天路外的库尼黛沟里跟随吾守尔·尼牙孜老人的几个孙子去打柴，才弄清楚这条水脉的来路非同寻常！

穹托阔依的后山，位于札莱甫相河的东岸，与河西岸帕米尔东部的高大边缘相对。整个山地，以位于最东侧的一色赤裸岩壁为制高点。岩壁之下，由一脚踩下去能没过脚背的暄软尘土覆盖，尘土之下时有片状的岩石露头，轻易就能扒出来，一捏会有簌簌掉落的粉末，说明整个山地正处在持续不断的风化之中。厚厚的尘屑覆盖层很辽阔，分为三级台地一直铺去，最后与遍是裸石的河滩衔接，这就是穹托阔依的整个地表呈现。若没有水，一只鸟飞过或随意丢一个石子，都会溅起一阵尘灰飞扬！事实上，穹托阔依的整个干燥地表的确没有生成水的任何条件，水是穹托阔依最大的隐秘和生存依据！阻挡人看不到谜局的原因，源于通常都是从山下往山上望的仰视方式，东面的一色赤裸岩壁遮挡了它背后的辽阔天空和天空之下的重重大山，只呈现给你极单调的一道勾勒，嗅不到星点水气。实际上，在这道赤壁之后，以重重大山构成的辽阔地域驾车（如果有路的话）也得走很多天，海拔5000米以上的高山比比皆是，有承载积雪的最好条件，我曾非常吃惊地在山后打柴的沟里看到了柏树。融雪积流成河，从穹托阔依岩壁间的某一点溢出，最后将穹托阔依从上到下描绘得五彩缤纷，成为大山环抱之间一个傍山临水的绿岛。吾守尔·尼牙孜老人的长子达吾提·吾守尔是我的同庚好友，他不止一次向我描述穹托阔依30年前的情景：

没有草，一个树没有，我们浇水嘛……

穹托阔依的海拔高度大约是2900米，山岩风化的尘屑堆积有足够的肥力，点滴潮润就能幻化为风情万种，最终形成了从崖边儿到坡下、再融伸入河滩间的一片荒原草甸，整个面积至少在1000亩之上。除了每年种的青稞、小麦和大片草甸，崖边儿、滩头和外围荒地，长得最盛的是红柳和沙棘，这些野生植被的生命力不可抑制，长势强劲疯狂，都有碗口椽子的粗壮和四五个人叠摞起来的高度，树冠层叠有云絮飘摇的姿态，一片望去，让人与华丽的非洲错乱！牛羊走过，或就在你站的脚下，会压倒一片稍子苗儿，漆红的皮让人不忍，弯下腰再把它们一根一根扶起来。能想象得到，这些幼嫩的一折就断的红柳苗子必将牵扯到穹托阔依一个长长的久远未来。

一个开膛的灶坑，便是一户塔吉克人的灵魂中心

十几年前，从塔什库尔干县城翻越海拔5300米的盖加克达坂走了7天，第一次来到穹托阔依。印象最深的，是老吾守尔·尼牙孜家灶后半人高的土台子上有一溜儿码的碗。寻常人家的碗没这么多，一摞一摞扣着摆开能抻出去数步之外，清晨尚不甚透郎的光亮从塔吉克人家的屋顶天窗投泻而下如纱拂动，土台子上碗的边沿儿一片细碎的光斑幽蓝。

碗的质感和屋内稀淡的光都有些冷涩，你所能感到的氛围和给你的想象却有一种敦厚的质感让人有揣着馕的踏实，很温暖，这是超乎寻常的一个人家：

老吾守尔·尼牙孜夫妇，前后生育了10个子女，女儿们出嫁组成各自的家庭成为外戚，3个儿子门下都有至少不下5个孩子，孩子们成家又有了各自的孩子，每天打两次馕尚显紧张。再加上家居乡邻过往的山道，老吾守尔·尼牙孜每年都会去数天路外的地方将1500公斤面粉驮运进山！一幢石头般的老屋被浓重的烟气、汗气、尿腥气和四周畜的喘息熏透，有牛粪火的热度溢出，墙壁上半悬的门和窗静默无声，却让你觉得似在注视或讲述一个无尽，

这个屋与这家人的联系就是述说的主题。

老吾守尔·尼牙孜的这个屋，以开膛的灶坑为重心，距灶坑两步外是陷下去半膝的一方凹

塔吉克少女群像，粗糙而美丽的面庞写满了坚强。

池，屋内人的走动、迎客宰牲或婚庆跳舞都在这里，相当于城里人的中庭，三面是相连的炕，每个炕角都有一根柱支撑，以灶坑左面的炕为贵，待客或客人留宿都在这儿，没人的时候，这是长子达吾提·吾守儿和他的老婆睡觉的地方。对面的炕是老吾守尔·尼牙孜夫妇的卧睡之处，最重要的原因是这个位置面西，方便两位老人每天向着麦加的遥远方向早祷。右边的炕多是孙子和重孙们的领地，家里的女眷们聚一块儿吃饭也在这儿，一辈人一辈人的衔接、交替由此清晰显示。

想象着三面大炕铺开老吾守尔·尼牙孜一家四代人的情景，让人有血脉激涌的震撼，这个记忆牵着我在十数年间数度重访，老吾守尔·尼牙孜守着与我的相约，留着这幢老房子一直到今天没拆！多少年过去，当年的孙子们攥着棍吆喝羊群已能去河边的草滩，如今屋里的孩子们比那些孙子们还要小去十一二岁，刚会爬或刚能蹒跚，把尿，穿衣，喂饭，四五个小家伙弄得如吾守尔·尼牙孜一辈的三位老人和长媳、二儿媳五个人一早都在忙，不时，老吾守尔·尼牙孜也撂下饭碗倒腾开手拎起绳子拽几下，房梁上悬坠有两根大绳，大绳捆的摇床里是他数十个孙子、外孙子中最小的一个。孩子哭得急，孩子的妈会撂下手里的活儿撩开衣襟把奶头塞进孩子嘴里能在最短的时间里让他的哭声渐息，熊熊的灶火燎着屋顶的天窗，火的背景前，哺乳的女人和孩子让人心里温情溢流，这是整个帕米尔高原最深刻的隐喻。

过去，我曾注意到塔吉克人家灶坑的多种作用：灶口直对着天窗便于走烟和把火烧旺，坐上大锅可以烧水煮肉，灶前扒出一堆炭火供烧茶炒锅。火势退去，灶膛烘热，这是妇女们蒙上头脸打馕的时候，灶坑开的那道口则兼具散热与照明的双重作用。但是，这种发现更多地只是注意到了塔吉克人家灶坑的自然功能，没有注意到它在

远远眺望乔戈里山地，那里埋藏的不仅是亘古洪荒，还有帕米尔的回响。

能干的塔吉克女人可以一边赶牛羊一边带孩子

塔吉克人心理层面更深的文化蕴意。

任何人在任何时候去塔吉克人家，进屋在没上炕之前，首先面对、让你无法回避的就是灶坑，这几乎就是每天都在无数次发生的朝觐。当媳妇姑娘们抱着柴进屋架火，走进屋先踏入的是略低于周边炕和灶前台阶的屋中凹池，再跨上一步才能走近灶前，形成逐渐递进的一个三阶的攀升过程，这是典型的表达一种崇尚的仪轨。灶坑所处的位置非常重要，高高在上，位于最中央，这是古往今来所有祭祀仪式的共同中心。灶火升起，光亮和热可以幅散整个屋内，灶坑的顶上就是直通屋顶之上的天窗，可以看到深远的天空覆盖，由此完成了塔吉克人心里最神圣的表达和对这种表达最完整的呈现。

从久远的太阳崇拜到今天阳光下的转场，血脉连绵不绝

塔吉克人扼守丝绸之路中国最西部的终端孔道，这个地理之便使他们成为中国最早接受伊斯兰文化的民族之一，这大约是公元600年以后的事了。在伊斯兰教传播之前，塔吉克人有一个更为久远的太阳崇拜时期，万物世界，一切的终极，都在太阳。塔吉克人一直将河流、草甸、畜群视作太阳的赐予，这种意识一直到今天仍根深蒂固，不可改变，原因就在于他们生存的环境一直没有改变。太阳的终极价值被反复强调、反复阐释、反复肯定，这是塔吉克内心不可更改的心理沉淀与记忆。

12年前，我的好友达吾提·吾守尔第一次向我描述了他家每年转场往返的经历，给我的印象极为深刻。后来，我曾不止一次向人说起：

这是中亚所有游牧民族所可能有的、持续时间最长、行径路线最远的转场！

12年后，我站在了随达吾提·吾守尔即将转场的路口。

转场开始的时候，最先是羊群被吆动，从草场走过穹托阔依的东山坡地，喧软的砂砺覆盖层烟尘弥漫，伴有大人孩子的吆喝与羊群此起彼伏的叫声，使转场的氛围在一瞬间达到正午的炙热。我隔得远，看不见羊群移走的一片凌乱蹄脚，透过树丛的枝隙还是一眼瞥见拉里克·巴若提努的一身艳服鲜亮。这是一件浅墨绿色的上衣，款型近于女士的正装，看去与环境和正在进行的状态怎么都不合适，只要知道转场在一个牧人心中的份量和所能带给他的喜悦，你就能明白拉里克·巴若提努的心境当是

依水而居的塔吉克人虽然不用转场，但却要时时担忧洪水的发生。

何其美妙啊！那天，拉里克·巴若提努戴着一条鲜艳的黄头巾，沙棘林银灰色的叶片在太阳的照耀下成为万千闪烁不定的光点，拉里克·巴若提努的头巾迎风而过，如一面招展的旗。

帕米尔高原正午的光线直接、硬朗、灼热，地面烟气蒸腾犹如幻境，羊群在这幻境中飘荡远去，羊群所掀起的烟尘是最后的点缀，由浓渐淡，直到消失。

也不知道什么时候聚齐的，人突然都拥在了一块儿，马和驮着家当的骆驼都有人牵，从门前一直拥去屋后的山坡儿。与老吾守尔·尼牙孜家每天都有的迎来送往尽于礼节不同，这是有泪和哭声的送别，相似的话说了无数遍还觉得没有说到，高一声低一声都是隐着痛的牵挂。高原塔吉克人，不知什么原因，惟在转场的时候表现的特别宿命，半年见不到，他们觉得什么事都会发生。

老吾守尔·尼牙孜家屋后的坡上，有隔风的沙棘林和红柳，最显眼的就是隔着马影子的距离就能看见的几棵大杨树，春绿秋黄，无时不在感知穹托阔依所经历的风霜雪雨。家里的女眷和手里有活儿丢不开的人送到这儿就不往前送了，达吾提·吾守尔一路别过，这里有他已在老迈之年的母亲和姑姑，再就是亲戚和孩子们，我注意到达吾提·吾守尔的眼里已有隐约泪花。

在所有送别的人中，最为特别的是老吾守尔·尼牙孜，始终没说话，牵着马一直往前走，走得太远了一时都让我觉得老人家会不会一起去夏牧场。一位捱过百年的老人，多少迎来送往已是记忆烟尘，惟一不同的是前一天他刚给三个儿子分了家，房子分了三处，地分了三处，专用以打草的草场也分了三处，度过一个牧季羊群也会分。做完这些分割，我第一次看到老人放声地哭，这是他把他的一生做了最后的交代。老人的体力就是现在也能骑着马走三天去看亲戚，做完这些交代，心里的感受不免悲凉，似是可做的事只剩下兑现未来的一个等待，带着这种心境，对长子达吾提·吾守尔的送别就格外心重。不知道这一辈子他有没有陪长子走这么久远的送别，这是在完成最后的托付，老人最后将马缰绳递给达吾提·吾守尔已是两公里之外了，没有太多的话，一片荒野之间突显出人世苍凉，形影孤单，两人像通常的塔吉克男人一样以吻手礼告别，达吾提·吾守尔牵过马转身离去，马上是他的老婆抱着外孙玛丽卡罕，走得很远了回头还能看见老人站立在荒野尽头注视。

烤饼前的程序还很复杂

公路翻越了千年的达坂，沿着塔什库尔干河谷延伸

从塔里迪库勒达吾提·吾守尔家的牧居点走出去不远就进入了峡谷地带，两侧都是耸立的高山岩壁，覆盖着河水的冰面成了最好的通道。脚下很吃力，能明显感到海拔在提升。仔细算算，

守护灶坑的总是一家最老的主妇

从塔里迪库勒到喀拉苏，海拔在数小时内就会拔升 1100 米，平均每个钟点都有 200 米以上的拔升，我的呼吸和步率极为均匀，基本上是一呼一吸各三步，惟一扛不住的就是浑身燥热，不得不把早晨扎在身上的麻绳解开，再解开衣服，仍挡不住渗汗。这种时候，更能明显感到高海拔地带的冷风硬，有木头或石头在往你身上戳的质感，往你骨头里渗，你只能撩开衣服却不能全脱掉，有一层衣服，也就是牦牛身上那层皮毛，这层间隔能起到很好的抵御作用。

由于地域辽阔，有更大的直接承受阳光照射的面积，高地旷原的积雪比峡谷中的冰层消融得快，这是下游河流主要的给水源。不过，这个地带已经看不到水脉流经地面形成的完整河段，都是不见声色、不事夸张的零星融水，汇集起来之后在谷地中央的一片裸石之下潜行，这是河流孕育地段的典型地貌。融水的声音细微如草叶拨动，有酒杯相碰的质感，整个汇集起来构成一片细密的沙沙声，直到我后来登上喀拉苏达坂都没有走出这片声音所能影响的空间。

沿着旷原边缘的任何一点都能跨越东部帕米尔高原的最高点，另一边进入山脉纵横的塔什库尔干河谷。沿着与塔什库尔干河垂直方向的每一条山脉走下去，都会找到塔吉克人分散在高山折皱之间的那些隐秘牧场。

沿喀拉苏达坂的西坡逐渐下延，就进入了塔什库尔干河谷草色浓郁的 6 月。隔着需要你翻越三到五天的重重高大山脉，札莱甫相河谷已是遥远的记忆。河水喧哗，声浪随风飘荡，旱獭嘎嘎坚脆的叫声在描述喀拉苏牧场不为外人所知的一切。在塔什库尔干河谷，随着每年的草季开始，旱獭、野兔和岩鼠在地面出露的机会大为增加，它们是鹰的追逐对象。

12 年前第一次前往乔戈里山地，途中我曾经过走过通往托库子布拉克的一截儿路。路面瘫废，不时有被河水淘蚀的大片塌陷，随处可见山顶滚落的石头和泥石流堆积。不过，可以清楚地看出原来的路基，有水泥的残桥和半埋在河沙中的水泥预制件。那时候，帕米尔高原东部边缘的塔吉克人，没有通过这条路走向更远的可能，也就不会有今天达吾提·吾守尔给女儿送别的方式。

可以肯定：很久以前，托库子布拉克是有路的。那是什么时间呢？

地图上如今所标明的塔吐鲁沟，在两千多年前，一直是丝绸之路年代的过往通道，这有托库子布拉克如今还能看到的河边古驿站为证。不仅如此，由于札莱甫相河的存在，这条大道应该是早于盖孜——瓦罕走廊线的札莱甫相——瓦罕走廊线，两线之间，间隔着帕米尔高原东部边缘的庞大山脊。自那时候起，由于地处多国交界之处，塔吐鲁沟曾驻扎自汉代以降各个朝代的军队。在最近的百年间，如今解放军的驻扎营地与当年国民党的驻军营地相距

本跨页图：塔吉克儿童群像。除了一脸杏仁黑的新生儿，塔吉克孩子平时都是明眸善睐。

仅咫尺之遥。水泥路面的遗迹，说明自上个世纪五十年代，托库孜布拉克曾修建有一条公路为当时的战备所需，后来废弃。三四十年过去，这条路在近十年间凿通重被启用，功能与20世纪50年代初相同，捎带的才有了第一辆民用大卡车经常往返于这条路上。

托库孜布拉克的路，实际上是原来的老路，由于路况条件极为恶劣，重新启用没有做太大的修复，行驶到紧依河畔的地带就难了。最窄的地方，一边是岩壁，另一边就是河沿，车轮摆动大了都会碾空。有两个地段沿河谷一侧的路基被河水淘空，横搭了几根钢管权做路面，别说车辆通过，就是一头牛过去不小心失蹄也会掉下去。最难走的地方有泥石流堆积，不是一次造成的，而是多次泥石流的堆积，面积太大无法清理，车辆过往只能从上面碾着过。泥石流堆积堆得太高，仰角大，一爬上去老半天只能看到天却看不到路，爬到顶儿接着就是一个急转弯，操纵稍有失控，滚落湍急河水里的情景不堪想象。

麻扎村小得不能再小，却是塔吉克人走向新藏线的界点

自西向东，喀喇昆仑山是帕米尔高原最重要的延伸。以喀喇昆仑山为界再向南推延成一个巨大的半圆，依次会扫过昆仑山、冈底斯和喜马拉雅等诸多庞大山脉，有一条大动脉从中贯穿，这就是著名的新藏线。你绝对想不到，从托库孜布拉克到新藏线的介入点麻扎仅有109公里，这段路整整跑了6个小时！

麻扎因不知何年何月葬在路边的几座坟得名，这是一个三路汇聚的山口，走到这儿，过往的司机都停车，车上的人都会下来歇歇脚，路边几步外的戈壁尿骚气冲天，更远处是流淌的河。我向麻扎伸去三个方向的路看了看：

背后，是我刚刚走过来的路，经过多少年，我的塔吉克父老乡亲们才第一次有了走出大山的可能；

我的前面，是伸向更遥远方向的新藏线，我曾沿着这条路一直走下去，最后游遍整个后藏；

我的左侧是重叠大山，通过山口200公里的曲折山道就能与环塔里木盆地的那条公路大动脉相接。

卡车抵达麻扎没有停驻的意思，吆喝人上了车顶着月夜走。拉得多，趴在路上的时间长，这大概是这一路司机咬着牙发财的诀窍。这一天的月亮明亮如碧，能想象到月照山野的无穷意境，达吾提·吾守尔父女没心境对着月亮驰想翩跹，和另外几个人挤在一块儿，伴着一车羊，当夜翻过了海拔6300米的塞力雅克达坂和海拔5700米的阿喀孜达坂，于第二天清晨赶到泽普县城，换乘了一辆在塔里木盆地南缘各个城市区间跑的长途公共车。

多少作家曾描述过塔里木盆地南缘那些美丽绿洲，与穹托阔依最大的区别，是达吾提·吾守尔家像盆景栽的几棵稀贵杨树，在这里遍地都是，挤挤挨挨地扎在公路两边，这就是南疆让人神情恍惚的林荫大道。女儿西仁·达吾提的心境明显不错，和父亲一路不停地在说，我特别关注他们父女经过泽普到莎车区间那条大河的情景，达吾提·吾守尔告诉女儿那是札莱甫相河，女儿爬在车窗上看。

与达吾提·吾守尔父女同车的人，多是当地的维吾尔人，估计，全车也没有几个人能听懂他们在说什么，不明白这个黄头发、蓝眼睛的塔吉克女孩儿何以会这样兴奋！同样一条河，在这里被称作叶儿羌河，相关联的记忆是维吾尔人曾创造了最为辉煌的叶儿羌绿洲文明，有关这条伟大河流最美妙的描述是阿曼尼莎罕萨塔尔琴弦下低沉委婉的木卡姆琼乃合曼（大曲）。这里没人知道“札莱甫相”这个河流的称呼，它或许更久远，支撑着有关帕米尔的所有传说、想象和猜测，而对于一个第一次走出大山的塔吉克女孩儿来说，最重要的是这条河曾流经她家的门前。

勒斯卡木只是一个村子，但却是中巴公路最重要的地理符码

勒斯卡木恐怕是天下最大的村子了，从村子的这一头到那一头儿，骑一匹快马十天未必跑得完。沿塔什库尔干河谷南北贯穿的中巴公路，也就是两千多年前著名的葱岭古道，趟过大路东侧的塔什库尔干河距勒斯卡木村的山门盖加克达阪就不远了。想想十年间，我至少不下十次翻越这座达阪，比许多远没有深入塔什库尔干河以远的地道的勒斯卡木土著一生翻越的次数也多！

到达盖加克达阪之前，在距县城大约 80 公里的地方有一座每个高原旅人必看的吉勒尕勒古驿站，距今大约两千年。殊不知，仅百步之外，帕米尔高原至今发现的惟一一处旧石器文明遗迹就在塔什库尔干河畔仍在不断坍塌的一片断崖之下。每到午后两点至六点之间，西斜的阳光贴着崖沿儿刚好照进洞穴并从洞穴的顶端慢慢向底部移动，最后落定在一层有两指宽的赭红色的土层之上而后很快退去，这是高原最早的古人类的一处烧火遗迹，距今 12000 年至 8000 年。

人类最早起源于非洲已经成为众多专家学者认可的鲜明观点，但是这些最早族人的后代何以会 8000 年前或 12000 年前的某个下午跨越亚非大陆来到帕米尔高原搞了一次篝火晚会呢？也许有另一种解释，这是另一个族群或者是沿着另一条繁衍线路发展的人类先祖？这种推测和想象的时间概念常使我有一种错乱和迷离，昨天、今天与明天，或过去、现在与将来，这种时态的描述对帕米尔高原完全不着边际，帕米尔完全是空间对时间、质量对矢量的一次越位与突破，这使帕米尔始终处于既真实又虚幻的两极之间，或者说，这使帕米尔始终都具有

代表塔吉克人一家精神中心的灶坑。

既真实又虚幻的两面。

我的这个感觉在我进入勒斯卡木村的时候，又得到了一次强有力的佐证。

进入勒斯卡木村，一条线路是绕行新藏线从勒斯卡木村位于帕米尔高原东部边缘的一边进入，另一条线路就是翻越盖加克山门到达小村腹地。在翻越达坂之前，我很快注意到塔吉克人走过的每一个地方都有地名，哪怕相距只有几百米。我特地嘱咐我的两位塔吉克兄弟把沿途的地名全部记了下来：

◆乌鲁克苏　这是一个宗教故事，一位圣者长途渴极，最终找到了一股清流，人和马喝下去倍觉精神，从此，这里被称作“圣水”或“伟大的水”。

◆盖加克达坂　风大，让人冻得发抖的地方。另一种说法，是让人可以等到野兔子的地方。

◆克拉鲁阿勒　出火药的牧场。

◆莫力吉兰　一种牛爱吃的草名儿。

◆塔里迪库勒　树苗子长得很直的地方——估计，是红柳。

塔吉克版的"回娘家"

◆卡西促勒　两个馕坑。

◆吉力木阿勒　临近石头的地方。

◆迪先拜夏依迪沟　这是一个故事：有一个人路过这里被山上正巧落下来的石头砸死了，从此，死者的名字就成了这里的地名。

◆卡西布克　有很多河湾的地方。

◆达林卡波尔戈　很久以前，一个叫达林卡波尔戈的人住过一个晚上的地方。

◆卡边拉克　麻黄草很多的地方。

◆盖加艾劳克（吐乎鲁克）　新牧场。

◆沙特马力克　树棚屋，一群做木匠活儿的人路过这里打了一个遮阳棚让人可以休息的地方。

◆沙赫马克　打火石很多的地方。

◆奉木考克（依沙布拉克）　温泉。

◆托库子布拉克　九眼泉。

◆穹托阔依　临河的大牧场。

◆包仙迪江　村的尽头。

◆可可塔西　绿石头很多的地方。

……

上述这些地名，仅是从盖加克达坂以西到村里第一个居民点沿途所有的地名。19个地名称谓，多是塔吉克人叫熟的地名，其中，有些是柯尔克孜语，如盖加克、克克塔西；有些是波斯语，如包仙迪江、塔里迪库勒……据当地人说，仅在距今三代人以前，勒斯卡木一带讲波斯语的人尚很普遍，隐约透出一个信息：

很久以前，勒斯卡木，更大范围则是整个帕米尔高原，尚是波斯语系非常普及的区域，仅百年之后的情况已大为不同。对上述19个地名再作分析，不难看出："乌鲁克苏"与东部帕米尔最开阔的塔什库尔干河谷仅有一河之隔，站在高处望去，让人可以清晰地看到中（国）–巴（基斯坦）国际大通道在阳光和冰峰的辉映下蜿蜒伸去，两千多年前，那是丝绸之路中国路段最西端的葱岭大道。这条大道，不仅是商贸大道，也是文化载体，使伊斯兰教最终叩响东方的大门成为可能，有"乌鲁克苏"这样的地名也就不奇怪了。翻过盖加克达坂，情况大为不同，不但没有宗教影响，甚至找不到哪怕最轻淡的文化色彩，这不能不让人吃惊：仅仅相隔一道达坂，竟成了文明的分界，其余地名再也没有与伊斯兰文化的一丝瓜葛。

谁能想得到呢，环视新疆广袤大地，久远的先祖竟选择在这片大地最高的地方开始了我们人类的生活，这是文明的第一缕曙光。

TIPS

中巴公路出行指南

喀什到阿克陶县的奥依塔克森林公园，路况一般，有几处被沙漠掩埋。半途可去一个叫玛赫穆德–喀什噶里的维吾尔族先人的墓地，他是一部叫《突厥语大词典》的著者。在盖孜峡谷口要检查边境通行证，之后，就开始行进在帕米尔高原的盖孜峡谷。这段路路况极差，夏初很易被融化的雪水、泥石流冲毁路面，常被阻挡前进；而且又是盘山路，车速极慢。驾驶者要留心一边是大山悬崖，一边是深切峡谷。路上常有巨大的鹅卵石阻挡。上到恰克卡克湖时，路况稍微有好转，一直可以行到慕士塔格及公格尔九别峰下的卡拉库里湖，可以休息、游览，但这里的地势海拔有点高，大约在3800米左右。

从卡拉库里湖到塔什库尔干县城的路还算不错，因为它是高山上的路，不时要盘山、爬坡、下坡、有众多的弯道，车速一般在50～80公里/小时以内。县城有玄奘取经回来时传经的石头城（羯盘陀国国都）、公主堡等。由县城到红其拉甫口岸为109公里，路况一般，一直行驶在帕米尔高原上。要注意转场的柯尔克孜人的羊群，它们常常阻挡行车，要有耐心。在红其拉甫边防站，可以感受帕米尔高原的壮美和粗犷。有机会还可以和边防军人聊天，看看中巴界碑，眺望巴方的景物。

G320

国道 320 线

滇缅路的记忆碎片

昆明通往滇西的公路（国道 320 线）几经改造、更替，早已不再是原来意义上的滇缅公路。但是，在这条路的沿线，很多七八十岁的老人却很难了却滇缅公路的情结，一直习惯将通往滇西、通往缅甸的公路称为“滇缅公路”。在他们眼里，滇缅公路绝不仅仅是一条公路的名称，而是一个时代的标志，饱含着失败和胜利、悲哀与喜悦。

撰文、摄影 / **许文昆、白继开**

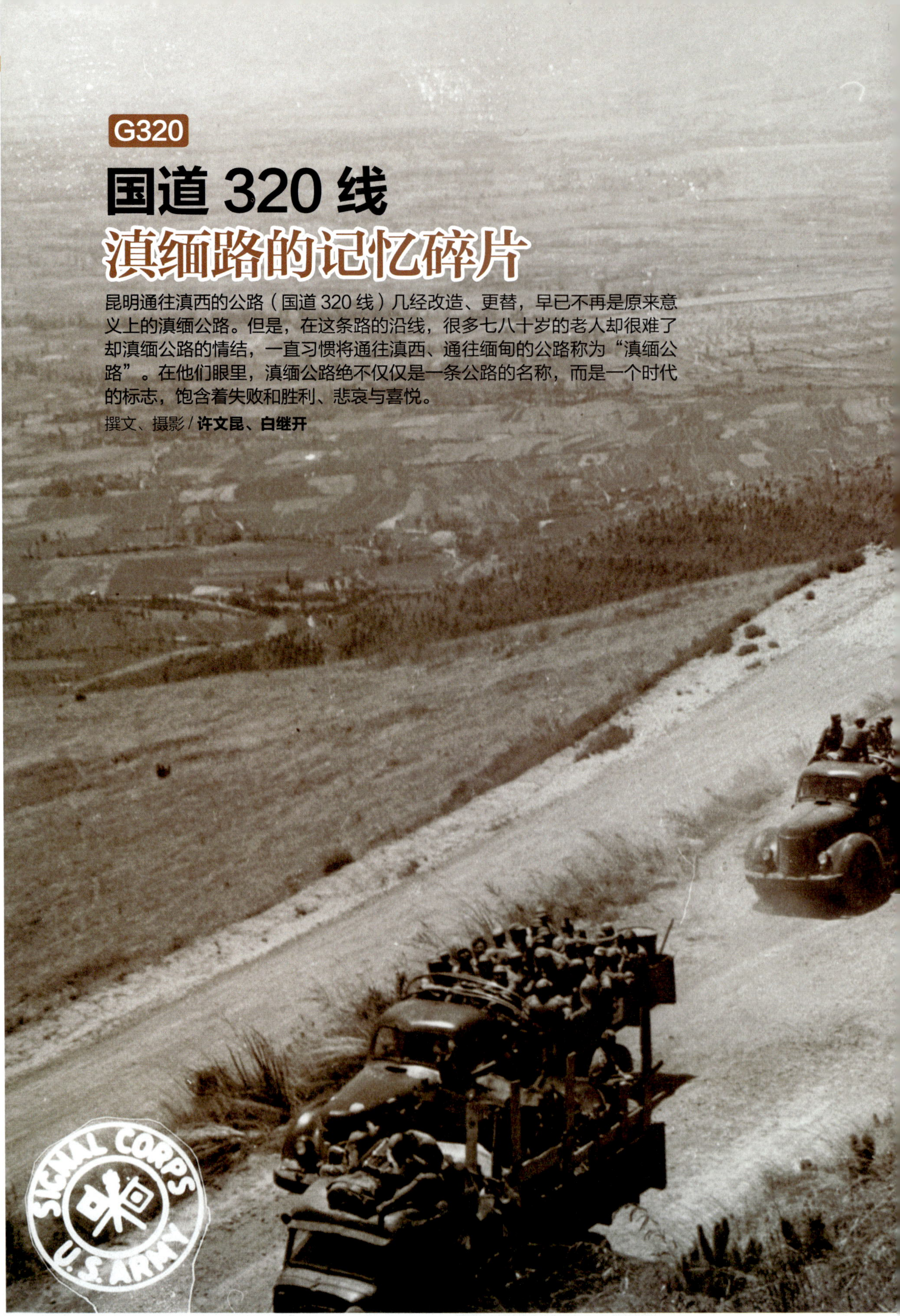

1944 年 4 月 24 日，满载中国远征军第 53 军士兵的卡车在滇缅公路上的一个“U”形弯道聚集，他们将赶赴前线与日军作战。

从滇缅公路运回的军事物资。

中国远征军沿滇缅公路追击日军。

滇西反击战，工兵修通惠通桥。

远征军收复滇缅公路重镇龙陵。

滇缅公路，一条诞生于抗日战争烽火中的国际援华大通道，它是当时维系整个中国抗日战区和中华民族生存的生命线。在二战史上，没有哪条公路能像滇缅公路这样与一个国家、一个民族的命运联系得如此紧密。遗憾的是，我的学生时代，没能在任何一本教材和书籍中，看到过有关滇缅公路的只言片语。如果不是因为出生在滇缅公路的一端——昆明，我没有机会注意到这条路的存在，更不会去了解有关它的历史。

1985 年的夏天，高考之后的漫长等待中，我来到一位亲戚开办的汽车修理店打工，店面的位置在昆明西站附近的公路边，这里是昆明进出滇西的门户之地，是当时云南省最繁忙的公路交通运输站点之一，官方叫它“昆畹公路”起点站，即昆明到滇西南中缅边境关口——畹町小镇的公路起点；1990 年后，这条公路被改为国道 320 线；1994 年后，国道 320 线终点从畹町延长到同是中缅边境口岸的瑞丽市姐告大桥，即现在的沪瑞高速公路末段。

记得开汽车修理店的亲戚有着高超的修车技术，知书达理还懂英文，修车时，嘴边时常叨念：“现在的汽车质量真不如从前，过去，在门前这条公路上跑的车，多是雪佛兰、福特、道奇等大吨位的美国货车，还有拉风的‘威利斯’(美军吉普)，非常‘经事’(皮实)。”后来从家人的嘴里得知，眼前这位不起眼的亲戚，在 1949 年之前的昆明，是一位名气不小的汽车修理技师，很少有他修不好的汽车；他带出来的很多徒弟，在 1949 年以后，成为昆明汽车修理行业里的“把子”(高手)。

原来，抗战爆发以后，国民政府的军事委员会成立了西南运输处，负责西南地区的军用物资运输和进出口等业务，当时，它是抗日大后方最主要的军用物资运输和管理机构。西南运输处成立之后，第一件事情就是大量招募和培训司机和其维修技工。1938 年冬，西南运输处在昆明设立了“运输人员训练所”。当时在上高中的亲戚，怀着一腔报国热情，辍学进入西南运输处，成为“运输人员训练所”第一期培训的汽车维修练习技工，毕业没几天，就随同期毕业的练习司机们奔赴千里之外的缅甸仰光，接运一批国民政府刚从美国进口的载重卡车，并装满援华的军用物资，从开通不久的滇缅公路返回昆明。之后，从1939年到1942年的3年间，他作为西南运输处一个运输大队的随队汽车修理技师，几十次往返于滇缅公路，抢运回国几百辆汽车和无计其数的军用物资。

亲戚告诉我，仅仅 3 年的时间，修理店门前这条过去叫“滇缅公路”的昆畹公路，因为路况凶险、日本飞机轰炸和疾病等因素，吞噬了他的十多位好兄弟的性命，他也几乎两次在这条公路上命丧黄泉。1942 年之后，滇缅公路被日军切断，亲戚转入西南运输处在昆明的一家汽车修理厂做师傅带徒弟，直到昆明和平解放。因为在国民政府军事委员会的西南运输处服务过，加之小有名气，他所在的修理厂被接管后，他就失去了工作，豁达的他还庆幸，自己没被革命就算福大命大。文革之前他还可以凭修车技术打临工度日；文革 10 年，他虽然隐姓埋名，还是吃尽苦头，遭了很多罪；直到改革开放后，他又才回到曾经生死与共的滇缅公路边，开办了一家汽车修理店，算是有了正经营生。

从亲戚嘴里，我第一次认识了滇缅公路，以及和它有关的中国远征军、飞虎队、南洋机工这些既陌生又伟大的名字。作为生长在云南这片曾经有着辉煌抗日历史而浑然不知的一员，我为自己的无知而惭愧。从那一刻起，我就有一种要踏上滇缅公路一探究竟的冲动。

1986 年夏天，那是上大学后的第一个暑假，我怀揣 50 元人民币，借了一辆二八的永久自行车，并说服了一位老同学跟我一起骑自行车踏上了滇缅公路。我们从昆明出发，每天起早贪黑，历经 8 天时间，才骑行了 411.6 公里到达下关。在当时，昆明到下关，安全行车的话，一般的货运卡车和客运长途车也要走两天。据资料记载，滇缅公路昆明到下关段于 1935 年 12 月就修通了简易公路，是全线路况最好的路段。即使是这样，禄丰境内的羊老哨坡、祥云境内的天子庙坡和弥渡境内的红岩坡，就让我们爬行了两天有余；狭窄、陡峭、弯大的坡道路况，让我的自行车车闸在下 25 公里长的天子庙坡时损坏，如果不是反应及时，或许连人带车就葬身于陡峭的山谷之中了，现在想起来还后怕不

昆明西站，滇缅公路零公里纪念碑。

已。在翻越15公里长的红岩坡时，山路弯弯曲曲，爬坡如登天梯，由于体力透支，我们冒险抓住一辆拉货的大解放的货箱，借助它的力量慢慢上行，没有走多久就被司机发现，他停车后，从驾驶室里抽出一把大砍刀，开始追赶我们，要不是机灵逃的快，还不知会出什么事……

昆明到下关400多公里，即使这一路段号称是滇缅公路上最好走的路，也让我们吃尽了苦头，遭遇了许多危险；甚至在穿越南华至祥云的天子庙坡时，刚刚接近黄昏时分就听到了野狼的嚎叫，这让我们不敢继续前进，只好就近找了一个老乡家落脚。遗憾的是，由于时间和旅费的原因，我们到达下关后没有继续往前走。虽然这是一趟半途而废的滇缅公路之旅，但是，险峻的道路和恶劣的气候环境；路边废弃的修路“压路机”——大石碾子、当年没有修通的“滇缅铁路”的桥墩和铁轨、残缺的中印输油管道、云南驿的飞机跑道和“机窝”（停机库）等战争遗迹，在我的内心，烙下了深深的记忆。20多年过去了，我远离家乡，也远离了这条让我难以忘怀的滇缅公路。或许是大学时代那次骑行留下的遗憾，让我找到了再次踏上滇缅公路的借口。2011年夏天，正逢辛亥革命100年之际，抛开一切琐事，我和北京晚报的两个朋友，从北京飞回昆明，朋友借给我的那辆经过改装的四驱越野车早已在机场等候多时，随时准备开始这期盼已久的旅途。

外国记者这样描述：“这可能是世界上最奇特的一只筑路大军，这里有各种各样的民族，他们穿着用蓝色土布制作的衣服，其中只有很少的男人是壮劳力，其他都是妇女和老头以及很多很多的孩子，孩子们都带着自家的宠物：狗、鸡和小鹦鹉，在傣族地区，那些跟着大人来做工的孩子还带着猴子。他们没有先进的工程设备，只有大石碾等传统工具，在一批专家的指导下支撑着公路向前……”

上路那天清晨正好是一个周末，我们驱车来到昆明西站，很多年轻人开车在路边集结，在他们身后树丛中有一个大石碾纪念碑（滇缅公路零公里纪念碑），上面铭刻着：滇缅公路起点。这个地方的马路对过，正好是当年我家亲戚开汽车修理店的地方，随着城市的发展，这里早已不是昆明的市郊，亲戚家的汽车修理店早在上世纪90年代的城市规划中拆除，而在它的后面还保存有一家冶金建设公司的办公楼，据说是原“飞虎队”司令部所在地。值得高兴的是，不知从何时起，这里多了一个滇缅公路的纪念碑。听亲戚曾经提到，当年，他所在的运输大队每次踏上滇缅公路执行运输任务之前，

1944 年，抢运抗战物资的盟军运输机从云南驿机场上空掠过。

如今的云南驿机场早被废弃，60 多年前，时常掠过这片天空的战机已被鸽群取代。

几十辆 3.5 吨的道奇大卡都会浩浩荡荡地在这里集结，然后在附近找一家饭馆“打牙祭”(聚餐)后再上路。他们谁都知道，每次上路，伤亡事故已成家常便饭，好兄弟之间下次还能一起出车吗？谁都说不准，所以“打牙祭”就有点“最后的晚餐”的悲壮。

我们一行三人都是职业摄影师，大家拿出“长枪短炮”对着纪念碑拍摄时，引来旁边开车集结的年轻人们的好奇，其中有人窃窃私语：“一个破石雕有什么好拍的，有病吧！”我很吃惊地停下拍摄问其中的几个年轻人，你们难道不知道滇缅公路和这个石碾子的历史意义？他们都很茫然地看着我说：“这跟我们有什么关系？”我无语，一开始，还以为这些年轻人开车来这里集结，或多或少会跟滇缅公路和纪念碑有关，后来才知道，他们相约在此集结，只是为了方便结伴沿着 320 国道一起去安宁泡温泉、吃野味、度周末。

1937 年，抗日战争全面爆发。日军迅速占领了中国华北、华东、华中和华南等广大地区，同年 8 月，中国沿海几乎所有的港口均落入日军手中。当时，海外华侨筹集了大批国内急需物资；国民政府从西方购买了大量的汽车、石油、军火等，需紧急运往中国。越南海防港是滇越

远征军士兵站在一辆被击毁的坦克上警戒。

铁路的起点，终点在中国昆明。中国沿海港口被日军占领后，滇越铁路成为中国惟一的国际运输线，而存在海防港的物资成为关系中国生死存亡的希望所在。但滇越铁路距离日本当时占领的广东太近，一旦遭日军轰炸很易全线瘫痪。因此，国民政府急需在云南建一条通往印度洋的交通线。

1937年8月，当时的云南省主席龙云建议，各修筑一条从昆明出发，经云南西部到缅甸北部，最后直通印度洋的铁路和公路。这样，来自海外的物资将能在缅甸港口仰光上岸，然后通过公路和铁路运到中国大西南的后方基地。11月2日，国民政府确定了修筑滇缅公路的方案——从昆明经下关、保山、龙陵到畹町出国界，接缅甸腊戍，再与缅甸中央铁路连接后直通仰光。其时，昆明至下关411.6公里的简易公路已于1935年12月修通。下关至畹町547.8公里公路则要翻越横断山系的云岭、高黎贡山等6座大山的支脉或余脉，跨越漾濞江、澜沧江、怒江等5条大江大河，国外工程专家曾预言，滇缅公路起码要用3年时间才能建成。

据《云南公路史》记载，修筑滇缅公路，死亡人数超过两三千人，伤残者更是不下万人。有8名工程技术人员捐躯，平均每公里公路就有3名以上民工献出了生命。时任滇缅公路管理局局长的谭伯英在《滇缅公路》一书中写道："在那些日子里，我们无法知道明天谁将离我们而去，许多不可替代的工程师和能干的工人都死了，人越来越少，工程随时可能停下来。"但滇缅公路的建设却从未因此而停止。1938年8月底，滇缅公路只用了一年时间就通车了。滇缅公路全程1146公里，其中，中国段——昆明到畹町全程959.4公里，缅甸段——畹町到腊戍全程186.6公里。

云南驿机场的沙盘复原。

1944 年，在云南驿机场上等待起飞的盟军运输机。

如今的老滇缅公路有点寂寞冷清（天子庙坡路段）。

滇缅公路原本是为了抢运中国政府在国外购买和国际援助的战略物资、军火而紧急修建的，但是，在它竣工不久，日军就进占越南致使滇越铁路中断，滇缅公路马上就成为了中国与外部世界联系的唯一运输通道。这时，它又多了另一项任务——往大后方运输生活消费品和工业原料。几百万军队所需要的武器装备；维持经济运转所需要的各种物资；无数内迁到大后方的人们所需要的基本消费品……这是一个巨大、且种类繁多的运输规模，总之，当时维持整个抗战所需要的、中国不能生产的所有物资，都依赖这条生命线运进大后方。从 1939 年到 1942 年的三年中，滇缅公路共抢运约 50 万吨军需物资，15000 多辆汽车，以及其他无法统计的各类民用物资。所以说，没有滇缅公路，就没有抗战的物资保障。

士气高昂的远征军士兵乘车沿滇缅公路追击日军。

滇缅公路自1938年9月全线通车后，抢修和维护成为很长一段时间的主要任务。1949年云南和平解放后的40年里，政府对滇缅公路进行了一些改造；一些路段因无法沿老路改善，只好改道。完成改善后的线路总长比建成通车时缩短了101公里。随后，功果桥改建为永保桥，惠通桥改建为红旗桥。滇缅公路国内段于1966年改称昆畹公路。1957年的路况调查资料称，滇缅公路弯道半径小于20米的弯道有近千个，有的弯道半径仅有8米；纵坡大于9%的有500多段，有的达18%以上；有近千道临时式涵洞，上百座临时式、半永久式的桥梁。1990年滇缅公路改称320国道，延伸到边境国家级口岸——瑞丽。当时国家投入巨资，全面整修320国道（滇缅公路）为沥青路面，昔日令司机、旅客视为畏途的天子庙坡、红岩坡、漾濞坡都改线重修，路况大为改观。1989年9月，昆明碧鸡关至安宁段建成云南首条一级公路。接着320国道楚雄到昆明再次改线，楚雄到下关新修成高速公路。进入21世纪之后，楚雄到昆明，下关到保山相继建成高速公路。如今，昆明至龙陵的573公里已全线贯通高速公路。今天的昆（明）瑞（丽）公路，与刚通车时的滇缅公路相比，里程缩短了250多公里。

滇缅公路建成时，从昆明到畹町，汽车要行驶七八天，如今，车行一天即可到达。昆明通往滇西的公路几经改造、更替，早已不再是原来意义上的滇缅公路，但是在这条路的沿线，很多七八十岁的老人很难了却滇缅公路的情结，一直习惯将通往滇西、通往缅甸的公路称为滇缅公路。在他们眼里，滇缅公路决不仅仅是一条公路的名称，它是一个时代的标志，饱含着失败和胜利、悲哀与喜悦。

从昆明西站“滇缅公路零公里纪念碑”出发约8公里，可以看到滇缅公路纪念雕塑群，由长卷式的浮雕组合而成，展现出当年沿线各族人民修筑道路的场景。出了昆明西郊，沿老公路行走，我们的第一站是云南驿，途中要翻越25公里长的天子庙坡，它是滇缅公路上最难走的路段之一，当年我在这里就差点出事。亲戚曾经说过，当时他们开着装满货物的美式大卡车爬天子庙坡时，一般要走大半天，卡车走走停停，不时需要助手在车轮下垫石块，再轰着油门往前爬，下坡时还需给轮毂浇水降温，否则车闸极容易失灵。

从沙桥的向阳村开始爬行天子庙坡，不但坡度陡峭，还有180度的急弯连续不断，加之大部分路段是坑凹不平的土路和弹石路，即使是经过改装的四驱越野车在这样的路上行走，坐在后排的朋友也几次被颠得头撞车顶、甩靠车门难以把持身体的平衡，近30公里的弹石路走了3个多小时。快到山顶前，破旧的老滇缅路与山下的高速路并行，旁边一排房子里住着以打造墓碑为生的陈师傅一家，原本家里闲着几间房做旅店，但随着高速路在山下延伸，旅店也不再有人光顾。来到海拔2600米的天子庙坡最高点，这里是当年远征军官兵们最为热衷的留影地点，如今已满目萧瑟。翻过天子庙坡后，滇缅公路上的重镇云南驿就不远了。

距今已有两千年历史的祥云县云南驿古镇边，至今还保留有抗战期间扩建的云南驿机场，

2011年9月，在国殇墓园里又立起一座“中国远征军抗日将士纪念碑”。

在那里可以看到当年飞虎队使用过的机场跑道、隐藏飞机的“机窝”、美军指挥部旧址等。云南驿曾是中缅印战区的重要军事基地，是通往东南亚各国的航空转运站，是抗日战争中空中运输大通道“驼峰航线”上的重要通道和补给线。驻扎在这里的飞虎队战机，还担负着空中保护滇缅公路畅通、为中国远征军提供空中打击的任务。同时，这里还驻扎有转运军需物资的国民政府汽车运输5大队。

1929年9月，云南驿军用机场由当时的国民党云南地方政府筹建，后在抗战中多次扩建，机场的建设基本上同当年建滇缅公路一样，都是附近的农民完全用手工建造起来的。机场占地面积逾千亩，有跑道3条、滑行道4条、疏散用道25条，停机坪10个、飞机掩体25个、专用公路5条。如今，小镇边的广场上堆满当年修建滇缅公路和机场跑道时用过的大石碾子。1938年初，国民党中央空军军官学校初技培训校址也从洛阳搬迁到云南驿机场。1941年，美国空军基地司令部率美军第14航空队(飞虎队)的第25战斗机队和第23运输机队(驼峰航线上的功勋运输机队)的各类飞机200余架进驻云南驿机场。1945年日本投降后撤离。1949年，随着国民党航空39站的最后撤离，云南驿机场被废弃，这里逐渐成为附近农村的复垦地。

82岁高龄的杜四昌老人家住云南驿机场遗址附近的大河边村。清晨，老人来到村外一片空地上拾荒，他指着不远处告诉我们：“那光光的不长草的地方，就是机场跑道，当年修机场时我10多岁，干活的都是老人、孩子，壮劳力都去打仗了。我们拉着大石碾子反复压跑道，所以到现在都不长草。记得当时日本飞机常来扫射、轰

受伤的远征军士兵搭乘盟军飞机返回后方救治。

盟军飞机轰炸盘踞在腾冲城里的日军。

受伤的远征军士兵通过刚抢通的惠通桥回到后方。

史迪威将军看望负伤的远征军士兵。

炸，眼瞅着干活的人在这里就死了一百多。”

这片数百亩地的空场上除了一条五六米宽的土路外周围长满杂草，还有一堆堆不知什么人倾倒在此的垃圾。当年忙碌的机场已经废弃了半个多世纪，跑道周边成了绿色的农田，不长草的的跑道则成了垃圾堆放场。当年保护飞机免受轰炸的简易机库在当地俗称“鸡窝”，如今已长满荒草，周围则遍布着当地农民种植的烟叶。

在云南驿古镇上，当年的县太爷府邸如今是“二战中印缅交通纪念馆”，馆中保存有当年云南驿机场的航拍图和还原机场的本来面目的沙盘；这里展出的美军钢盔、飞行帽、水壶、弹药箱等老物件都是从当地村民手中收集来的。馆里有一面美军钢盔布成的墙，上面签满当年驻扎在这里的美国老兵以及他们后代的名字，还有手印、脚印。

我们离开云南驿的时候，晨光中祥云密布，这时正好有一大群鸽子从空中飞过。而60多年前，时常掠过这片天空的却是飞虎队的战机与巨大的运输机。

当年，为保护滇缅公路这条维系中华民族生死存亡的运输大动脉，为了保卫中国西南大后方，抗日战场上出现了这样一支充满传奇色彩的部队——中国远征军。在这条1100多公里长的公路沿线，先后有40多万中、日、英、美等国军人阵亡，而死难的中缅平民则有百万之众。

亲戚提到过，要真正领略滇缅公路的凶险无常，不走下关到畹町547.8公里的路段，是体会不到的。我们行驶在漾濞江边苍山脚下时，已

从松山上俯瞰滇缅公路。

1944 年 7 月 8 日，中国远征军总司令卫立煌上将（左前）一行走过惠通桥，这是他们对怒江前线的一次视察。

1944 年 8 月 20 日，远征军突击队挖壕沟、暗道，用 6000 磅炸药摧毁了松山顶部的日军堡垒。

远征军总司令卫立煌（拿图者）在滇西前线指挥作战。

经感到了这条道路的艰险，可当澜沧江大峡谷映入眼帘时，让我这个土生土长的云南人也倍感震撼——高耸入云的山峦、深不见底的峡谷，公路在云雾中绵延，远方时隐时现的雪山仿佛就是神仙居住的地方。

滇缅公路初建时的"弹石路"，在保山地界的老营街到板桥镇有完好的保存。

开车踏上滇缅公路之前，在三联书店买了一本云南省自驾游地图，320国道（滇缅公路）的某些路段会出现"T"标志。四驱越野车行走在这样的路面上变得"蹦跳"不已，这时我们才切身体验到"T"的含义。原来"T"是指"弹石路面"。原滇缅公路工程管理局局长谭伯英在《打通滇缅路》一书中称，所谓"弹石路面"，实际上就是不铺设柏油的"泥结碎石路面"。它用"从大石头上打碎或炸山得来的"大石头做路基，然后"在路面上铺设一层混含着泥土的，2、3公分的石子"。当年修筑滇缅公路时，敲岩石块的多为老人、妇女和小孩。当我们从柏油路面的国道不断"出轨"转入老滇缅公路时，时常会遇到滇缅公路初建时的"弹石路"。

跨过澜沧江后，沿着320国道到达保山地界的老营街，从这里开始到板桥镇的老滇缅公路的塘石路是我此行看到的保存最完好的路面，据说，当年虽然战事吃紧，但此路段是由专业人员亲自勘测，严格按标准设计建设完成的，所以半个多世纪过去后，它还完好无缺，基本没有修整过。保山板桥镇，因卫立煌将军设中国远征军司令长官部于此，坐阵指挥滇西大反攻，成了滇西抗战的大本营。

从昆明上路的前一天晚上，滇缅抗战史专家戈叔亚告诉我，保山板桥镇马王屯曾经是中国远征军卫立煌将军的指挥部，有必要去看看。在板桥镇福禄地村山下，我们向村民打听当年躲避日机轰炸的防空洞位置，一位村民不但带我们在山坡上俯视看到已隐没与草丛中的防空洞，还告知村里有位当年曾在这里驻防，抗战胜利后又回到这里定居的远征军老兵。

金昌在老人原名赵德海，16岁时从祖籍湖南入伍。当年卫立煌将军的指挥部设在福禄地村对面的山头上，赵德海所在的警戒部队也长时间在此生活、训练。1944年6月，他所在的部队参加了惨烈的松山战役，看到大量经验不足的新兵倒在冲锋的路上，赵德海头一次在战场上落泪、痛哭。他说：没有人不害怕，但大家依旧冲锋。随着战事节节胜利，赵德海也随部队一路向西推进，芒市、畹町，直到在缅甸身负重伤后被运送回国救治。

抗战胜利后，赵德海与其他几位战友退伍回到曾经长期驻扎的福禄地村，他们对这个滇缅路边的小村有了依恋。解放后，由于不希望更多人知道他曾经在国军服役的历史，老人改名为金昌在，抗战中奋勇杀敌而被授予的勋章、立功证书都被他付之一炬。虽然这样，在随后的几十年里，老人依旧低头度日，两个儿子也经常因为是“国民党反动派”的后代备受欺负，哪怕是到了今天，老人依然很少提及那些本该让后人铭记的青春往事。

金昌在曾经是军中有名的大高个，如今腰板不再能直起，但那些青春往事依旧是老人心中最深的记忆。60多年过去了，老人说到松山血战，还会在不经意间流露出一丝恐惧。老人手臂上有刺刀留下的疤痕，头部的恐怖伤疤则是一块炮弹片造成的，当时很多人觉得这位重伤员活不下来了。

两年前，保山市里相关部门的领导得知福禄地村还有这样一位英雄老人，于是逢年过节都会来家里探望，送上一些慰问金与慰问品，这位耄耋老兵在年近九旬时终于感到一丝安慰。92岁高龄的金昌在老人虽说身体不再硬朗，但他每天依旧会自己拄拐到村里遛弯儿。如今老人与儿孙生活在一起，日子虽然不很宽裕，但过得不再压抑。屋里的躺椅是老人每天呆的最多的地方，刮胡子用的小镜子，自制的烟嘴，早已磨透的搪瓷茶缸是老人生活中的三大件。金昌在胸前挂着一枚游客赠与的抗战纪念章，遗憾的是，那些能证明老人当年奋勇杀敌的勋章、证书都被付之一炬。临走时，老人抬手敬了个标准的美式军礼，我的眼泪夺眶而出。

中国远征军第一次入缅作战，共出动13万人，伤亡56480人(绝大部分在胡康河谷野人山)。日军伤亡约4500人，英军伤亡1.3万余人。第二次入缅作战，中国驻印军伤亡1.8万余人，歼灭日军4.8万余人，解放缅甸土地约13万平方公里。滇西中国远征军伤亡67403人，歼灭日军21057人，解放滇西全部土地约3.8万平方公里。

开车感受70多年前修筑的滇缅公路，最具代表性、线型保存最完好、保存里程最长、历史遗迹最多、沿线风景最壮丽的一段，便是从施甸七零七起、跨怒江、翻高黎贡山、经松山到龙陵近百公里路段。此段滇缅路大有“一夫挡关，万夫莫开”之势，是滇缅公路的咽喉要塞，被美国军事家称为“东方的直布罗陀”。

从保山出发，我们仍然选择了老滇缅公路。几个小时的山路盘旋，绕过一些根本来不及数清的高山“U”形弯道，翻越数座连绵的怒山山脉之后，浑浊、广阔的怒江峡谷跃入视野。视线之下是一座钢索吊桥，一座钢索水泥桥。俯瞰有缥缈之感。其中，不再通车的吊桥就是惠通桥。资料显示，从山顶的一丘田下到怒江边，这段崎岖山道有33公里，从海拔1950米骤降610米。过桥后，更多的“U”形弯道在高黎贡山上盘旋，到达松山之巅海拔是2200米。这是滇缅公路在“V”字型怒江大峡谷谱写的奇迹。怒江东岸的高山峭壁与西岸的松山对峙，形成惊涛拍岸、飞峰插云的怒江天堑。

行驶在怒江峡谷两岸，已经没有了昔日的喧嚣，很长时间才能遇上一辆车，不时有在前方路面觅食的飞鸟从车窗前掠过。70年前险峻、突兀的景观依然“有一种可怕的精神魅力”，令我不得不握紧方向盘，小心翼翼地驶过悬崖边的弹石路面，相信所有开车经过这里的人们，依然需要具有无限的勇气。当年正是眼前这条汹涌的怒江，阻挡住了不可一世、穷凶极恶的日军

滇缅公路凭借惠通桥横跨怒江。1942年5月4日晚6时，日本先遣部队100多名便衣混在难民中到达怒江边，距离惠通桥不足200米。

此时的怒江峡谷已是中国西南门户的最后一道屏障，一旦失守，通往昆明和重庆的路就被打开。碰巧当时惠通桥上发生事故，中国宪兵以“妨碍执行军务罪”枪毙肇事司机，枪声让日军指挥官误以为暴露了，便下令冲锋。炸桥成为守桥中国军队唯一的选择。巨大的爆炸过后，怒江两岸交通完全切断，从此中日双方以怒江为界对峙两年。

惠通桥始建于明朝末年，初为铁链索桥。1936年，由新加坡华侨梁金山先生捐资，将旧桥改建为新式柔型钢索大吊桥。它位于滇缅公路（中国段）600公里处，是当时连接怒江两岸的汽车通道。吊桥全长205米，跨径190米，由17根巨型德国钢缆飞架而成，最大负重7吨。1942年，日寇进犯滇西，该桥交通被切断，中日两军隔江对峙两年多。1944年5月滇西反攻开始，该桥又被修复，成为中国远征军反攻的起点和战时物资的运输枢纽。1974年6月1日，随着惠通桥下游400米处红旗桥建成通车，这座滇缅公路上最重要的桥梁停止使用，后被拆去桥面木板，保留桥塔和主索结构。

事实上，滇西抗战中，怒江上有三座历史悠久的桥梁：除惠通桥外，还有惠人桥、双虹桥曾被中日军队反复争夺。这三座桥经历了攻桥守桥保桥毁桥修桥等战火洗礼。现今保留有珍贵的桥梁遗址。三桥所在地都是古代南方丝路西越怒江的交通孔道，建桥之前是舟筏相济的古渡口。惠通桥附近是“腊勐渡”，经龙陵、芒市可通向东南亚。惠人桥一带是“老渡口”，渡江后在塘子寨分贫口一路南经龙陵通向东南亚。双虹桥近旁名“潞江渡”，这个渡口开辟于汉代，是著名的南方丝路和后来的茶马古道

史迪威公路北线可以说是一条设计完美的“汽车拉力赛道”。

昔日清脆的马帮铃声，似乎近百年来从未停止过对滇缅公路的怀恋。

要津。

滇西抗战中，日军大举进犯滇西，中国军队拆除了双虹桥和惠人桥上的木板，双虹桥东跨桥也被破坏，东岸构筑有坚固工事。几番血战，凶恶的日军始终没能越江半步。中日军队隔江对峙两年之后，1944 年 5 月，中国远征军发动全面反攻，以惠人桥和双虹桥为主要渡口，中国军队右路兵团 10 万将士强渡怒江，仰攻高黎贡山。在这场战役中，双虹桥的又一次修复，并为滇西反攻立下了大功。后来双虹桥上方的公路边还遗留着几根废弃的钢管，据说是当年的中印输油管道，不远处一大片香蕉林原来是个飞机场，油管旁的芒果林原来有个双虹桥街，从双虹桥上驮来的各种山货、白货、黑货一过江就可以交易，也曾热闹一时。

如今在怒江上的三座古桥中，惠通桥空留桥架，惠人桥仅遗桥墩，只有双虹桥至今还在通行。双虹桥始建于乾隆 54 年，两段桥面与怒江中的一块巨石相连，故此得名。它的建成，结束了怒江上没有桥梁的历史，也是南方丝绸之路过怒江的主要通道之一。但曾经名满滇西的双虹桥如今也破败不堪，中间巨石上的亭子已经严重歪斜，随时都有倾覆的可能。我们驱车沿着怒江西岸来到双虹桥边，三人从桥上走过，铁链吱咯作响，桥身忽悠晃荡，有一种丈量历史、品味人生的感慨。

正午的饭点过后，几位傈僳族小伙子骑摩托车跨过双虹桥，在新修的公路路口上趴活，以运送附近的村民来挣点零花钱。他们并不了解这座老桥的太多历史，但老桥即将消失也让他们充满无奈。“下游几公里处的赛格水电站已经开工，我们这座双虹桥也就快到头了……”杀只鸡，做午饭——刚刚抵达赛格水电站施工点的员工开始了怒江边的生活，他们的到来预示着双虹桥也将画上历史的句号。

沿着怒江东岸，我们还找到了抗战时被炸断

怒江上的惠人桥，日军攻打到怒江边时被炸毁，如今只剩遗迹。

1944年5月，远征军强渡怒江后，抢通惠通桥。

的惠人桥，现在只剩下怒江两岸的桥基，还有山岩上依稀可见的“惠人桥”三个大字。不久，怒江上这些承载着历史功勋的老桥，随着人为上涨的江水，将永远淹没在历史中。

惠通桥到松山战场遗址20多公里的路段，是滇缅公路遗留最完整的部分，其中大部分为弹石路面。过红旗桥之后，经过惠通桥遗址，公路开始在茂密的橡胶林间爬升，不一会，公路就云雾弥漫，前面巨大的山峰就是松山。由于公路过于崎岖和陡峭，在上面行车让人胆战心惊。真不知当时的人们是怎么在如此陡峭的地方筑路的。

松山战役遗址，位于龙陵县腊勐乡大松山，属横断山系高黎贡山山脉，由大小二十余个峰峦构成，海拔2200米的主峰顶上，北、东、南三面可俯瞰怒江峡谷。滇缅公路在松山的悬崖峭壁间盘旋，大有“一夫挡关，万夫莫开”之势，这里形成滇缅公路的咽喉要塞。松山被日军占领后滇缅公路也被切断。1944年6至9月，为了打通滇缅公路，中日军队在这座面积18平方公里的大山里厮杀了近百天。中国远征军以伤亡7763人的代价，全歼据守的1300名日军。这次胜利还有另一个非比寻常的意义，这是抗日战争以来，中国军队第一次收复失地。这同时是打滇缅公路的第一步。

中秋的傍晚，在松山做向导的杨金满迎来一天中最后的游客，我们来到了松山战役遗址。10多年前，松山人主要的收入是“挖山”，因为山里有数不尽的废铁——钢盔、刺刀、子弹壳、炮弹片。随着松山被列入国家文物保护单位，这里已经不允许私人“挖山”。但让杨金满和村民们兴奋的是，在他们看来早已熟视无睹的战场遗址如今成了旅游景区，做了15年护林员的杨金满生活轨迹更是突然转变，熟悉这片山林每个角落的他每天蹲守在松山战役遗址旁边的简易停车场，看到有游客前来就迎上去招呼，他成了松山最早的非正式导游员。他的收费也很便宜，游客们可以按照他服务的质量任意给钱。一天下来，收入多则两三百，少了也有三五十块。

简易停车场旁边是2004年龙陵县政府重新立起的纪念碑，三块碑体是松山战役后国军留下的，解放后命运多舛，有一块只剩三分之一，好在它们还有重见天日之时。杨金满带着我们走在日本装甲车曾经行进的小路上，两边是茂密的松树林，他告诉我们，松山战役后松山都秃了，现在的松树是战后在鲜血浇灌的土地上长出来的，所以高大挺拔。

1942年5月，日军进攻被阻于怒江西岸后，第56师团，被称为“战争之花”的113联队盘踞松山，修筑坚固工事，“碉堡都是用木头和好几层钢板筑成的，美国人的大炮都炸不掉”。杨金满说，日本人的山头阵地还可以开进汽车、坦克，“地下有电话、通讯、供水、照明等系

从怒江峡谷顶部俯瞰惠通桥。

统设施，甚至有小型发电厂”，旁边还有医院及慰安所。

杨金满的家离松山战役遗址很近，虽然他家没有盖新房，但他满怀信心的认为，随着村里的公路即将完工，他家的这座破旧老院，很有可能成为松山人气最旺的景点之一，因为这里是当年日军野战医院所在地，是松山战役后唯一保存下来的日军营舍遗址。他指着门框上的一段已经发黑的旧电线，说是当年日军安装使用的，现在还能用。老杨家里还有些日军钢盔、刺刀等“挖山”存货，他很清楚，现在这些东西可不能再当废铁卖掉。

龙陵（滇缅公路岔口）到腾冲的路段有78.7公里，原来是史迪威公路北线进入中国猴桥口岸后连接滇缅公路的部分，现为省道317线，也叫腾龙公路。我们从龙陵出发，选择了半个多世纪之前在高黎贡山的崇山峻岭中开通的史迪威公路(北线)前往腾冲。滇西抗战史专家戈叔亚告诉我，现在这条路与半个多世纪前比较，没有大变化。当年运输大队的司机都把史迪威公路北线叫做滇缅公路的新北线。

中印公路又称史迪威公路。日军占领缅甸后，截断了盟军中缅战区的海上通道和路上运输线——滇缅公路。1942 年 12 月，时任中国战区参谋长的史迪威主持修建中印（缅）战略公路，

史迪威公路北线上的腾龙桥如今还在使用中，但是每次只能一辆车单向行驶过桥。

当年驻扎在滇缅公路边的远征军士兵几乎有一半都来自江南的浙皖地区，包括很多高级将领。

由美国出资，中美合修。在中国劳工、印度士兵和美国工程兵筑路机械部队的共同努力下，于1945年1月通车，全长1437公里。该公路“从印度雷多出发至缅甸密支那后分成南北两线，南线经缅甸八莫至中国畹町；北线经缅甸甘拜地通过中国猴桥口岸、经腾冲至龙陵，两线最终都与滇缅公路相接”。它是抗战后期通向重庆政府的惟一国际援助通道，为中国抗日战场运送了5万多吨急需物资。后被蒋介石以史迪威的名字命名。另有专家认为，史迪威公路应包括从印度到昆明，然后向东经过贵州盘县、晴隆、贵阳、遵义直到重庆的所有路段。史迪威公路抢通后，与原有的滇缅公路连接贯通，也可说是将滇缅公路完全覆盖，所以很多人容易把两条路给混淆了。

车在高黎贡山的崇山峻岭中穿行，道路竟然是一段沥青路、一段弹石路、一段沙土路的混合路面，到处都是弯大坡陡的复杂路况。在我看来，它是一条设计完美的汽车拉力赛道，颠簸摇晃中，让我一直保持着亢奋的情绪。途中还有马帮驮着山货沿公路而行，让人有一种隔世之感。一路上坡下坡来到喘急的龙川江畔，

这里是龙陵和腾冲的界河，江面上的腾龙桥最早修建于1940年，当时是简易吊桥，被盘踞腾冲、龙陵、松山主峰的日军使用。史迪威公路开通时，被美国人改造成铁索吊桥。如今这座老桥，每次只能一辆车单向行驶过桥；如果是客车驶过，车上的旅客必须步行过桥。过桥后，腾冲就不远了。

从1944年5月11日中国远征军20集团军强渡怒江至9月14日攻克腾冲城，历时127天，共击毙日军少将指挥官及藏重康美大佐联队长以下军官100余人，士兵6000余名。中国远征军亦伤亡军官1234人，士兵17075名。腾冲之战的胜利，有力地促进了滇缅战场的胜利。1945年6月，在腾冲叠水河瀑布一侧的山坡上，建起一座国殇墓园，这里安葬着在腾冲攻城血战中壮烈牺牲的3346名中国远征军将士的忠骨。

畹町是滇缅公路中国段终点，隔畹町河与缅甸九谷镇相邻。“畹町”系傣语音译，意为“太阳当顶”，所以人们喜欢把畹町叫做“太阳当顶的地方”。畹町市区仅5000多人，是全中国最小的国家级口岸城市。可就是这样一个极为不起眼的小地方，半个世纪前却成了中美英三国盟军的大本营，以及国际援华物资的集散地，每天有成百上千辆卡车从这里将物资运往中国内地。

畹町桥位于市区南缘的畹町河上，既是中缅两国的界河桥，也是滇缅公路出入国境的口岸桥。桥头设有海关和边防检查站。我们计划从这里驱车到达滇缅公路的终点腊戌。

畹町桥最早是由两根并排的木头组成的简易桥。1938年，被称为抗日战争输血管的滇缅公路修通，同时在畹町河上建起了第一座单孔石拱桥。从1938年12月至1942年5月，45万多吨国际援华物资就是从滇缅公路通过畹町桥运往内地，有力地支援了国内的抗战。1941年12月日军发动太平洋战争，为保障滇缅公路畅通，10万中国远征军踏过畹町桥入缅协同英军作战。滇缅公路被日军切断后，它毁于战火直到1946年才重建钢架桥，成为中印公路修通后，与滇缅公路的交汇点。1979年再次修葺加固。如今，畹町（斜拉）桥旁还有一座已经停用的木板铺路、仅容一车通过的梁桥，它就是见证历史的老畹町桥。

在缅甸一方的桥头边，有一棵长满黄花的大树格外美丽。有中国游客走到桥中心的国界线边拍照留影，这时桥对岸的一名缅甸边防人员从树上摘下一把鲜艳美丽的黄花递给她，那灿烂的笑容让我至今难忘。

MORE THAN DRIVING

自驾车旅行如果只是为了看一看风景，尝一尝美食，固然无可非议，但却略嫌单调。其实，通过自驾这种自由而美好的方式可以把很多玩法组合起来，做一个私人订制的旅行“变形金刚”，加徒步，加攀岩，加溯溪，加潜水，是自驾和户外的完美互赏；加度假，加考古，加探秘，加美食，则是为自驾旅行穿上了一袭华丽的嫁衣，待字路上。

东海去甩鲈

记得海明威《老人与海》中的一句话："这是一项人与自然拼搏的伟大运动。"说的是什么呢？是海钓。7月，是东海海边鲈鱼聚集的日子。

水·木·石 隐遁黔桂间

万千桃花水母，随着潜水员的深入翩然起舞，相伴左右，那不仅仅是一种邂逅，而是深刻的遁世。

静修武当山

入山静修，不是学古人访仙问道，而是要暂别世事的纷扰，寻一个能放下自己的真境界，听一听风声水声，吐一吐污浊之气。

赤水雨林深处

赤水是一条河，红军四渡的典故让它名扬天下；赤水又不仅仅是一条河，它是一个极为完整的原生态群落。

东海去甩鲈

撰文 / **小潭图鱼**　摄影 / **邵祺栋**

记得海明威《老人与海》中的一句话："这是一项人与自然拼搏的伟大运动。"说的是什么呢？是海钓。对于中国人来说，这项在欧美被称为"海上高尔夫"的奢华运动已经并不遥远，已经有越来越多的发烧友们，从东海到南海，追着大洋的鱼汛扬帆挥竿。

7月，是东海海边鲈鱼聚集的日子，也是海钓发烧友们一展身手的日子。带上全套的专业钓竿，乘上游艇出海，去亚洲顶级钓场舟山群岛吧，与鲈鱼来一场智慧的较量！

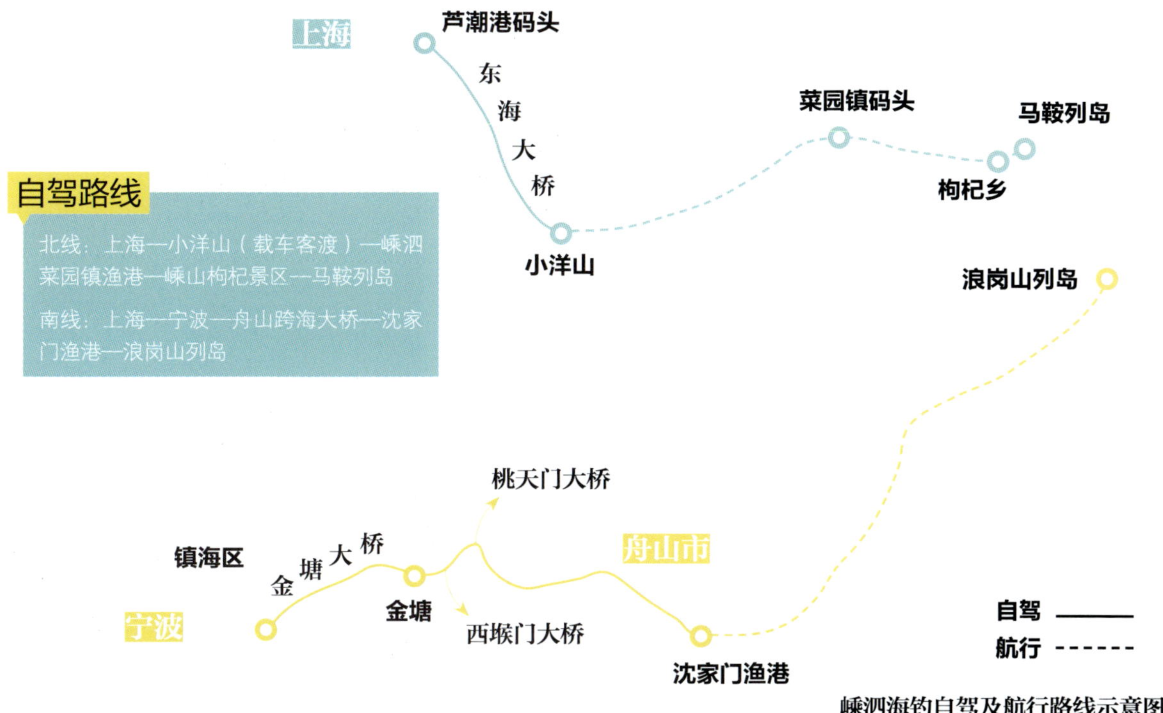

嵊泗海钓自驾及航行路线示意图

◆海钓选点：

嵊山枸杞景区（矶钓）——嵊泗列岛从位于杭州湾以东，包括泗礁（黄龙等周边岛屿）、花绿（花鸟、绿华）、嵊山枸杞、洋山四个海景区。其中泗礁景区以连绵亘长的金色沙滩为特色，著名的基湖沙滩和南长涂沙滩，各长达 2000 米以上，从同一个起点向两端延伸，犹如彩蝶双飞；花绿景区以远东第一大灯塔和雾岛为特色。我们去海钓的钓场大多在嵊山枸杞景区，这里是著名的“海上牧场”。

马鞍列岛（矶钓）——从嵊泗的菜园镇小码头乘船出发，8 海里左右就是马鞍列岛，其中包括三横岛，绿华岛和有着远东第一大灯塔的花鸟山岛。

浪岗山列岛——北距嵊泗列岛 30 余海里，南距东极列岛 20 海里，南北均是风光绝胜之地。从北线和南线出发，船程均需 4 小时左右。

甩鲈特别提示

用大浮波漂活虾，是当下极流行的一种钓法，而且非常简单，只需要准备好养活虾的小冰箱和氧气泵，到了钓场，把虾挂在背上，调整好水深后，就等大鱼来咬钩吧！

大浮波漂活虾钓法并非一劳永逸，在水流湍急处，一次放线后，仍然需要钓手控线和回线。

礁石上的路亚钓竿，太短、太长都不适合，最好选择 3.2 米或 3.6 米的，易于抛投和控鱼；

PE 主线选择 3 号就够了，下面要接一段 6 到 8 号的碳素前导线，因为大鲈鱼的细牙齿会磨断主线；

如果不舍得自己的猎物逃回大海，别忘了带一个至少 5 米长的伸缩抄网。

进入亚洲最后的顶级钓场

在上海，海钓俱乐部已经不是什么新鲜事，我在其中一家已经玩了将近十年，结识了一帮志同道合的钓友。几乎每个周末，我们都是在东海边度过。虽然目前还停留在比较大众化的“矶钓”，但是也同样可以体会大海带来的刺激和魅力。无论是中鱼之前的思考、等待和诱惑，还是中鱼之后的搏斗过程和收获的喜悦，都激发了我们本性中那种征服的快感。

这个周末也不例外，因为工作的特殊性，我可以在星期五下午就出发，驱车驶过东海大桥前往嵊泗列岛。当然，大部分人是冲着那“南方北戴河”的海滩休闲而去，我们海钓一族却是直奔菜园镇那个小小的码头，几个著名的“矶钓”地点都是从那里出发。几年前嵊泗海钓刚刚开发的时候，可以租用的豪华游艇还不多，有时候两三个钓友就只能租用渔家人的小驳船。现在大小游艇都齐全了，不过对坐着并不舒服的小驳船已经有了情结，所以还是租驳船出海。菜园镇的渔家都比较好客，以结交朋友为乐事。海里来海里去，海风吹海水泡，大海博大的胸怀让他们也十分爽气，如果对脾气的话，连珍藏多年的海贝也会马上慨赠。

在码头稍事休息，从上海芦潮港乘船过来的老汪他们也到了，大家坐在基湖海滨的渔家小庄聊天。海钓不是一件简单的事情，不但要了解码头、海域和潮汐的状况，还要准备专业的工具和其他装备。像我们现在在去钓场之前跟渔民探一探此地的鱼汛，是决定明天能否"丰收"的关键。

老李是我早就结识的一位船长，他祖上就是当地的渔民。从小在嵊泗的海边长大，他闭着眼睛都对这里的潮汐和海鱼泳层变动了如指掌。听着大家议论纷纷，他却不动声色。等我们七嘴八舌差不多了，他才肯定地做了一句总结发言："明早先去三横岛。"一锤定音。

马鞍列岛的黄金时刻

从嵊泗的菜园镇小码头乘船出发，8 海里左右就是马鞍列岛，今天的目标是其中的三横岛，绿华岛和有着远东第一

TIPS

"矶钓"

矶：即指礁石，海岸。"矶钓"是目前亚洲地区比较主流的海钓项目。

◆矶钓流程：上船——抵达目的岛屿和礁石——上礁石——施钓——收竿返航，或者入住岛上海钓基地。由于矶钓是在相对内海的岛屿上施钓，钓程一般 2 ~ 3 天，上了礁石以后，钓手可以免去晕船的痛苦。相对的运动量比船钓轻了大半。故而很多人都可以接受。

◆主要目标鱼类：黑鲷、真鲷等鲷科鱼类；鲈鱼、马友之类的掠食鱼类；石斑、黄衣、青衣之类的名贵鱼类。因为体重在几斤到十几斤不等，是一般大众可以接受的力量挑战。

装备：主要是钓竿，入门级别的全套在 5000 元 ~ 1 万元。顶级竿一支要万元左右，加上阿波（浮漂）、矶钓衣系列配件在内的全套装备 2 ~ 10 万元不等。

◆费用：到东海沿岸的出钓单次费用为 5000 元到 3 万元不等。最主要的是这项运动重复性比船钓频繁，若一月出海四五次，就是一笔不小的开支。

◆中国钓区：主要集中在东海舟山地区，是中国乃至东亚地区的矶钓圣地。主要的钓场有嵊泗列岛的马鞍列岛区域，普陀区域的中街山列岛，朱家尖附近钓场，以及桃花岛、六横岛等大众型的钓场。

"船钓"

海钓中最昂贵的项目是"船钓"，出行使用的均是豪华游艇。并配备导钓员，需租用船钓（包含拖钓）成套设备以及其它细节服务。由于船钓钓者所追求的是外洋深海大物，往往需要开十来个小时的船抵达公海钓场。一趟钓行需要 4 ~ 6 天的时间，施钓过程中船只始终是漂泊在汪洋大海上，对于会晕船的钓手是一件难以接受的事。

◆船钓流程：上船—开到靠近公海的范围—施钓期间住船上—收竿返航。

◆主要目标鱼类：深海大型掠食鱼类例如著名的马林鱼、蓝棋金枪鱼，以及其它大型拖钓目标鱼类，大小从几十斤到几百斤体重不等，极度考验钓者的体力和毅力。

◆装备：船钓竿和鼓式船轮。入门级标准套装配置在 3 ~ 4 万元。发烧级别一个鼓式船轮就要十几万元，一根钓线也有可能万元以上。

◆费用：主要是巡游的船费和装备的配置及损耗，整船出海会超过 20 万。

◆中国钓区：主要包括台湾东南海域，南中国海的西沙、南沙列岛等。

大灯塔的花鸟山岛。

吮吸着大海的气息，没消一支烟的工夫，我们的快艇就抵达第一目的地——三横岛。这里属于近海的浅水区域，海水泛着幽幽的绿色。这个钓场我已经不知道来了多少次，可每一次还是禁不住兴奋。我清楚地知道：三横岛矶边的一般水深在5米左右，比较适合使用压舌板米诺（鱼形假饵）来寻找可能攻击的鲈鱼群，于是不待快艇泊岸，我已经把手里的工具准备完毕了。

快艇绕着岛屿转悠了一圈后，船长看中了一个类似水道闸门的位置，让我们在船上先投出米诺试探一下。高手老汪投了几竿后，中了一条鲈鱼，不大，三四斤吧，不过足够让我们决定在这里登岸。登上礁石也是因为在礁上空间更大些，更利于每个钓友都一展身手。

已经有十几年海水钓龄的老汪拿的都是顶级装备，这次他带了两支上万元的GAMAKATSU INTESSA顶级竿，轮子也是目前最好的，没什么意外的话，今天肯定又是他夺冠。海钓不像淡水钓只比耐心和鱼饵，需要的专业技术和装备实在来不得半点儿应付。

大家都差不多就位了，老汪有经验地看了看表，时间是7点50分。他计算了一下潮汐时刻，沉稳地告诉一些新来的钓友，从现在开始的两小时内应该是黄金时刻了。大家听了立刻兴奋起来，纷纷迅速地放置好竿包、软冰箱等装备，双手握着钓竿严阵以待。不到5分钟后，它们来了！老汪和几位高手带领着大家朝水道当中的礁石区域发起了一轮密集的攻击。

浅水海钓其实是一件非常有观赏性的事情。由于是钓水中上层的鱼群，我们的假饵一丢入水，透过偏光镜便望见2～3米水深下的鲈鱼群对这个“受伤的小鱼”立刻产生了浓厚的兴趣。收两把线，假饵立刻产生了类似小鱼惊吓时的颤抖运动。刹那间，一条大家伙鲁莽地跃出鲈鱼群，一口咬住了假饵。接下来的几分钟，便纯粹是蛮力的较量。身体健硕的老汪一马当先，后面还有人很有默契地抱着他的腰，大家伙终于一点儿一点儿被我们拉

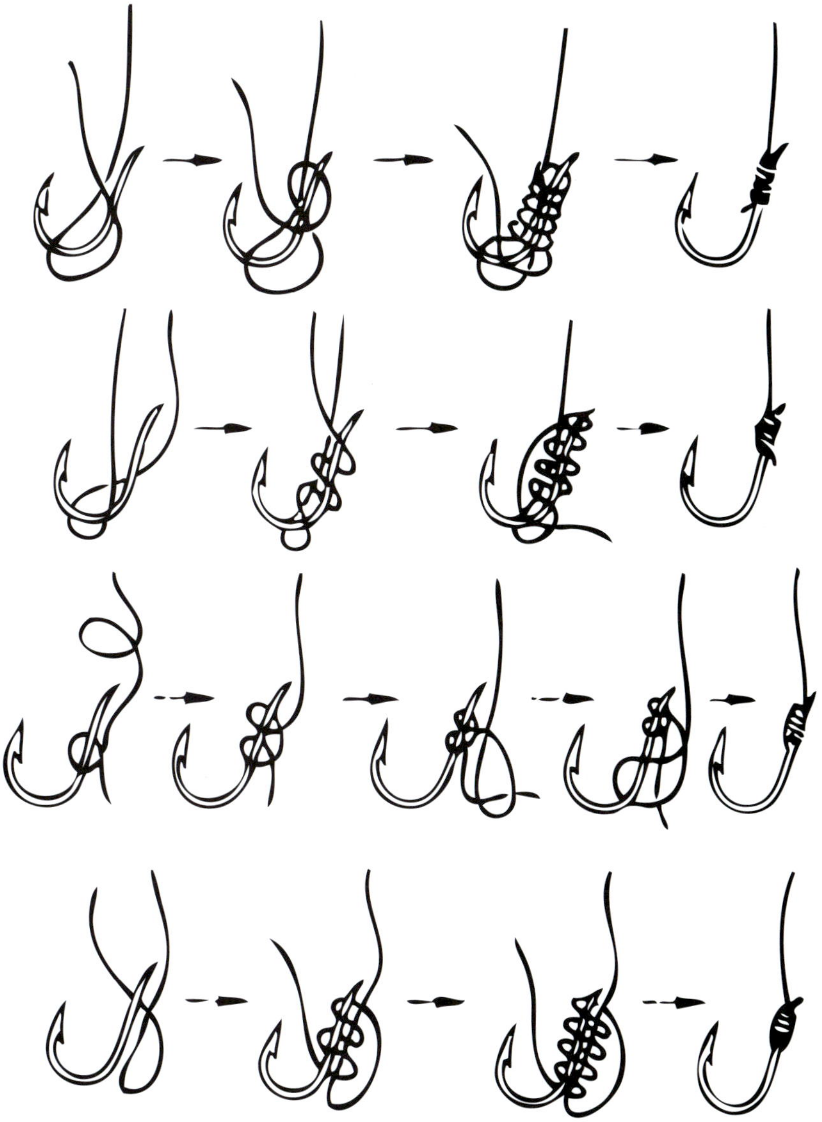

近岸边。我眼疾手快，一抄网把它抄了上来。“中了！中了！”当鲈鱼出水的那一刻，在场的钓友几乎同时低低地欢呼起来。

接下来的黄金时间段，我们当然没有浪费一点点光阴，热火朝天地忙活着，一言不发。当手表的时间指向9点50分时，我们身后的水塘已经放满了鲈鱼。一直在旁边默默关注的船长走过来，对大家说：“潮水过了，我们转场喽！”

从三横岛一上船，船员们就训练有素地帮我们把收获的鱼装入冰箱，我们则啜着咖啡小憩一会儿，看看渐行渐蓝的大海。不到一个小时，花鸟岛就到了。

在花鸟岛上钓鲈鱼的程序跟三横岛差不多，不过由于花

TIPS

租游艇

舟山有几家游钓公司提供租赁游艇，一日开销万元左右。包含游钓指导和海上安全监护等。

住宿

嵊泗列岛基湖海滨有个渔家小庄，是一个环境幽雅、干净整洁的渔家风情家庭别墅，还义务为海钓爱好者推荐好的钓场。电话：0580-5586678

花鸟岛、嵊山枸杞岛等岛屿上用餐和休息费用约200元/人。

浪岗岛虽是舟山群岛最东边的无人岛，但并非荒无人烟。如今，岛上已有一家海钓会所，旧时的部队营房被改造成了几十间客房，会所空调、洗浴设施、食堂、钓鱼船一应俱全，且有一家小商店，有少量的生活用品和渔具可供购买。

美食

花鸟岛的海鲜都是直接从门口港湾外的近海里打捞上来的，绝对是最新鲜的货色。所以如果自己的收获不大也不用失望，照样可以享受一顿海鲜大餐。

喝茶看海

吃完海鲜大餐坐在阳台上喝茶看海，此时幸福指数会达到六星级以上。

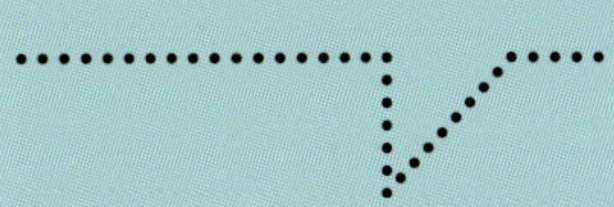

鸟岛是渔岛，一般鲜有游客登门，所以异常地干净。向钓场走的路上就看见了岛上的海岛宾馆。老汪说，这个宾馆虽然不大，却有一个非常空旷的大阳台，黄昏时坐在上面可以一览港湾美丽的海景，那舒服劲儿就甭提了。大家听了当即决定今天不回码头，就在这里歇一夜了。

钓鱼归来已经是黄昏时分，想必船长早已细心安排过，一进海岛宾馆，就看到老板娘早早准备好的一桌透着海风清香的海鲜大餐，冰啤酒也打开了，还等什么？沐着清凉的晚风，大快朵颐吧！

TIPS

浪岗山列岛海钓全攻略

◆浪岗著名钓位

笋浜门：是浪岗的标志礁石。亿万年的地壳运动和风化作用，铸成了两块峭立的石笋，它们隔海矗立成大门的模样，迎接着大海里的外来洄游客和本地土著民，如果以人类社会作比，它就是海下鱼儿的高速公路收费口。

豆腐礁：四四方方，像极了一块老豆腐。从初夏到初冬，这里是洄游黑毛最爱出入的区域。可别看这鱼儿貌不惊人，它可是极受钓鱼人欢迎的稀有美味。

烂芋艿礁：从初夏开始，这里常有矶钓之王——石鲷出没，同时也是大条海鲈的出没地。

◆浪岗四季鱼汛及钓法

春：当油菜花开始凋谢时，天朗气清的日子，大波洄游飞鱼、红甘和石鲷纷纷靠岸。早春大潮水时，鲈鱼喜爱底流的暗礁，这时选择合适克数的铅头钩就很重要——一般情况，我们会选择 40 或 50 克的铅头钩，这样的重量才能将钓饵从激流中沉降到鲈鱼所栖息的水层，当然别忘了配上合适的软虫。小潮水时，鲈鱼会相对分散。这时，那些大礁石旁的小暗礁中鱼的机会更大些。

夏：平鲈、红甘（这些可都是一流的刺身鱼种哦）和礁石边的黑毛、黄鸡等等开始陆续登场。偶尔，还能瞥到惊艳的牛港、大青甘、大马鲛、美国红鱼、底栖的雪鲷和罕见的石斑。傍晚在码头就可以钓到透骨新鲜的鱿鱼和乌贼。步入初夏后，鲈鱼开始逐渐向礁石边的浅水层靠近。这时候的鲈鱼条条胆大心细，钓鱼人需要准备做工精美、质量上乘的拟饵，才能让这些家伙放松警惕。

秋冬：淄鱼群满海游荡，大条的都有六七斤，会频繁咬钩；黑毛鱼这时也开始集结，组团出现在特定的礁石边；还会有隔数年才会出现的虱目鱼、水针鱼等。

浪岗山列岛路亚豪情

璀璨的渔火？满桌的海鲜？习习和风的惬意生活？不，这一切都和这个孤悬外海的荒僻小岛扯不上半点儿关系。“无风三尺浪，有风浪过岗！”舟山古老的谚语诉说着浪岗山的奇险与波诡云谲。这里没有风花雪月，没有熙攘人流。这里有的，是涌动着浪潮的深蓝大海，是拍击着峭壁的惊涛巨浪，是在险峻的礁石上呼啸而过的猎猎海风。浪岗，曾是我国海防的军事要塞，现在则是海钓人心中的挥竿天堂。

浪岗山列岛由 3 个小岛组成，共 100 多个钓位，其中大多数只有数字编号，另外一些则有名有姓，颇有意思。这里一年四季有鱼可钓，且四季所出的鱼品种不同。通常情况下，近岸最多见的是各种鲷类和海鲈，但不时也有其它洄游鱼群光临。这些分布在浪岗海域的黑鲷、真鲷、海鲈、虎头鱼和花鲷，和南来北往的洄游鱼群，一同构成了浪岗岛四季的海下风景线。

因为鱼汛巨大，所以在浪岗可以比在马鞍列岛更有用武之地。我个人比较喜欢并擅长路亚，所以选择了最豪情万丈的钓法——独自一人挥竿天海间。路亚的魅力在于，前一秒还在悠闲地摇着线轮收线，后一秒手上就会传来一股巨大的拉扯力——鱼儿咬钩了！钓鱼人必须突然发力，弓起身子，紧握手中的鱼竿，用竿子、线组的弹性和线轮的刹车泻力与大鱼在激流中缠斗，哗哗的浪涛声和着线轮“吱吱”的出线声，那一刻，仿佛天海都为之定格。

与温顺的淡水鱼迥异，海水鱼向来是凶悍的肉食者。特别是红甘和鲈鱼，它们总是浑身充满了力量。大鱼会在急流处借势左突右冲，我们手中的鱼竿也需要随之迅速做出反应。这一回，我中的是一条鲈鱼，在它快出水时，我反手一把收线，同时欣赏着它美妙的招牌动作——“洗鳃”——它跃出水面，大张着嘴使出浑身力气晃动，扭动的鱼身在阳光下闪着银光，为我跳了一曲劲爆的海上钢管舞。记得上一次，我欣赏这种舞蹈的代价是眼睁睁地看它甩掉嘴里的钩子扬长而去。有了那次的教训之后，我永远记住了要在第一时间将钓竿贴近水面，飞速收紧虚掉的钓线。

浪岗现在已经是嵊泗列岛我最喜欢的钓场之一，因为它四时鱼汛巨大，四季的钓法也千差万别，能让我尽情钻研。比如，初夏的飞鱼爱追毛钩；仲夏的鲈鱼只对锃光发亮的鱼型米诺有胃口；鱿鱼和乌贼则偏好虾型的路亚鱿鱼专用拟饵——木虾；如果在夏秋船钓红甘，那最好选择铁板钓法；秋风萧瑟时，浮游矶钓鲻鱼、黑毛，最好用最轻巧的矶钓阿波线组，配以小号数的红色或荧光色钩子，用南极虾施钓。

嵊泗后记

荡漾的浮波承载着一代又一代海边人家的希冀，一辈辈的渔

民和渔友在这里耕耘、收获着。海里的鱼儿也一样，在风浪和激流之中奋力游动，拼尽浑身力气捕食，以便将它们的生命一代代延续下去。在深邃蔚蓝的大海中，钓鱼人是如此渺小。但是无论是一条弱小的鱼儿，还是面对大海显得如此渺小的我们，都可以奋力一搏。

晨霭未散时出发去海钓，暮色四合时再带着满箱渔获回到码头。这个时候，再简单的食物都是人间至味，风卷残云般消灭一桌子的食物，然后将自己重重地砸在松软的床上，没有失眠没有焦躁，一觉安然到天亮。这就是简单、自然和美好的海钓生活。

每次回航的路上，我总会想起普希金的诗："比大海宽广的是天空，比天空宽广的是人心。"

水·木·石 隐遁黔桂间

撰文 / **马明、廖晓明**　摄影 / **廖晓明**

很多人以为在中国潜水就只能去南海的一些岛屿，孰不知，还有不少淡水潜水的地方鲜为人知，广西河池都安县的架珠天窗就是一例。万千桃花水母，随着潜水员的深入翩然起舞，相伴左右，那不仅仅是一种邂逅，而是深刻的遁世。从贵阳到南宁沿着国道210线一路驰去，能获得的惊喜除了水的缘，还有红水河边原始瑶寨中那浓浓的木石情缘。

◆贵阳到南宁的常规走法

从贵阳到南宁直达的路线有两条，一条是兰海高速公路，但还没有全线开通；另外一条是国道 210 线，也就是著名的西南大通道，从贵阳出发，经龙里、贵定、都匀、独山、南丹、都安、马山到南宁。如果中间基本不停歇的话，600 公里左右的路，9 个小时就可以开到，但是也会错过很多景色。

◆贵阳到南宁的 DIY 走法

从前经常来往于贵阳和南宁之间，多数是走高速公路或者国道 210 线，没感觉路边有什么风景。这次趁着有一点儿小小的闲暇，驱车从几个熟悉的高速公路出口到一些陌生的乡间小路上去“探险”。沿着一条悠悠的红水河，穿苗岭，过瑶山，尽情领略黄绿相间的湖畔田园、峰峦叠嶂的秀美山川和千奇百怪的喀斯特景观，还有守候在架珠水洞中那些悠悠的桃花。不需狂飙，只要把线路稍稍改动，把几种公路结合在一起，流淌在心中的就是水、木、石的传说。

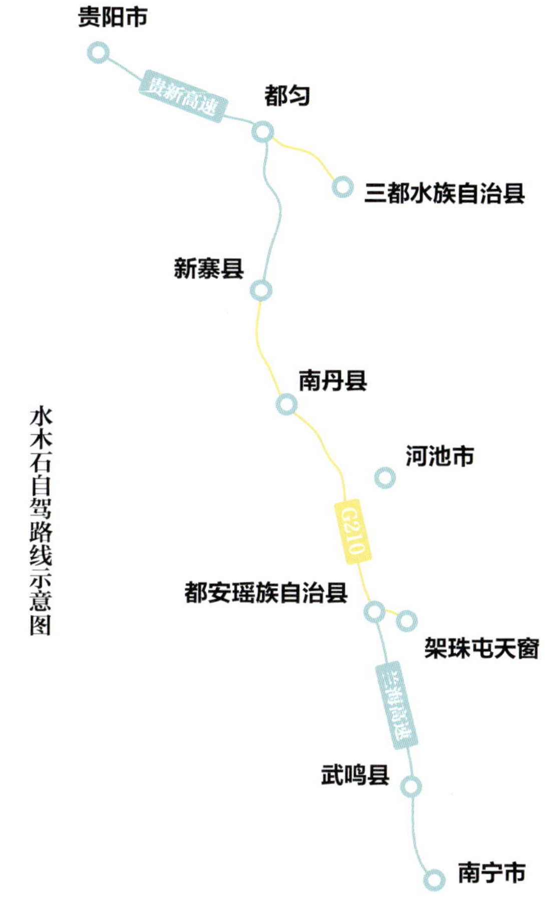

水木石自驾路线示意图

自驾路线

从贵阳出发，先上全程 280 公里的贵新高速公路，但不需走完全程，经过都匀到三都水族自治县出口下高速，寻访水族巴茅寨。都匀到新寨段为双向二车道，中间无隔离栏，限速 80 公里。

到新寨是贵新高速公路的终点，上国道 210 线转往南丹，南丹有一支非常独特的瑶族分支——白裤瑶，迄今为止还保存着非常原始的生活习俗。这一道大概 50 公里左右，大部分是二级路面，限速 70 公里，

南丹再向前行便是一路奔驰到都安，走国道 210 线会比较顺，沿途也全是二级路面，限速 60 公里，很多长坡，但是路况非常好。在都安互通立交桥行驶 200 米后左转进入安阳大道。沿安阳大道行驶 420 米后左转，行驶 13 公里到达终点东庙乡。架珠天窗就在东庙乡的架珠屯。

从都安要是走正常的路线就是走都南高速公路直驱南宁，但有一个地方非常值得绕路去看看，就是武鸣。黔桂路上的喀斯特地貌景区以武鸣的伊岭岩为代表，除了大溶洞鬼斧神工，还有当地壮乡的小吃也是一绝。

DAY1

TIPS

路况

这一段可以选择走高速公路，因为中间没有什么可看的景观，从贵阳出发直接上贵新高速到都匀是130公里。

住宿

三都县城的住宿条件有限，推荐还是看过巴茅寨返回都匀住宿。可以住到剑江河畔，风景不错，推荐港龙大酒店，三面环水，标准间238元/天。

购物

都匀市内的石板街位于广惠路中段斜坡上，是晚清或更早时期的建筑风格，街中有少许店面经营少数民族的手工艺品，如布篓、包、蜡染等。运气好的话，说不定还会碰到举行布依族婚礼，芦笙铜鼓表演和对歌等民俗活动。

» DAY1 ....【170公里】

贵阳—都匀—三都

巴茅田园里的羊肠道

因为到都匀以后才能看到水族的寨子，所以从贵阳到都匀我选择了走贵新高速公路。这条高速公路路况特别好，一路飞驰，感觉还没加速就已经到了去三都水族自治县的出口。在县城打了个尖儿，就直奔位于三合镇境内的巴茅寨。

巴茅寨虽然离县城只有6公里，但是民风却迥然不同。仿佛是一下子从现代回到了清朝。无论是村口的大榕树，还是坐在树下的，那些穿马尾绣水族衣服抽水烟的老人们，好像几百年了就一直在那里，从来没有改变过。可能是来往的旅行者较多的缘故，他们见我们进村，只是漠然地抬眼望望，便又面无表情地低下头去，继续对着竹筒吞云吐雾。旋即我们的视线便被那鳞次栉比的一座座木楼吸引住了。这座据说是始建于清朝的水族村寨依山而建，每家的木楼都顺山势而走，样式相同却又各个不同，错落有致，就像大山魁伟身体的一部分。寨前是一片稻田，没到春耕时节，地里还是干干的，阡陌分明。

田间居然可以行车，这确实没想到。一条条窄窄的羊肠道，把稻田划成了几个大块儿，这种路当然不平整，甚至还可以看出上一次大雨后深深的车

辙，不知不觉中车速就降了下来，路边的风景便一点点映入了眼帘。听老人讲，寨子里的古墓非常值得一看，便欣然前往。那些墓穴并没有远离人群，就点缀在田间地头，碧水滩旁，最能吸引人注意的是墓碑。碑刻上面随处可见精雕细刻的花纹与象形水书，犹如古老的天书一样难以读懂。我静静地去观瞻揣摩，生怕惊扰了安息者的清梦。听说水族的祭祖仪式非常独特，只可惜这一次时间有限，留待来日方长吧。

» DAY2............【178公里】

三都—独山—六寨—南丹

拉旦山下岭中行

从独山下了高速，是去南丹的一条柏油路，虽然只是条二级公路，但因为刚刚修过，路面非常平整。车过独山与六寨的交界，便算是进入了广西境内。这里虽然有与贵州一样连绵横亘的山岭，但是树木的种类又似乎有些分别。梯田的样子就更不同，阡陌的交错不是那么明显，但是水稻的绿意更浓，房子的色彩也似乎更鲜艳一些。

六寨已属南丹县范围，60公里的路几乎一眨眼就到了，于是直奔以石刻著名的拉旦山。在南丹县城新城区的东北角有一个小村庄，名叫车马，在车马村的东面有座山，名叫拉旦山。山的西北面是百丈峭壁，上山的路就显得比较惊险。几乎没有哪一段可容两辆车并排通过，大家的车速都比较慢。一旦发现对面来车，马上都守规矩地停在路边，然后静静等待对方先走。我们不知不觉中就被这种气氛所感染，即使就是遇到一辆小小的手扶拖拉机，也要挨着峭壁缓缓停下，内心的浮躁渐渐平息。

峭壁正中有一岩洞格外醒目，岩洞洞口边的崖壁上刻了几十首诗词及若干画像，据说是当地一位韦姓士绅所画。其中有一浮雕石狮，高虽然只有一尺左右，但张牙舞爪之势生动逼人。旁题"雄狮觉醒"四字，也许是时代及作者的精神写照吧。在那众多的诗词中，有一首题名为"济公诗"的写道：

“我也聪明，我也慷慨。一不吃斋，二不受戒。逢酒饮几杯，香肉吃几块，自斟自酌逍遥世外。得人恩报处报人恩，欠人债处还人债。只要心不歪，何必烧香把佛拜”。来往的游人，看到这首诗时总是多生感慨，从这里再出发时感觉已经抛掉了许多俗世烦恼。

到南丹顺便慕名拜访了里湖乡的白裤瑶。白裤瑶是瑶族的一个特殊支系，约有 3 万多人口，因为族里的男人多穿白裤而得名。里湖乡住了将近两万白裤瑶人。比较难得的是，当很多地方的少数民族都已经习惯于只在节日才穿民族服装的时候，白裤瑶的族人还保留着这些固有的打扮。我们一进村子，就像走进了一个生动的服饰博物馆，来来往往的村民都穿着那种用传统的织布机织出来的土布做的衣衫，而且家家都还在使用这种织布机。看瑶家的老阿妈坐在屋外的土台上熟练地操作着织布机，女儿和媳妇们在旁边乖顺地做着针线活，俨然一幅朴素的古老耕织图，心里被默默打动了。

» DAY3…………【165公里】

南丹—都安—东庙乡—架珠屯

遁入桃花内太空

都安水母洞（架珠天窗）的桃花水母跟其他地方不一样，从 2011 年发现它们开始到现在，我们经常去那里潜水，这些水母都一直优雅地存在。因为桃花水母对水质的要求很高，所以在这里发现它们简直是个奇迹，当地村民也很自觉地对水质进行保护，规定不允许打捞水母，不能使用洗衣粉、洗洁精，免得破坏桃花水母的生存环境。据说，当地旅游局已经在酝酿设立一个潜水观光基地。

去东庙乡的路都不错，这一次，我们直接将车开到了架珠天窗边。初夏的空气透明度不错，水下的能见度可以达到 20 米，正好这次带了不错的水下摄像装备，可以好好拍一下桃花水母的动感。淡水因为缺

TIPS

桃花水母发现记

桃花水母，又称桃花鱼，是地球上最低等级生物，据今约有 6.5 亿年的历史，是世界上稀有的水生动物，有“水中大熊猫”、“活化石”之称。

桃花水母每次出现的时间都比较短，所以很难为人发现。虽然在中国很多地方曾报道过发现桃花水母的消息，但由于桃花水母生存的水体的水质被污染，自然环境遭破坏，生态失去平衡，都只能看到一两次，然后便再也没有出现，目前能采到生活桃花水母的地方也不过二三处。

2011 年在广西都安瑶族自治县东庙乡架珠屯的一次洞潜中，发现了桃花水母的遁世之所——“架珠天窗”。

架珠天窗离都安县城 13 公里，处于一个山洞下，有几百平方米水域，这里是典型的喀斯特地貌，地下水丰富，形成了大量用水的洞穴，许多深不见底。

曾经有个法国潜水队下潜至 100 米深仍然未及湖底，天窗周围，群山环绕，森林蔓延，风景十分美丽。就是这里，桃花水母们自由恣意地伸展遨游，丝毫没有身为“极危”生物的自觉。

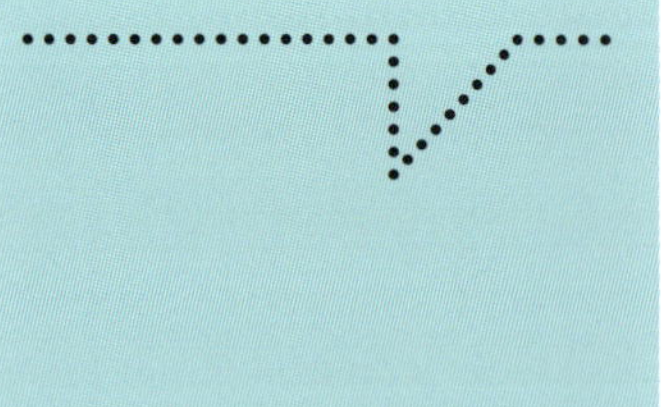

少太阳直射，不如海水温度高，所以我们特意带了厚度 0.7 的潜水服，不过，入水以后仍然觉得有些凉，看来下次要穿半干衣才行。按下排气阀下潜至 3 米时，周边还是一片幽蓝，淡水中没有珊瑚和大量鱼类，所以十分安静。

继承续下潜至 7 ~ 15 米，那些一张一翕忽闪的精灵突然就出现了，一只、两只、十只、二十只 …… 不一会儿，竟然有几百只桃花水母在我们周围翩翩起舞，犹如片片白雪飘落，让人一霎时呆住了，都忘了举起相机。

桃花水母多在早春桃花盛开时节出现，常为粉红色，在水中游动，状若漂浮在水面的桃花花瓣，因此，古人便称之为“桃花鱼”，但又明确指出，桃花鱼“非鱼也，生于水，故名之曰鱼；生于桃花开时，故名之曰桃花鱼”。

架珠天窗的桃花水母通体透明，像一把把透明的小伞一样在水中悠然漂浮，它们无头无尾，整个看上去圆圆的特别憨态可掬，并且由于晶莹透亮、柔软如绸，让人感觉它们是完全无害可以亲近的动物。桃花水母的身体中间长着有 5 个呈

DAY3

TIPS

路况

都安是个非常适合自驾的地方，兰海高速公路和国道210线都能直达县城，从县城到东庙乡的架珠屯虽然是农村公路，但是路况也非常好。

潜水

在南宁可以提前与广西潜水乐园潜水俱乐部联系，俱乐部可以提供潜水装备的租用，潜水装备300元/天/套，潜水气瓶150元/支。

住宿

都安瑶族自治县城有数家宾馆，床位充足，价格100～300元/天/间。

美食

早餐可以尝试当地的生榨米粉，价格5元/碗；中餐可以品尝当地的全羊宴，人均消费100元。晚餐可以品尝碳烤鲤鱼，人均消费50元。

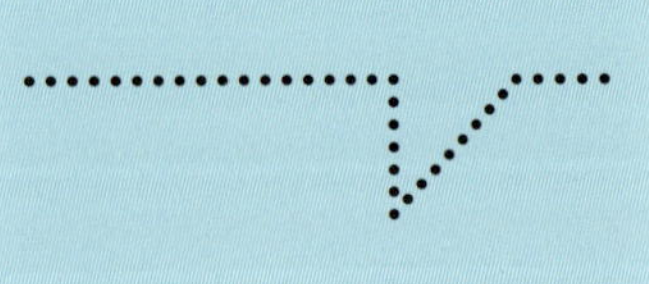

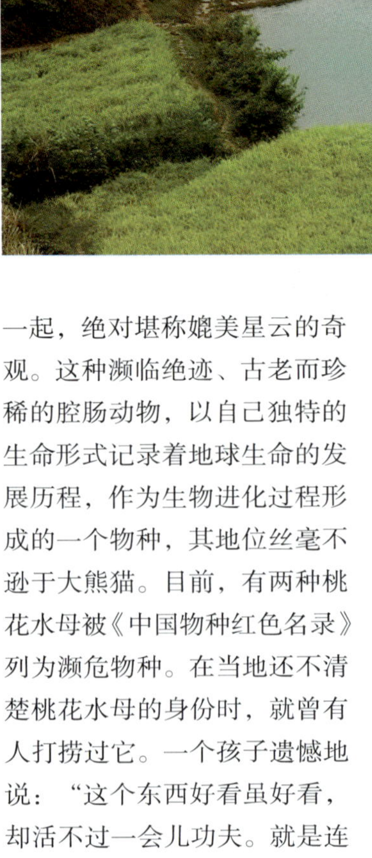

桃花形分布的触角状物体，它们虽然敏感，却喜欢悄悄地潜伏在碧绿的水草周围。一朵朵安静地悬浮着，仿如飘落在水中的瓣瓣桃花。

一只桃花水母虽然只有硬币大小，但上万只桃花水母在一起，绝对堪称媲美星云的奇观。这种濒临绝迹、古老而珍稀的腔肠动物，以自己独特的生命形式记录着地球生命的发展历程，作为生物进化过程形成的一个物种，其地位丝毫不逊于大熊猫。目前，有两种桃花水母被《中国物种红色名录》列为濒危物种。在当地还不清楚桃花水母的身份时，就曾有人打捞过它。一个孩子遗憾地说："这个东西好看虽好看，却活不过一会儿功夫。就是连湖水一起打捞来养在瓶子里或者盆里，最多也就活三两天。碰碰它就成一团儿，可没意思了。"

中国科学院动物研究所无脊椎动物学研究组组长李枢强曾表示："桃花水母颜色各异，游姿美丽，它的观赏价值很高。但它的生命的确短暂，生存时间极短，不过短短几周。而且对水质要求又很高，对水质的变化也极为敏感，因此很多地方将其当作一种很好的水质监

测指标。”桃花水母遁世都安，也意味着当地水质的洁净程度相当高。

其实广西的淡水潜水资源是排名全中国第一的，都安水母洞自从发现水母以来，吸引了包括法国、加拿大、日本、澳大利亚、香港等世界各个国家和地区潜水爱好者来潜水，其本质上还是因为广西的淡水质量是非常棒的，再加上桃花水母这种珍稀物种的存在就更加大了这个地方的吸引力。

» DAY4............【156公里】

都安—武鸣—南宁

洞里壮乡伊岭岩

车近南宁，就可以饱览这里的亚热带风光，这里的土是红黄色的，属酸性土，由于雨水、阳光充足，漫山遍野的树木蓊郁秀丽，同北方高大粗壮的松林形成鲜明的对比。如果说，桂林的七星岩以雄奇见长，芦笛岩以秀媚取胜，那么南宁的伊岭岩则是以一股浓烈的乡土气息与壮乡的瑰丽色彩出奇了。

伊岭岩，壮族语里称“敢宫”，意思是宫殿一样美丽的岩洞，因地处伊岭村而得名。它与广西许多岩洞一样，也是一座典型的喀斯特岩溶洞。此岩原为一段地下河道，因地壳上升而成洞。经过千万年水对岩石的溶蚀作用，洞中钟乳密布，千姿百态。岩洞形似海螺，深四点五米，面积24000多平方米，游程1100多米，大小景点100多个。它的洞口在一

DAY4

TIPS

路况

基本上都是柏油路，去伊岭岩要在离南宁 18 公里处下路右转，前行一公里到伊岭村。一路的县城都可以加到 93 号汽油。返程可以直接走水南高速公路从南宁到都安，然后走二级公路到独山再上贵新高速公路回贵阳。

住宿

南宁红林大酒店，五星级，商务客房 588 元 / 天，行政套房 1048 元 / 天，特色是设有专门的女士套房，为女性客人提供贴心的管家服务。预订电话：0771-2021688。

美食

南宁中山路是最有名的美食街，在这里可以品尝到地道的特色海鲜和小吃。

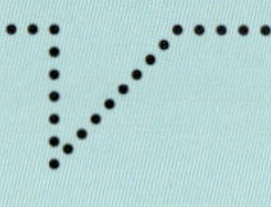

片青青绿树之后，一片绝壁之下，甚为绝妙。

到了南宁稍事休息，我们就驱车往东北方向疾驰，不到半个时辰，便到了该市辖区内的武鸣县双桥乡伊岭岩山脚下。我们迫不及待地爬上海拔 300 多米的山腰，即见蔓藤攀援，翠竹绿树遮蔽的伊岭岩洞口。俯首拾级而下，进入主洞，只见洞右峭壁下的平台上，半

立半跪着两头睁目笑口跃跃欲跳的硕大狮子，虽然难辨雄雌，却委实呈欢迎之状，令人倍感亲切。再往前走，经过一棵“满树娇花红似火”的“木棉树”下，就来到了充满丰收喜悦的“壮乡”，金灿灿的“稻穗”堆积如山，硕大的“玉米”铺金叠银，各式各样的“瓜菜”堆满屋。“壮乡”的前面是一条九曲十八弯的小路，只见回廊曲折，洞穴幽深，地势越来越高，景致越来越险奇，此时走上的就是“空中走廊”了。

溶洞看了不少，伊岭岩也未必能让人眼前一亮，但是在这里尝到了地道的壮乡小吃却是此行的一大收获。出得洞来，壮族三味茶早已备好。随便席地而坐，便细细品起来。据说这三味茶是用深山竹叶、生姜片和红砂糖冲泡而成，清香里蕴含着一丝炽烈，在这种喀斯特地形的地方喝再合适不过，既可润喉，又能驱寒除湿，喝了以后不禁神清气爽，甚至有些胃口大开。可能当地的老乡已经预料到了这一点，马上又送上了壮乡的另一个特色小食——五色糯米饭。这五色糯米饭可比三味茶还要讲究，里面用到了四色的植物汁液，即嫩枫树叶（黑），黄姜（黄），红兰草（红），紫兰藤（紫），再加上香甜的白糯米，吃上一口像是把那枫荷桂树的馥郁香气都吸进了身体，觉得自己不再是块顽石，可以上天去做神英侍者了。其实，在这奇石遍地的山岭上还可以什么都不做，找块儿干净的石头坐上它半天，有兴致的话，等着夕阳西下时看那一天红霞壮锦，就不枉走这一遭了。

静修武当山

撰文/**马明** 摄影/**杨广智**

芸芸众生，皆凡夫俗子，入山静修，不是学古人访仙问道，而是要暂别世事的纷扰，寻一个能放下自己的真境界，听一听风声水声，吐一吐污浊之气。这时最好的选择，恐怕就是那些清幽的道家圣境了。巍巍武当，皇家宫观，虽然免不了许多当年的华贵遗存，却仍不失为一个绝佳的修行去处。

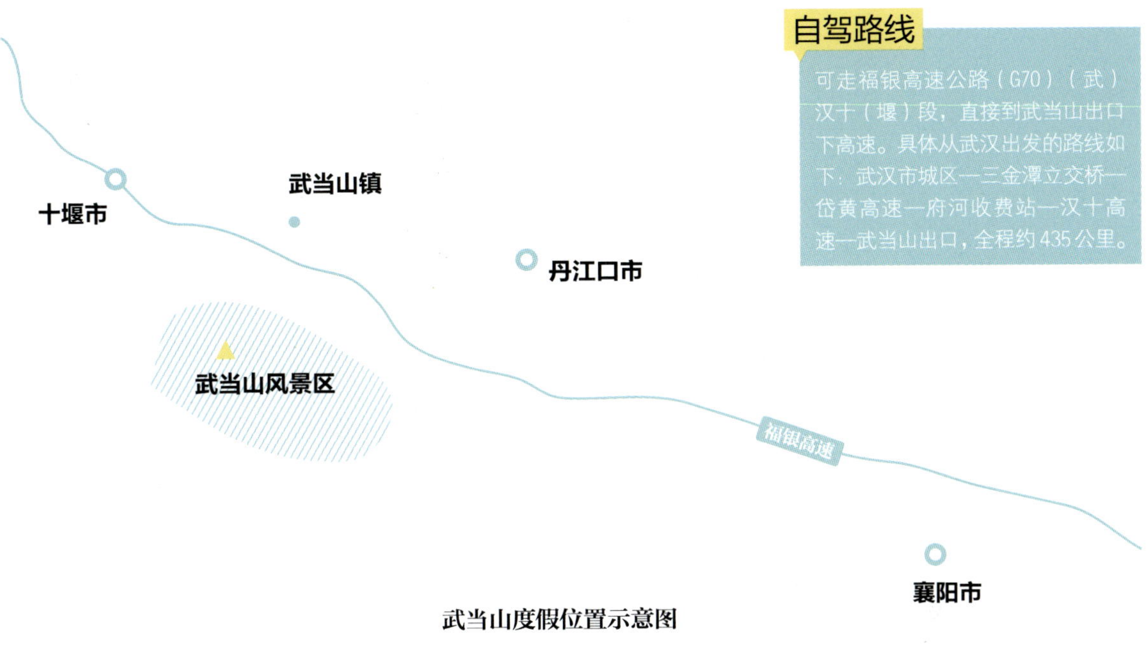

武当山度假位置示意图

◆特别提示

◆山路十八弯，体质不好的，最好备上晕车药。

◆山上的餐饮一般，价格基本是山下的两倍，道斋除外。

◆山上可以坐滑竿，从南岩到金殿十多公里的石级山路收费 80 元。

◆进入道观后不要踏在门坎上，也不要高声喧哗。不要以手指点神像，也不要背对神像。

◆“僧不言名，道不言寿”，最好不要问道人的年龄，如果没有深交，也不要问其身世。

◆武当山上许多地段都没有人烟，如果对地形不熟悉请勿贸然进入，最好请个当地向导。

◆观光车路线

进入武当山景区以后只能乘坐统一的环保观光车，比较省时的路线是太子坡（参观太子最初读书地）—乌鸦岭（游客中心）—南岩宫（武当山三十六岩中最美岩）—转运殿—太和宫—紫禁城—天柱峰（海拔 1612 米）—金殿（天下第一铜铸鎏金大殿）。

从前说不出是因为什么喜欢武当山，去过几次都是走马观花，除了觉得山势奇峻很有看头，林木蓊郁可以纳凉，宫观建筑很气派之外，没有对武当山的道家清修做过多的了解。这一次却不同，应了两位相熟的女居士之邀，给自己放了一个大假，在武当山坤道修行的紫霄宫住了月余。之后武当山就不仅仅是一座道家名山了，实际上，它成了一个内心深处的方外化境。

比起青城之幽，武当更多了几分气势，这当然得益于元、明、清几朝帝王对武当的大肆建设，宫观祠庙连绵不绝，更因为它生就一个好风水，“七十二峰朝大顶”，群山的峰势都是朝向中央的主峰，而道家以为只有“主水”的真武大帝能“当之”，所以才会有了“武当”这个名字。而建于金顶的明代金殿，在山顶小小

的弹丸之地竟可以卓尔不群，紫霄冲天，难怪历史上有4位皇帝都要在登基的第二年便来为它封号，一借这股霸气巩固王权。不过，皇帝虽称人中之龙，来到武当也享不了什么特权。金顶三重门——“人门”、“鬼门”、“神门”，中间的“神门”只供神仙出入不屑凡夫俗子，西边的“鬼门”只给鬼魅行方便哪管世间人奈何，只有东边的“人门”经常敞开供游人和道士出入，所以即使贵为帝王也不例外。这算不算是道家对“众生平等”的一种隐喻呢？

进了“人门”，灵官殿的那副对子就更绝：“好大胆敢来见我，快回头切莫害人”，旁边还插有两柄巨大的铁鞭。虽然灵官是泥塑，铁鞭也没有生命，但是谁能断定做了恶事的人到了这里内心不会胆寒呢？即使没有做过恶事，不妨也拿这里做一回荡涤心灵的净化所，让自己也尝尝心头一凛的滋味，随后便会更深刻领悟“勿以恶小而为之”的含义吧。

观世遗
大“武当”天人合一

提起“武当”，大多数人首先想起的可能不是道教，而是武功。天下武功，悉出少林、武当，这在被武侠小说熏染了的几代人头脑里都是根深蒂固的。实际上，位于湖北省丹江口市的武当山也确实是武当内家拳的发源地。由武当山张三丰真人所创的内家拳，集百家之长，又融道家的养生之道于其中，一脉相传，始终以太极、八卦等拳法为主，后来又形成了“形意、八仙、八极、玄功”等各个内家流派并流传至今。

朝拜武当山可能没机会学到什么上乘的武功，但却可以

TIPS

中国著名道教圣地

道教全真道龙门派祖庭—北京白云观
道教第一福地—楼观台
道教二小洞天—山东泰山
道教四洞天—华山
道教五洞天—青城山
道教八洞天—茅山
天师祖庭—龙虎山
武当内家功发祥地—武当山
神窟仙宅—崂山
道教名观—千山
道教丛林—八仙宫
另外还有陕西的太白山、翠华山；河南的嵩山、王屋山和大邑鹤鸣山；安徽的齐云山、天柱山和琅琊山；浙江的小孤山；湖南的衡山；山西的恒山；湖北的九宫山；江西的三清山、阁皂山；云南的巍宝山；广东的罗浮山、药王山；台湾的天后宫和朝天宫等等。

正一道与全真道

正一道以符箓、斋醮、降神驱鬼为主要宗教活动，戒律不严，道士可有家室，不必出家住庙，平时不必总着道装，做法事期间、斋戒着道装。

全真道则主张道、释、儒三道合一，不尚符箓，不事烧炼，戒律较严，道士必须出家住庙，不得饮酒茹荤。

两派道装无甚区别，只是帽子有差别，圆顶有洞，套在束髻上是全真道士；方顶如屋顶，颇似古代儒冠的是正一道士。道袍多为蓝色，夏季有时穿白短褂，正式场合还应着道袍。

从一草一木中去体会当年张真人的仙风道骨。而且，这个曾经被称为“太和山”的地方就是传说中道教主神——上古玄武（即真武）修仙得道的飞升之地。因此，它才成为中国著名的道教胜地，历代道教名流都曾在此修炼。中国道教从起源开始就非常注重自身与环境的和谐统一，所以选择的修道地点一定是山清水秀，无比幽静。而且，在历代道士对修行地的建设过程中，都会以不破坏自然环境为前提，这在武当山体现得最为明显。武当山古建筑分布在古均州城到天柱峰一线，绵延140余里，分布着数十组元、明、清历代古建筑群，是我国最大的道教建筑群。众多建筑或耸峙高峰之巅，或嵌入悬崖峭壁，或静僻涧谷，或藏身幽僻石洞。各个建筑与地形完美结合，因形就势，相得益彰，由神道贯穿其间，联为一体。其工程之浩大，工艺之精湛，意境之玄远，堪称我国古代建筑艺术的巅峰之作。

武当山现存时代最早的建筑是唐代三元庙。1990年，当地文物普查队在武当山展旗峰后坡一个巨大岩洞里发现唐代上中下三元庙遗址，其中有10多座神像、1座小殿、4座石雕螭首及泉池、1座石雕香案及摩岩石刻。唐代初期贞观年间（627 ~ 649年），均州大旱，刺史姚简在三元庙求雨，“得五龙显圣、普降甘露”。为了表扬灵异，太宗李世民在此敕建五龙祠，这是武当山历史上皇帝敕建祠庙的开始。后来唐代又建了太乙祠、延昌祠和神威武公新庙等庙宇。宋元时期，在皇室的支持和道士的经营下，武当山的宫观祠庙建筑时有增置，但也屡屡毁于兵火。直到明代，武当山道教建筑才达到鼎盛时期。现存的36处宫观大多是明代所建，是中国现存最完整、规模最大、等级最高的道教古建筑群。全国仅有十座铜铸鎏金建筑物，而武当山元代金殿是最早的一个。建于永乐年间的明代金殿则是我国现存最大的铜铸鎏金大殿。殿内供奉着“真武祖师大帝”的鎏金铜像，重达万斤。

两侧金童玉女、天罡太乙侍奉。殿内各种陈设也均为铜铸金饰。真武大帝铜像后墙壁上方悬挂“金光妙象”铜雕镏金匾，系清朝康熙皇帝手书。此外，武当山各宫观内保存的各类神像、法器、经籍等都有较高的文物和艺术价值。

武当山的规划方法和建设工艺影响深远，被很多道教建筑学习借鉴，例如甘肃的崆峒山、徽州的齐云山都是模仿武当山而建，所以，一度出现了不少冠之以“小武当”、“赛武当”的名山，不下七座，有名的主要有位于山西省吕梁地区的“北武当山”、位于甘肃省白银市的“北武当山”和地处湖北省英山县境内的“南武当山”。

悟太极
紫霄宫身随意动

何为太极？是《周易》经中那“易生两仪”的奇妙玄理？还是周敦颐笔下那“万物根源”的虚幻灵境？亦或是太极拳法中“导引吐纳”的精绝内功？今时今日，已经少有人去考证它的起源，会令人们向往的，则是“太极”二字所能让人联想到的那种境界——超脱世外，悠然于心。与太极息息相关的道家仙山、宫观，一草一木，风声云海，无一不是寻觅太极真谛的心灵圣地，无一不吸引着逃离城市的行客隐者。武当绝峰顶、青城幽涧边、齐云古松侧、三清层云前，一个个被历代道家推崇备至的名字，时值今日仍然像一个个巨大的精神磁场，散发着那样丹青水墨的灵秀之气，吸引着我们投身进去。

少年时初涉太极，一直听师傅说起武当剑，心里还在纳闷儿这武当剑跟太极有什么关系，后来才明了自己无意中却触到了太极与武当巨大渊源的冰山一角。道家认为：早期的太极拳是由古代导引术演化而成，而张三丰通过观雀蛇斗智悟出了刚柔生克制化的道理，从而创出太极拳，所以太极拳源起武当。关于太极拳起源说法林林总总，当然不能凭道家一面之词盖棺定论，但是，太极拳在武当山确实得到了发扬光大，而且又跟道家医学和内丹养生学紧密结合而形成了以养生为主、武术为辅的武当拳和武当剑却是有目共睹。

六零和七零年代的人可能都会对那部叫做《武当》的电影念念不忘。虽然里面的武打效果在今天看来十分老土，情节也未必怎样动人，但是大多数人都是从那些场面的背景里第一次认识了武当山，记住了那金顶下的爱恨纠葛，也烙下了没有缆车也没有滑竿的岁月里，那段有关南岩的记忆。曾经，有那样一个不甘屈服的女子，提着一柄长剑，拖着沉重的步子一级级石阶向金顶攀登，从山脚到山顶几十公里路，今天坐缆车不到一个小时，那时候却要爬上整整一天。可是，换一个角度去想，如果她胸中不是怀着无限悲愤的话，也许可以注意到石阶路边那些在缆车上看不到的无数风景。我们很幸运，不用去赶路，索性也就放弃了那些省力的工具，信步走去。

正如青城的"水拳"之于都江堰，武当的太极拳与这外柔而内刚的山形地势竟也不谋而合。看似峰峦叠嶂柔美的山川，胸中蕴藏着家国天下之大

TIPS

河南陈家沟
访太极祖祠，练陈氏太极

位于河南省焦作市温县城东 5 公里处。村里有陈家沟武术馆，门前立陈氏太极拳始祖陈王廷（1600—1680）墓碑。他将祖传的陈氏炮捶与山西蒋发的太极拳艺相融合，创出了后来的陈氏太极拳。

杨露蝉学拳处坐落在清峰岭下，电影《神丐》、电视连续剧《太极宗师》、小说《偷拳》所讲述的故事就发生在这里。杨露禅是在这里正式拜陈长兴为师并获得陈氏秘传拳谱的。

河北广府古城
忆偷艺大师，修杨氏太极

位于河北省邯郸市东北 20 公里处的永年洼淀内，是杨氏太极和武氏太极拳的发源地。

近 200 年来，广府古城出现了杨露蝉、武禹襄、李亦畲、杨班侯、郝为真等一批太极名家，他们广收门徒，使太极拳得到了空前的普及和传播。

目前，永年共有太极拳学校 30 所，注册拳师 67 人，近 70％的民众都练习太极拳。

广府古城有杨露蝉初逢太极的太和堂药店，缅怀一代太极宗师。广府古城紧邻滏阳河，河边有古城墙遗址平台，是太极拳爱好者最喜爱的集体修习之地，

TIPS

交通

从各地可以先飞到重庆或者武汉，再乘武昌到十堰的“武当”号旅游列车或其他车次襄渝铁路老营站下车即到武当山镇；乘汽车的话一般先乘火车到十堰，从十堰到武当山镇有高速公路。

从武当山镇上武当山的车辆很多，都是经过有关部门核准运行的，司机有跑山路的经验，票价也是统一的，可以放心乘坐。从武当山镇到南岩一般坐满即开车，行程约半小时，票价10元。

住宿

武当山镇城区宾馆很多，标间价位从30元到300元不等。山脚下的五悦景区连锁酒店武当山店，洁净的房间，静谧的环境，体贴的养生讲座，无意间让你融入整个武当道家氛围。山上的乌鸦岭一带也有许多宾馆，价格稍贵于山下。

建议住山上，最好是南岩，因为从太子坡到逍遥谷、紫宵宫、南岩是一条线，比较方便。南岩的宾馆很多，像九龙山庄、大岳宾馆等都可以。

想静修的女居士可以入住紫霄宫，与坤道们住在一起，晨课晚修，洒扫庭除，安心自在。也可以选择住在紫霄宫附近的天禄度假村，距离300米左右，标准间260元/天。

购物

武当山的烙画和玉雕工艺品很有收藏价值，土特产有蜜桔和茶叶。

沟壑；表面行云流水柔弱无骨的武当太极，也是实则含而不露，蓄而不发。这份收放自如的内力，这份刚柔相济的平和，才是那真山真水里的真意吧。

听仙乐
金峰顶悠然入境

作为道教的发源地，旅行者已对武当山都很熟悉了，但它作为中国自古以来十大避暑胜地之一，却鲜为人知。这里峰奇谷秀，洞室幽邃，景色绮丽，人称“踏入武当景远幽，六月炎夏变成秋”，是避暑纳凉的理想去处。除幽静清凉外，武当山还有很多值得玩味的避暑方式。

住在武当山金顶的寺庙精舍里，与僧人朝夕相处，就可以从早、晚课中体会武当道乐的奥妙。武当山曾是地位尊贵的皇室家庙，所以武当道乐与皇室宫廷雅乐关系特别密切，最具特色的就是其庄严典雅的气质。僧人早课属于武当道乐中的修道法事音乐。天色微明时，清风拂面，宫观朦胧，大口呼吸透着些许凉意的空气，闭目静闻僧人课诵的玄门经

文，无论是连绵不断的咏唱、念白性的念唱，还是以木鱼伴奏的诗腔吟唱，都能让人在不知不觉中沉静下来。

我虽然是住在紫霄宫里，离金顶尚有一段距离，但因为清晨的武当山分外幽静，所以那仙乐悠悠然就能飘过耳畔。这种道乐不同于我在其他道家名山所听的音乐，没有那么凝炼沉重，倒能让人产生几分长袖善舞的丝竹遐想。后来才知道，武当道乐就是从唐代至明代汉族宫廷音乐中吸取了很多元素，又跟一些民间音乐相结合，才形成了自己“歌、舞、乐”一体的风格。

我常常在紫霄宫里看到一些唇红齿白的小女道，在幽静的后院中练习舞蹈。显然这种配合道乐的舞蹈不能太过妩媚，但是她们清丽的脸庞和矫健的身姿还是能把近似于武术的道家舞蹈演绎得华美非常。很巧的是，我认出了其中的一个就是第一次来武当山时所请的导游。武当山是个不拘泥于尘世小节的地方，女道不用大门不出二门不迈，只要会说普通话，或者外语不错，她们也可以身着道服充当向导，并且那些枯燥的导游词在这些悟道的女子口中就会出离一些尘俗，让人觉得是仙家指南了。

日子久了，小道姑们都跟我成了好朋友，便邀我去听一场全本的武当道乐，这可让我大饱耳福。没想到，演奏道乐的可不是年轻人，都是一些上了年纪的高道，光是看他们庄严肃穆的样子，就足以对武当道乐心生敬畏了。噤声，仙乐已起，闭目静听。

品道茶
八仙观涤净心魂

有名山的地方经常会有香茶，武当山也不例外。不过，

TIPS

关于武当宫观道乐：

武当道乐分为声乐和器乐两大部分，旋律古雅，内容丰富，有祈愿吉祥的喜庆之乐，还有炼养清修的恬静旋律。体裁形式可分为“韵腔”和“牌子”两大类。根据演奏场合、对象和目的的不同，又可将“韵腔”分为“阳调”、“阴调”两类；“牌子”分为“正曲”、“耍曲”、“法器牌子”三类。常见器乐曲牌有【山坡羊】、【梧桐月】、【迎仙客】等，唱诵曲牌有【普供养】、【斗老赞】、【王母赞】等。

按其活动内容，大致分为修道法事、斋醮法事和纪念法事音乐三大类。修道法事音乐乃道士自我修持的日常功课，简称“早晚课”或“早晚坛”。斋醮法事音乐，是道教祭祀祈祷的仪式活动音乐，供斋念经超度各类孤魂野鬼或亡人，借以求福免灾。武当山的纪念法事活动主要有三月三、九月九、七月半、开光等。

门票

243元/人，包括景点大门票140元/人，观光车费100元/人，另外还有意外保险3元/人。各停车场收费10元/辆/天。索道一点设在琼台中观，另一点设在距金殿下100米处的绣球峰和狮子峰之间，单向运行时间不到半小时，上行50元/人，下行45元/人。

朝武当

武当山地区有“朝武当”的习俗，含有上山祭拜山神的意思。每年农历三月和八月两次。

武当山的道茶与青城苦丁、峨眉雪芽截然不同，它不是生长在高峰绝顶，却是在半山腰的八仙观。别处采茶多在春日，清明前后才能看见茶农的繁忙，武当山却不同，正当盛夏的农历六七月也要采茶。俗话说："春茶苦，夏茶涩，要好喝，秋白露"。在武当山八仙观道茶总场，品茗刚采下来略带涩味的夏季道茶，别有一番滋味在心头。

武当道茶因武当山又名太和山，所以亦名太和茶。饮此茶，能使人心旷神怡，有清心明目，心境平和之效。武当八仙观道茶总场有五大名茶——武当银剑茶、武当针井茶、武当太和茶、武当奇峰茶、武当功夫茶，因盛产道茶而被称为"中国道茶之乡"。

早在明清时期，皇家最看重的贡茶之中，便有"武当道茶"一种。明代皇帝将武当山作为皇室国庙，组织全国二十万能工巧匠大兴武当宫观14年，武当道人便将武当道茶作为贡品由派来监修武当的隆平侯张信、驸马都尉沐昕及宫廷太监，将武当道茶作为贡品带回宫廷。据有关史书记载，古时植茶、制茶、饮茶在道观寺庙风行，于是出现历代名山大川道观寺庙出名茶的现象。如碧螺春、武夷岩茶等均出自名山道观寺庙。

武当道茶并不是八仙观的专属，事实上在武当山镇周边几个地区都有类似的道茶出产。不过，拥有百年老茶树的八仙观因为在武当宫观建筑中，便占尽了天时地利人和。而且，武当道茶的制作工艺掌握得最好的也是武当道人。每逢夏日采茶季，别处可能都是一些大姑娘小媳妇到园中采茶，独独武当山却是一些戴着道帽、身着道袍的小道士在忙碌。这也算一道独特的风景吧。

TIPS

关于武当道茶

道茶妙用有其三：一是饮茶消病。茶，药书上称"茗"，俗话说，十道九医，道人十分注重道茶的药用价值；二是养生健身。饮茶能清心提神，清肝明目，生津止渴；三是修身养性。道人打坐，讲究"和静怡真"，尤其是夜里打坐，在静坐静修中，难免疲倦发困，这时饮茶，能提神思益，克服睡意，更进一步则可品味人生，参破"苦谛"。

地处北纬36度的武当山恰巧位于中国的肺部，夏季无酷暑，冬季无严寒，四季无大风，非常适宜茶树生长。1984年，湖北省茶叶协会组织专家学者来武当山八仙观等村，通过对土壤、气候、茶叶内质等进行考察论证，证实该地区拥有宜茶土壤，加之海拔高，植被好，相对湿度大，发展茶叶具有比较好的生态条件。

美食

武当山所属地区以鄂菜和川菜为主，均属中国七大菜系。广水滑肉、黄陂三合、沔阳三蒸、襄樊糊辣汤、郧县网油砂是武当山的特色菜肴。另外如果要吃武当山当地的小吃，可以去玉虚宫一带的"永乐盛世"仿古街。

武当道斋

特有的道家斋菜以菌类、豆制品、面食为烹制原料，取佛、道两家素菜烹饪之精髓，口味鲜醇，营养丰富，在紫霄宫和太和宫均可品尝到。

赤水 雨林深处

撰文 / **马明**　摄影 / **袁野**

赤水是一条河，红军四渡的典故让它名扬天下；赤水又不仅仅是一条河，在这片 145 平方公里的紫色土地上，有 40000 多株国家一级珍稀濒危保护植物——桫椤；有几百条堪与黄果树媲美的巨型瀑布；有毫不亚于武夷、都峤的丹霞地貌；有比蜀南更茂密的楠竹之海；还有一群以竹为生的人们生活在这里，他们造就了两个尘封着历史的百年古镇——大同和丙安。一次一次，我们走进赤水深处，走进这个极为完整的原生态群落。

赤水自驾及雨林穿越路线示意图

◆赤水雨林拍摄指南

在赤水拍照，可不受天气的限制，晴天、阴天、雨天都有大量的拍摄题材，但如果拍瀑布最好时间是4～6月份，尤其是端午节前后的一段时间，因为这时天气不热，树木新绿，降水增加，瀑布都已活跃起来。

由于阴雨天多，林中光线较暗，三脚架和快门线是必备的，也可带些感光度较高的胶片。这里多数是在峡谷中进行拍摄，28～85mm、80～200mm等镜头较为实用。拍摄白鹭的朋友则须准备一支焦距较长的镜头，因为人很难靠近白鹭。林中的小品很多，带上一支微距镜头是明智的，这样可以抵近特写亚热带植物的细部，充分发挥你的想象力。一定要有一支偏振镜，以去除绿叶和草地上的反光，提高色纯度。

旅游拍摄过程中要注意保护生态环境，这是不待言的。摄影家应该是保护生态环境的倡导者，应该努力做出榜样。

自驾路线

南线从遵义市出发，走新修的遵赤高速公路，经仁怀市、习水县到达赤水，全程217公里，行车约5小时。

北线从四川泸州前往赤水，比较快捷。无论是走一段成渝高速公路，还是走省道308线，差不多都是75公里左右，两个小时即可到达。

近年来，对于赤水桫椤的报道日益增多，这种1.8亿年前在侏罗纪与恐龙共存的孑遗植物，在国际上已经属于超珍稀濒危植物，但在我国贵州北部的赤水地区却仍然有4万株之多，这不能不说是一种奇迹。其实，赤水的奇迹还不仅于此。

位于贵州开平市南部40公里处的赤水地区，是从云贵高原向四川盆地过渡的地带，海拔高度从东南最高处的1730米，到西北的最低处221米，起伏巨大，断层频多。这种巨大的高度差，形成了一条条深切的峡谷，虽然不似雅鲁藏布大峡谷那样惊心动魄、激流险滩，却也造就了无数的奇观。

1500米落差，一步一个黄果树

有多少条峡谷就会有多少个瀑布群，这在我们的赤水之行中得到了充分的印证。黄果树瀑布以叮咚飞泻的美景见长，庐山瀑布以疑是银河的白浪闻名。沿着赤水南部的风溪河溯源而上，从两河口的中洞瀑布到上游的十丈洞瀑布群，

瀑布的多种形态被丰富地展现出来：或飞流直下，或奔腾汹涌，或涓涓细流，或跳跃不已。

中洞瀑布

从两河口向十丈洞去，距十丈洞瀑布约2公里的公路旁边，一条似银珠织成的水帘垂挂谷中。此瀑布高18.5米，宽75.6米，远远望去，就可以感到它的晶莹剔透，这是因为水质十分纯净的缘故。中国科学院的专家来此考察时，称它是“中国帘状瀑布的典型代表”。

鸡飞岩瀑布群

十丈洞公路两边尽是丛丛林海，鸡飞岩瀑布便隐忍于林海之间。它是一个高达284米的三级束壮瀑布，从丛林中蜿

TIPS

交通

从前到赤水的县乡道都不好走，现在则完全被高速公路所取代。前往赤水，共有南北两条路线(如开篇地图提示）。

租车

非自驾车的旅行者要注意，赤水市因处在建设期，各个景区又比较分散，只有少量的乡镇班车，出租车的即时性也一般，所以租车是个好主意。

目前各大连锁租车公司在赤水还没有设点，只有一些当地的租车公司，价钱还算合理。也可以找私人包车，一般小型车300元～400元/天。

去赤水的两大古镇，揽客的摩托车都比较多，建议慎用，因为有些地方的路况不好。

住宿

赤水城市并不大，但是可选择的住宿地特别多，很方便。只要不是黄金周，平时标准间都在70元～200元之间。

四星级酒店有赤水中悦大酒店，还有一个五星级的巨洋赤水国际酒店正在建设中。

蜒而来，层层跌落，气势不凡。

仁友溪瀑布群

风溪河是赤水的支流，越往上行便觉河水赤意渐浓，到了仁友溪河谷中，数以百计的桫椤与杂生的竹林便与赤水形成了鲜明的对照。最绝妙的是，有5条大瀑布从300多米高的山崖上呈跳跃状奔腾而下，而且节奏可以互相呼应。这是造山运动中断层有规律分布的最好体现。

暗瀑

山间有暗流，崖间也有暗瀑，暗瀑其实就是地下河在山崖的暗缝中穿行遇到落差而形成的。在十丈洞瀑布附近，便有一个只听其声，不见其形的暗瀑。我们走到那块巨大的丹岩前，就听到了一种悦耳的落水叮咚，音量很大，但又完全看不到流水。离开丹岩几步，瀑布声便立即消失了。

十丈洞瀑布群

离开赤水市30多公里，就到了风溪河汇入赤水河的地方，宽阔的十丈洞瀑布就在河口处了。看到十丈洞很容易让人想到壶口，一样是河面开阔的地方，一样是有个如刀削斧劈般巨大的断崖。所不同的是黄河混浊莫辨，风溪却格外洁净，银白色的急流，从沙田渡汇集至此，然后在断崖处呼啸而下，跌入深潭，最后归于平静，仍是一池春风，清可鉴人。此瀑布落差72米，涨水时宽度可以达到60米，便是黄河也不可小觑它了。

蟠龙瀑布群

除了在风溪上寻瀑，由赤水至四川古蔺县城的小公路旁边，也有一个会让人惊叹的瀑布群。公路穿行在一条10公里长的蟠龙幽谷里，直通向一片非常原始的黄荆老林，一条长达12级的瀑布就在这里与公路为伴。瀑布幅宽40—50米，其中第一、二级瀑布紧紧相连，高度分别为51米和23米，其余均在10米上下。公路如蛇行，瀑布便真如一条活的蟠龙，从原生的常绿阔叶林中奔腾跳跃，还要不时来个俯冲，然后直奔古蔺飞去。

四洞沟瀑布群

离大同古镇5公里，有个地方叫四洞沟，一到这里，几乎就分不清哪儿是瀑布，哪儿是小溪，哪儿是山泉了。除了有名的飞龙瀑，水雾弥漫、吼声如雷，其它如华平瀑布、大水沟瀑布，在景区4公里的河道上平均分布，两旁的沟谷里还有近20个山涧流泉，随着地势的落差皆成跌水。人处其间，已经不像是在观赏瀑布群，而是在瀑布群的心脏里舞蹈了。

2000平方公里丹霞，红透了山山水水

著名的丹霞地貌专家黄进教授考察过赤水之后，说了这样的一句话："这里丹霞地貌面积之大，发育之成熟，壮观

美丽之程度，当属全国第一！”

赤水拥有2000平方公里的丹霞地貌区，这不能不说是一个奇迹。丹霞地貌是一个地理学名词，由水平或变动轻微的厚层红色砂岩所构成，岩层呈块状，富有易于透水的垂直缝隙，经水流冲蚀等作用而形成方山或峰林地形。丹霞地貌的特征是红砂岩构成的红崖丹壁、峻峦险峰，岩石上多有红色花纹，以广东省仁化县的丹霞山为代表。丹霞山以3座山峰和数处胜景闻名天下，赤水地区的丹霞地貌却不啻数十峰、数百胜景，不仅在数量上远远超过了丹霞山，而且砂岩朱红之程度，可以说有过之而无不及。

赤水的水其实与它河之水并无不同，它之所以叫赤水，全是拜红岩的映衬之赐。赤水的红岩，就是丹霞地貌的一个重要组成部分。丹霞山多红岩，赤水除了红岩还有无数的石峰、岩洞、石柱，甚至在岩壁上随形而刻的摩崖造像，在燕子岩、长寿泉、忘归谷，数十个丹霞景致中可以看到它的万千化身。所以专家说：“丹

TIPS

美食

赤水的饮食习惯具有贵州美食的普遍特点，但同时又更倾向于重庆口味。山珍野味较多，例如名贵的竹荪，是一种竹林中生长的菌类，在这里价廉物美，不可不尝。其它各种菌类也是在赤水吃菌菇火锅必备的食材。

各主要景点都有餐馆，地方风味很浓、卫生条件好。风味小吃有豆花面、猪儿粑、胖哥烤鱼、竹筒饭、全猪汤、竹荪炖鸡、熊猫餐等。

购物

全竹地板、全竹香扇、竹编工艺、竹雕工艺品、空心保健席、赤水晒醋、玉兰片、竹荪、竹笋系列、虫茶、腊肉等。

推荐赤水5天行程

第1天：赤水市区—燕子岩—赤水大瀑布—丙安古镇　宿丙安古镇；

第2天：丙安古镇—佛光岩—五柱峰—竹海　宿金沙古镇；

第3天：金沙古镇—桫椤王国—大同古镇—四洞沟—赤水　宿大同古镇；

第4天：大同古镇—宝源梯田—红石野谷—赤水　宿赤水市；

第5天：赤水—天台山—月亮湖　宿赤水市或直接返程。

霞胜景荟萃于黔北”，这是毫不夸张的。走上丹霞的天生桥，任何人都会飘飘欲仙，以为自己是走上了真正的虹桥，要去天宫拜访了。

17万亩楠竹，与古镇居民唇齿相依

较之四川蜀南竹海，距离大同镇30多公里的楠竹之海毫不逊色。一根根粗壮的楠竹拔地而起，笔直向天，17万亩楠竹遮天蔽日，撑起一片绿色的苍穹。竹海与赤水河相生相伴，楠竹更是赤水人赖以为生的根本。几千年前，汉、苗、彝人都生活在这片竹海里，自称为竹王的子孙，以竹为自己的图腾，用竹的高节、虚心塑造自己的灵魂。

今天，生活在丙安和大同的人们与楠竹的情缘更是深厚。丙安人世世代代养竹、砍竹、编竹，用一双巧手将离开了大地的竹子赋予新的生命形式，再把这些美丽的生命送进更多人家里，让竹的灵魂与他们的生活融合一体。大同人则用一双有力的臂膀，为运载楠竹的船只保驾护航，叮叮当当的打铁声，就是他们生命的交响。当地有几句俗语：“丙安百座吊脚楼，家家有竹匠，大同七十打铁铺，户户拉风箱。”

夕阳下，坐在丙安古镇的场镇上歇息，看一位竹匠飞快地编着竹活儿，旁边都是售卖竹器的小店。我看着眼前那条石板路，上坡似要通天，下坡似要入地，而他们的房子就建在这里，每天在如此崎岖的陡壁上安眠。

在这三面临河、距离河面20多米的陡坡山脊上，丙安人硬生生建起了这一座座吊脚楼。他们依山凿岩，撑起数根结实的立柱，前半面用木柱支撑临河的部分，后半面则靠着岩石落地开户。形貌虽然相同，建造结构却迥然有异。挑承式的是悬空楼；不安砌墙壁、不派作它用的是虚脚楼；形似悬

TIPS

门票

十丈洞景区：40元/人；四洞沟景区：30元/人；燕子岩国家森林公园25元/人；竹海国家森林公园25元/人；桫椤保护区25元/人。

安全

遇到雨天或接近瀑布，为了不耽误拍摄和保护相机，一定要准备好雨具，宾馆提供的塑料雨帽是很好的保护相机的代用品。

山间道路石阶很小，有些地方青苔很滑，必须小心，同时应随身携带一些外用的急救药品和防蚊叮、蛇咬药。

山里有不少羊肠小道。进山时最好有向导带路，以防迷路。

冬季这里虽无雪，但会下冻雨，山陡路滑，自驾车前来的朋友应注意。

特别提示

佛光岩和五柱峰在同一个公园里，如果不是运动健将就建议从左边上，到佛光岩的第二级观景台后原路返回，到起点后再从右边上到五柱峰的观景台即可。如果两边都登顶再下山，恐怕很多人会支持不住。

如要看梯田，就要到八月底九月初再来赤水。

夏季里如果能遇到阵雨的话就幸运了，雨后的景区焕然一新，山谷里升起云雾，宛如仙境。

空楼、虚脚楼而无底楼，以一根或木柱或石柱（砖柱）托起整幢楼房的，就是无底楼。吊脚楼有 4 排 3 间或 5 排 4 间为一幢的，也有 3 间正房再搭一个“偏房”的。每幢木楼一般分为 3 层：上层住人或储物；中层住人或用作铺面；下层楼脚或围棚立圈饲养牲畜，或者充作杂物间；无底楼则干脆腾空，只见一根楼柱。住人的一层，旁有木梯与上下楼层相接。楼上中堂面向辟岩平地而成的狭窄街道，宽敞明亮，由数量不等的木板拼装成可拆卸的板门，门窗通用；逢赶场天，中堂门庭若市，生意火爆。中堂前屋檐下装有檐板，檐板雕刻镂空，镌刻出“龙凤”、“人物”等图案。中堂后屋檐下则由平板精装与楼板相连接，形成一个木楼阳台。这样盖的楼，低的有二三丈，高的达四五丈，既少占了土地，又干燥通风，真是不得不佩服先人的智慧。

大同古镇在赤水河左岸，距丙安 18 公里，70 年前这里曾经繁荣到极点。半山腰的镇子下，沿河用红石砌成的码头很有规模。好的时候码头上常常停泊着载满货物的商船。这些船多从下游运来布匹、花纱以及川黔两地所需的洋广杂货，川黔边境内由旱路而来的各种土特产、生熟药材均在此交货转运。木材竹筏沿江而下时，半个河面都是楠竹。渐渐的，小镇成了盐商、货船补充供给、修理船帆的停靠点。自然而然地，与修船有关的打铁手艺也就发扬光大了。那个时候，大同镇最出名的就是铁匠铺，旧船上用的铁钉、铁梢之类的小铁具成了大同主要的工业品。最繁荣时，安顿了不到 300 户人家的小镇上，竟开了六七十家打铁铺子。听老辈人讲，那时候镇上很少有清静的时候，一天到晚不是叮叮当当的打铁声，就是拉风箱的呼呼声，伴着船来船往贺喜请安的吆喝，热闹就出来了。

鲜为人知的资源海洋

赤水具有亚热带生物生存和活动的条件，其森林植被地带类型属贵州高原偏湿性常绿阔叶林地带的赤水河谷中山樟栎林、松杉林、毛竹林小区；植被类型分属中亚热带常绿阔叶林、针阔叶林混交林、针叶林和竹林四个群纲。全市森林覆盖率达 63%，其中有我国罕见的中亚热带常绿阔叶原生林 43 万亩；有野生植物和野生（脊椎）动物 1000 多种，其中有桫椤、小金花茶、赤水蕈树等重点保护珍稀植物 23 种，有云豹、长尾雉、苏门羚等重点保护珍稀动物 22 种。全市竹林

面积60多万亩，其中楠竹40万亩，杂竹20万亩，有各类竹24种。年产木材4万立方米，楠竹500万根，杂竹20万吨，竹笋5000万公斤。物产有南亚热带的荔枝、龙眼、香蕉、柚子等水果成为主要品种，柑桔、桃、李、梨、樱桃、柿、杏、葡萄、石榴等水果一年四季充斥市场；中草药种类达300多个，其中以石斛、黄柏等最为著名。

赤水地层较新，矿产不富，出露地层全为陆相积成。主要矿藏资源有天然气、盐卤、硅砂、石灰石、煤、铜，并以天然气为主，据初步探测，地质储量达14.3亿立方米，远景储量193—778亿立方米，分布在文华、旺隆、官渡、两河口、宝源等乡、镇、办事处，现年采量2千万立方米，是贵州省目前最大的天然气产地。煤贮量达2400万吨，为无烟优质煤，现年产4万吨。

赤水境内水利资源丰富，有大小河流352条，总长度1255公里，其中流域面积大于20平方公里的河流26条，总长度335公里。全市河网密度达到0.7公里/平方公里。水资源总量100亿立方米，其中地表水资源总量为95亿立方米。境内有各类水库、山塘800多处，蓄水总量达3000万立方米。水能资源蕴藏量33万千瓦，现已建成大小电站45座，装机容量2.08万千瓦，年发电量1亿多千瓦小时。

PHOTOGRAPH

行摄专辑

且自驾且拍照，这是行摄最初级的定义。对于热衷于公路影像的摄影师来说，公路便如一面明镜，踏实地反映一切与公路相关的色调——远山如黛，碧空如洗，湖蓝泛青，新芽吐绿，残阳如血，沙漠昏黄 …… 除了大自然的原色，还有少女鬓边的小雏菊、汉子头上的英雄巾、婆婆手中的花围腰、孩子腕上的五色丝 …… 如果说路边可以演绎生活的一幕幕片段，那么公路就像是一卷卷未开封的电影胶片，路在脚下延伸，生活便被一点点录制。

在春末夏初的时节里，我们枕着银河入梦；天幕中最亮的一颗恒星为我们引路；我们开始坚信乌蒙的云层中总会透出亮光。本是沧海一粟的我们，走完了这趟旅程，感受到的竟是日月同辉的魔力。

拿照相机的人没有几个愿意拍摄皇帝陵，这活儿跟挖坟没什么两样。十几年来我曾经下大力气拍摄了近五十座中国皇帝陵，碰巧儿有几张看得过去的片子，但是真到拿出来用的时候却屡遭碰壁，除了专说帝王陵的稿子，其他地方没什么用处，再好看的片子也没人挂在自家的客厅里。甚至前年北京奥运会时宣传“人文北京”的摄影展览，也被人以委婉的理由取消了展出资格。因此，中国的摄影人在这个题材上下功夫的人不多。编辑替我选了几张照片，还有过去写的几段拍摄帝王陵的小文字，披露了一些当时的实况，影友们可作为参考。

— 梅生 帝王陵三年一束光 —

— 夜空中最亮的星 —

拿照相机的人没有几个愿意拍摄皇帝陵，这活儿跟挖坟没什么两样。十几年来我曾经下大力气拍摄了近五十座中国皇帝陵，碰巧儿有几张看得过去的片子，但是真到拿出来用的时候却屡遭碰壁，除了专说帝王陵的稿子，其他地方没什么用处，再好看的片子也没人挂在自家的客厅里。甚至前年北京奥运会时宣传“人文北京”的摄影展览，也被人以委婉的理由取消了展出资格。因此，中国的摄影人在这个题材上下功夫的人不多。不过，要真喜欢这事儿的朋友也可以试试。编辑替我选了几张照片，还有过去写的几段拍摄帝王陵的小文字，披露了一些当时的实况，影友们作为参考，不知是否合适？

秦始皇兵马俑一号坑全景图

梅生
帝王陵 三年一束光

撰文、供图 / **梅生**

牺牲的士兵

五分钟的灵光与三年的准备

“日影斜了。我趴在兵马俑一号坑的坑沿上，四肢紧贴着冰冷的土地，一束斜阳穿透展览馆的桁架钢窗，影子慢慢地在兵马坑上爬行。我双眼紧盯住那束阳光，心跳有点儿快，手心发潮。”现在翻翻从前的摄影手记，想起那几分钟的时间，心潮依然澎湃。

“三月早春，连绵细雨，今日放晴。亮晃晃的太阳挂了一天，傍晚将近，急似下坡车，一个火红的圆球在山脊上滚动。

威风扫六合的秦军将士在烟尘滚滚的黄土高原上行进，纷乱的步伐带着疲惫，追赶着那个山脊上滚动的圆球。

一个身负重伤的兵士突然倒地，沉重的头颅摔成一堆碎片，四肢插进泥土里。画角长鸣，秦军将士马不停蹄，急速向前。残阳如血，照在铠甲战袍之上，破碎的衣角在烟尘中抖动。一个军士回头看了一眼倒在地上的同乡，眼神里充满

TIPS

梅生摄影器材说明：

骑士 617 宽画幅相机；哈苏 503 方画幅相机；佳能 135 相机：镜头从 16 毫米超广角到 400 毫米长焦距都用过，和构图、用光一起，形成一套语言体系，把帝王陵寝的拍摄说明白。

梅生个人简历

梅生，生于南京，长于北京，毕业于天津大学。自幼学习书法绘画，从事摄影记者，美术编辑工作二十年，兼作音乐策划，摄影，旅游，人文地理专栏作家，艺术院校摄影教授，摄影策展人。曾发表摄影评论及学术文章 50 余万字，摄影作品 2000 余幅。拍摄《古都寻梦》——中国皇家文化系列与《沧海遗珠》——中国世界遗产系列，涉及大量皇宫皇陵题材，堪称中国帝王陵拍摄经验最丰富的摄影家。

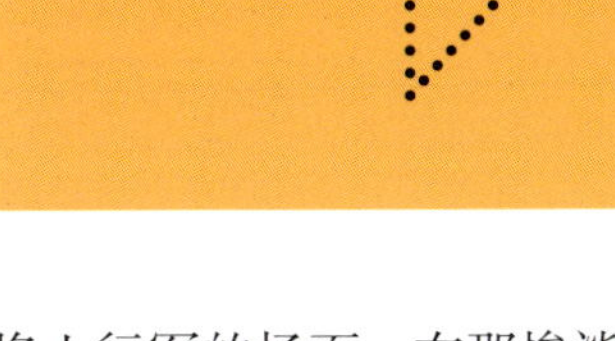

着哀伤，却依然脚步匆匆。

那个火红的圆球摇摇晃晃地滚下了山脊，四周立刻陷入一片黑暗，大队兵马走进长长的墓道，列队站定，一处静寂，只有几匹性格暴烈的马摇晃着缰绳，发出几声悲鸣。

一个胶卷已经拍完，几分钟的时间，我似乎目睹了秦朝将士行军的场面，在那惨淡的夕阳扫过兵马俑的瞬间，复活了一个庞大的地下军团。历史和现史，战场与陵寝，奇妙地交织在一起，都缘于那富于灵性的夕阳一瞥。灵性的光复原了灵性的历史。

为这一束灵光，我等了三年。

拍摄皇陵用光的事比较复杂，陵寝建筑分为地上地下两部分，开放参观的陵寝又都建成博物馆的形式，光线大多是室外自然光和室内人工光的混合光，有时还要用摄影灯补光，拍摄时就只能见机行事了，但也会有出奇意外的效果。

现在摄影爱好者大多使用数码相机，可改变的感光度（ISO）可以应付复杂的光照条件，但要获得高素质的照片，需注意高感光度带来的噪点干扰。在有可能的条件下尽量使用三角架，当然这在许多陵墓类的博物馆是不允许的。

曾经三次拍摄兵马俑，都是处于暗淡的散射光之中，兵和马都黯然无语。后来看到秦始皇兵马俑博物馆馆长袁仲一先生写的《秦兵马俑》一书，第 47 页上一幅小小的插图照片强烈地吸引了我——夕阳穿过在俑坑中纵向排列的兵马俑，在俑的肩头、发髻上留下一道灵光，兵马俑跃跃欲试，奋勇向前，这幅小小的插图给我的印象竟然如此强烈，以致每看到夕阳下的人群，都会想起秦始皇陵那千军万马的兵马俑。于是我遍访专家，了解到每年农历春分前后，如果是良好的晴天，在太阳落山前的几分钟之内，阳光会穿过高度为 6 米的玻璃钢窗，投射到兵马俑坑之中，沉睡千年的兵马俑会在瞬间“复活”。阳光和阴影中强烈的色温变化使得兵马俑的场面气氛极为悲壮。于是，我守候了三年，终于在2007年3月20日这一天，在连续三年的阴雨之后，捕捉到这神秘而富有灵性的瞬间，牺牲的士兵，褴褛的战袍，强化了一种悲剧意识。

世界文化遗产的拍摄不同于单纯的文物照片，若能在特定的条件之下如光线、气氛、场景来完成对历史的图像解释，才能突出文化的意境。一个摄影人在历史和现实之间架起一座思维的桥梁，建桥的方案来源于摄影人对文化遗产的理解与判断，建桥的材料来源于特定的摄影语言。

激动人心的五分钟，得到三张理想的照片，三次拍摄的探索，十几本兵马俑专著的引导，发掘现场知情人的寻访，一张照片的启示……五分钟的成功与三年的准备。

牵马的士兵

骑兵俑

把最有代表性的置于镜头之内

构图是个大概念，一座帝王陵成千上万种视觉元素，选取最有代表性的置于镜头之内，才能说明问题。我把帝王陵作为中国皇家建筑文化的整个体系来表现，皇家宫殿，皇家陵寝，皇家园林，皇家寺庙是帝王事死如生，造坟这件事儿就跟建宫殿一样重要，体制上也如出一辙，讲究“前朝后寝”，阴间的事和阳间互相对应。

把道理弄明白了，拍出的片子就有些道理。中国的帝王陵举世闻名，说起来都是世界文化遗产，片子得有分量，与帝王陵的身份相称。于是对自己有个基本要求：文献性，学术性，艺术性。“文献性”讲究的是系统，最起码也得具备资料性，要不这片子就真没什么用了。“学术性”讲究的是严谨与深刻，言之有物，有论点有论据，一组照片要说明一个问题，属于“影像学“的范畴，是一种做学问的方法，这事儿比较深，一般摄影爱好者没必要下这个功夫，不好玩。“艺术性”很多人感兴趣，但那需要“独立的表现方法和独立的人格精神”所支持，又要下大力气，优良的摄影器材和不可复得的机会，单一个“气韵和内涵”就如何了得，把死的拍活了，挖坟的事儿不好干。

秦始皇兵马俑的考古专家在清理俑坑西北角二层台时，先用尖头铲轻刮土层看堆积

步兵俑

土的颜色变化，之后用铁针测试土层硬度，发现长方形的一小片土质略松，深度较浅，于是改用平头铲和毛刷清理，层层刮离之后，一个清晰的赤足足印显现出来，足趾、足掌、脚弓结构完整，甚至某几个脚趾的趾纹都清晰可见，比对土层上的其他遗留物，可以明确地断定为当时修筑陵寝的土匠足印。

两千年前的真人足印。它不是文物，但这种能与古人肌肤相亲的感觉弥足珍贵。另一例，俑坑坡形门道基层的最底部，一条车轮轧压的车辙印痕显而易见。车辙印灵活的进退和转折，非独轮车不能为，虽然秦代独轮车尚无实物发现，但这条车辙印却提供了有力的实证。

一个足印，一条车辙，在五十余平方公里的秦始皇陵区如沧海一粟，微乎其微，但由此而印证的古文化信息却至关重要。自然现象和人为现象，物质痕迹和非物质痕迹，由迹象探讨行为人的思维活动，凡此种种，考古发掘的工作方法对摄影的思路有着无可非议的重要意义。

之所以不厌其烦地介绍了足印了车辙的发掘过程，是对摄影人浮躁心态的一种警示。当我们冲锋陷阵一般去追求冲击力震撼力的终极视觉效果时，却忽略了多少具有重要价值的文化遗层！但当你从文化遗层中发现了老祖宗的思维活动，例如车轮的陷落，拉起后的绕行而过时的所思所想，此时的欣喜不仅仅是肌肤相亲了，简直就是在与古人直接对话。一个拿着相机的当代摄影人在听着一个推着独轮车的古代工匠絮絮叨叨地抱怨着天气的恶劣，工作的繁重，厚重的古秦语控制着按快门的节奏。

摄影的终极目的是保存文化信息还是追求感官刺激，文化遗层的发掘方法或许能给一些有益的启示。当参观的游人惊诧地睁大双眼，当来访的外国政要盛赞世界上又发现“第八大奇迹”时，一位古代文化

行军途中

的发掘者却默然无语，顺着一条独轮车的印迹走进古人的思维深处。

一幅全景照片的概念探索

1996 年二号坑开始发掘，为保护重要的遗迹，先在遗址上修建保护大厅。当表层清理完毕后，需要拍一张全景照片，作为遗址发掘后修复文物复原原貌的重要依据。但已建好的保护大厅净空高度仅 7.1 米，垂直俯拍的面积仅为 6 平方米左右。考古队的摄影师夏居宪先生经过精确计算，在二号坑上空建立起纵横坐标系的方格形拍摄控制网，把相机悬吊在控制网的纵横坐标点上，镜头垂直于拍摄对象，用遥控器发指令拍摄。经过数十次试验，终于把 6000 多平方米的二号坑遗址发掘现场，用 1000 多张照片拼接志一幅完成的图像，天衣无缝，色调和谐。合起来是全景照片，拆开后又是遗址的局部特写，可根据学术研究的需要挑选任一遗址遗物进行放大，科学性，资料性，实用性，观赏性兼而有之。

1996 年，摄影还没有现在这样方便的数码技术，1000 多个拍摄点，6000 平方米的遗址全貌，历时 3 年，艰难困苦，非文字难以表述。

无缘见到照片的拍摄者夏居宪先生，仅在此致以一个摄影人的崇高敬意。这幅巨作开创了中国考古摄影之先河，是一种真正意义上的人类对自身文化行为的纪实摄影，其文化意义或许还不被人所理解，作者的声名尚不为人所知，或许以世俗的标准衡量永远不会得到影展或影赛的大奖，但就一项世界文化遗产的传播与研究，功不可没。

近两年摄影人对于摄影状态的兴趣远远大于摄影的本质，艺术摄影，纪实摄影，新闻摄影，观念摄影各自割据，占住自己的地盘不放手，功利的因素居于主导地位。站在大摄影的角度上，摄影的状态则“全付笑谈中”了。这张二号坑全景图，影像的表现可谓纪实，拍摄的方法可谓观念，1000 多个坐标点的实施工程可

重见天日的秦俑

谓行为，在千分之一的局部影像上又相当艺术。中国摄影界的各路豪杰似乎还没有一个人肯下三年的功夫来完成一幅包括各种摄影观念的巨幅全景照片，一张国展金奖的作品与之比较也相形见绌，当我们面对这样一幅真正具有重大价值的照片时，良心会做出准确的判断。

世界遗产的拍摄当涵以世界性的包容。反映人类数万年地球数十万年的重要遗存，仅以一种观点一种方法来解释显然是不完整的。借夏居宪先生的兵马俑坑全景图来引申出“大摄影”的概念，只是一个缘起，或许夏先生的全景图对“大摄影”的表现也并非全面，但众多摄影人对世界遗产的图像解释，会逐步形成一个完整的“大摄影”的概念。

站在世界遗产影像之巅，用全视觉的角度，平和的心态，多元文化的包容来看待影像的纷争，只为那些耗费心机，徒劳精力的摄影人感到痛心。

真正的价值在于文化的本体，而并非表现的形式。世界遗产的价值已被全人类所公认，影像只不过把它展现出来。至于形式，无所谓，摄影人的话：

秦始皇在位三十七年，做了三件事。

统一中国，修长城，建一座陵。

为天下，为家国，为自己。

登基时才 13 岁，22 岁亲政后才开始干事，27 年留下了两个世界文化遗产。

长城和秦始皇陵已被公认了，统一中国这件事也含隐着“非物质世界遗产”的概念，只是无法明确的认定。

伟大，有了具体的物质表现。

1974 年 3 月 29 日，中国西北的三秦大地上，农民杨志发在打井，一镢头刨出个真人大小的陶制泥人，一个庞大的地下军团昭示天下，一个世界文化遗产被发现，“世界第八大奇迹”诞生。

秦始皇陵陪葬坑马俑

之后 3 次拍摄兵马俑，看了十几本有关后马俑的书，得益最大的当属兵马俑博物馆馆长袁仲一先生的学术专著《秦兵马俑》。沿着这位考古专家

夜色下的马夫

在发掘报告里的思路走下去，一个明确的拍摄方案逐步形成，又看到考古摄影师的图片，使我在世界遗产的专题拍摄中建立了“大摄影”的概念。摄影只不过是人类文化表现形式当中一种，偏狭地用摄影中的某一观念来表现世界遗产都是不完整的。有容乃大，世界遗产这样一个伟大的题材还容不下摄影中的不同观念吗？！

至此，将艺术摄影，纪实摄影，报导摄影，观念摄影，纯摄影统统归结到大摄影的旗下，还有什么题材拍不好的。大摄影需要大制作，在这里具体指导的是概念。

把摄影这事儿说大了，不过是一件工具，一种手段而已，也确实有眼高眼低的区别，与个人悟性的学养功夫有关，相机好坏，起不了决定性作用。

忍不住又翻看袁仲一先生的《秦兵马俑》，处处闪耀着智慧之光，把这智慧之光曝光在底片上，兵马俑的片子就比较耐看。

夜空中最亮的星

撰文／**谢博识** 摄影／**张锦** 绘图／**刘超**

在春末夏初的时节里，我们枕着银河入梦；天幕中最亮的一颗恒星为我们引路；我们开始坚信乌蒙的云层中总会透出亮光。本是沧海一粟的我们，走完了这趟旅程，感受到的竟是日月同辉的魔力。

按星空运转规律，一般把春分（每年 3 月 21 日）前后晚 10 点至 5 月 21 日晚 6 点的星空称为“春夜星空”。夏、秋、冬夜星空以此类推。

TIPS

春夜星空

◆主要星座：大熊座、狮子座、牧夫座、室女座等。

◆亮星：大角星、角宿一、轩辕十四等。

春夜星空最好辨认的是大熊座的“北斗七星”，春夏秋冬四季，北斗七星斗柄指向的方向分别是东、南、西、北。将北斗七星中天枢和天璇两颗“指极星”的连线延长5倍，就可以看到北极星。沿着北斗七星的斗柄继续向东延长，还可以看到一颗一等星，它就是“大角星”，大角星是牧夫座的最亮星。继续延长斗柄，在东南方低空还能看到一颗亮星，它是室女座的最亮星“角宿一”。大角星、角宿一和狮子座的亮星五帝座一排列成一个三角形，这就是春夜观星的“春季大三角”。

早上8点半，飞机窗外红绿色相间的砂砾岩一眼望不到尽头，朝阳沿着飞机航行的方向把这片丹霞地貌一点一点染成金色。太阳好像在和飞机一起高低起伏，奇峰异石仿佛沿着游移的航线幻化成巨龙，腾云而去。不多时，西宁到了。

西宁的太阳有股沙子的味道，阳光和煦又浓郁，但我们却盼着这光明早些褪去，因为当夜色降临，天幕上繁星点点的时候，就是旅程正式开始的时候。从西宁经祁连山、张掖、武威至兰州，拍摄西北大地上最美的星空，追寻夜空中最亮的那颗星，是我们这次旅程唯一的目的。

【302公里】

西宁—茶卡盐湖

盐湖边

盐晶、繁星相互辉映 照亮我心

我们在西宁市区租了车，直奔青海湖，谁知天公不作美，广阔的湖面涟漪阵阵，这样无法拍出星空倒映在湖面的效果，于是果断告别这片青色的海，转战茶卡盐湖。

去茶卡盐湖观星是同行的一位久居富士山下的旅人的提议。他在日本生活了20多年，爬过上百次富士山，休假的时候，他经常独自背着一顶帐篷上山，一住就是一周。日本人对盐情有独钟，在考试、工作、

出行时常会携带一包盐，寓意幸运降临。平常在就餐时为了不破坏食材的新鲜，又能改善味道，他们经常也会撒一撮盐。这位对日本“盐俗”深有研究的同伴，对中国的产盐地也了若指掌，他早就查阅过茶卡盐湖的有关信息，这次错过了青海湖，竟满足了他亲历盐湖的夙愿。

从西宁去往茶卡盐湖要经过两条首尾相连的公路：国道214线和京藏高速公路，路两边青绿色的草甸和远处的红色丹霞奇峰相连，红色和绿色填满了车窗外的景致，它们的美丽就像交通信号灯一样，能够左右着我们的人生旅途走走停停。在宽阔平坦，人烟稀少的国道上，我们仍然不敢肆意疾驰，因为不时会有一两只迷途的牦牛在路上晃悠，与它们四目交会时，那悠哉的眼神仿佛在规劝我们放慢脚步。

这片土地上的植物和动物让我们的心情开始腾飞，对今夜将要面对的星空，也更加期待。傍晚，我们顺利抵达茶卡盐湖，这里果然如同伴所言，是柴达木盆地上一块璀璨的结晶。这里的温度是10℃左右，盐湖的外缘依然能看到大小不一的结晶，结晶里含有丰富的矿物质，它们并非我们之前想象的透明色，而是青色。

我们在盐湖边安营扎寨，咸味的微风起一阵，停一阵，云朵在湖面上空流动得越来越快，几乎是一个转身的时间，云朵、微风都消失了，一张青黑色的大幕挂了上去。在这片空旷无垠的土地上，我们就这样毫无准备地迎来了第一晚的星空。庞大的恒星群组成的银河仿佛是条中轴线，把盐湖划分成东西两块。繁星随性地把这张大幕填满，它们和地上的盐晶一起闪烁，微弱的光芒聚集在一起，照亮了整个湖面。我们关掉帐篷里的照明灯，感受着这天地之间的光，慢慢点亮我们的心。

茶卡盐湖边有一节已经废弃，用作观赏的火车车厢，叫做“盐湖号”，我和同伴们一起走出帐篷，倚靠着旧车厢，仰望星空，想象着自己乘坐一辆“极地特快”奔向天际，摘下了自己星座星群里的一颗星。

第一天的星空之旅，就在突如其来的异想天开之中过去了。

【229 公里】

茶卡盐湖——祁连山

山岭中

古道边 山岭间 七星斗柄向东延

这次追寻星空的主题让我们自动屏蔽了白天里的风景，白天只剩下赶路和充饥。我们从青海湖以西往北走，除了国道 109 线之外，基本都在环青海湖公路上行驶，今天的终点是海北藏族自治州，也是祁连山的所在地。

由于第一天刚到西宁，对路线还不太熟悉，中途又更换了营地，面对盐湖上的星空，我们只能仓促一瞥。于是，第二天同伴拿出了星图，在春季和夏季能够观测到的星座边做上记号，还将两只手持双目镜从背包深处放到手边。准备工作完成之后，我们剩下唯一能做的就是——等。等天黑，等一轮明月从祁连山腰爬到顶峰，等繁星布满夜空，比昨日更加璀璨。

此时，车窗外在祁连山脚下向前方伸展的古道就是河西走廊了。在这条古丝绸之路和祁连山脉之间夹杂着一系列北西、南东走向的山岭，我们决定在其中一个山岭中驻扎下来。不像拉脊山、党河南山、大通山，我们所驻扎的这个山岭没有名字，它位于柴达木盆地北缘，一个个大大小小的盆地让它和祁连山相连。

夜幕再次降临。从祁连山的褶皱里仰望这片星空，宛若乌托邦的理想胜地。

出发前，天文界的朋友告诉我们，每年春分前后的晚上 10 点、4 月 21 日晚上 8 点和 5 月 21 日晚上 6 点是观测“春夜星空”的最好时间。我们正好赶上了 5 月初的一天，此时的时间是晚上 8 点，除了满天的繁星和山岭的轮廓，我们什么也看不到了。春天明朗的夜晚，最容易辨认的就是大熊座的“北斗七星”，我们根据星图，透过双目镜，仔细观察，恨不得能过滤每一颗星。一组同伴根据“斗”的形状来寻找北斗七星，另一组同伴更希望先找到最亮的北极星。

当天空中七颗星星的走势和星图严格对应起来的时候，山岭间响起来一阵短暂的欢呼。七颗星呈一个倒扣的烟斗形状悬挂在空中，斗柄向东延伸，将天枢和天璇两颗指极星的连线延长近 5 倍，在偏北方向靠近地轴的低空，我们找到了北极星，这颗距离地球 400 光年的恒星身上，留下了多少古代天文学家的尊崇。千百年来，人们靠它的星光来导航，因为它只存在于一个方向——北方。北

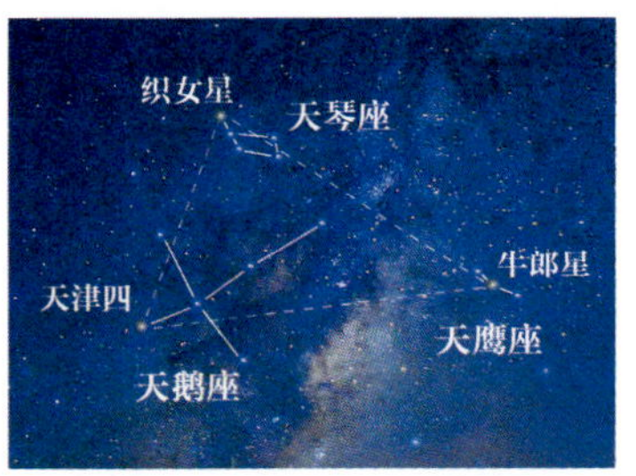

TIPS

夏夜星空

◆主要星座：天琴座、天鹰座、天鹅座、天蝎座、人马座等。

◆亮星：织女星、牛郎星、天津四、心宿二、南斗六星、八角琉璃井等。

夏季星空壮丽的银河从东北贯向西南。位于银河西岸的天琴座的最亮星就是家喻户晓的织女星，附近的几颗亮星组成了一个菱形，这就是织女的梭子。而位于银河东岸的天鹰座最亮星，就是七夕夜与织女渡河相会的牛郎星。在天鹰座南方，一个巨大的十字形星座像展翅的天鹅，这就是天鹅座，天津四是它的最亮星。牛郎、织女与天津四之间呈一个三角形，这就是“夏夜大三角”。

极星的星光，让我想到了半路上遇到的牦牛的双眼，散发的都是透亮、纯净的光。

可能是山间的天空更加透亮，我们继续顺着北斗七星的斗柄向东寻找，还有一颗泛着淡淡橙红色光芒的星，它就是一等星“大角星”。我们肉眼可见的恒星亮度分为六等，一等星最亮，六等星最暗，全天一共只有21颗一等星。在大角星的右下侧，也就是斗柄的东南方向，还有一颗泛着蓝光的一等星角宿一，它和大角星一起串联起了春夜星空的大曲线。

【185公里】

祁连山——张掖

丹霞间

冰沟丹霞里企盼狮子座流星雨

连续两夜的观星后，再面对众星消逝的白昼，我和同伴不约而同地有些低落。整夜观星，我们几乎产生了错觉，好像夜晚比白昼更加明亮。

从山岭上下来，再次行驶在平地上，赶往张掖。沿着连霍高速公路一直走，直到尽头就是古城张掖。这座古丝绸之路上的重镇，现今仍有“塞上江南”的美称。城市里寺庙和会馆林立，第二大内陆河——黑河，穿城而去。

我们原计划的目的地本来是张掖丹霞地质公园，旅居日本多年的同伴建议我们绕开热门景区公园，寻找一个冷僻的地点，比如冰沟丹霞。同伴又说对了，张掖丹霞地质公园的门口被游人挤得水泄不通，而距离这里13公里的冰沟丹霞却似无人区。这里的丹霞峰丛颜色更多层次，红、橙、黄、绿、灰，好像一位位披挂着彩虹的壮士，伫立在山间。

在一个相对宽广的峰顶，我们快速搭好了帐篷。酒精炉上的水沸腾的时候，夜刚好到来。吃完泡面，我们每人手持一个手电筒，照亮这片丹霞山峰的每一条沟壑，一位同伴说，这是在给星星展现地球上纵横交错的道路，如果有一天它们陨落，它们将会知道自己身处何地。我们默默赞同这个诗意的想法，手电筒的光逐渐伸向天空，对准其中一颗星星，当光束对接的时候，或许就是星星在跟我们对话。

在这个季节，除了北斗七星，最容易观测到的星座还有狮子座。狮子座是春夜星空里一个壮丽的大星座，也是黄道12星座之一，它就像狮子一样盘踞在高空。我们面向南方，顺着北斗七星的指极星向南延伸，不费什么力气就看到了狮子座的全貌。如果不发挥想象力，狮子座看起来更像一个反写的问号，6颗亮星组成了它的头部，3颗星组成了一个三角形，勾勒出狮子的尾部。在整个狮子座星区里泛着青白色光、最亮的那颗就是一等星“轩辕十四”。

在观测狮子座的时候，大家最感兴趣的还是狮子座流星雨。其实流星雨之所以取名狮子座，却和狮子座没有什么关系，只是流星群与地球相遇的时候经过狮子座。狮子座流星雨一般出现在11月前后，最壮观的一般间隔33年出现一次。

无法领略狮子座流星雨，我们只得相互回忆那年看流星雨的激动时刻。

【241公里】

张掖——武威

绿洲里

大漠腹地 苍穹上的几许悲愁

把“金张掖”和“银武威”牵起来的仍是连霍高速公路，总共240多公里的路程，我们有三分之二都是在连霍高速公路上。由于今天将是四天来车程最短的一天，有的同伴建议去武威市找一家舒适的宾馆，缓解一下数日的疲惫，其他有过西行经历的同伴则建议去看看鸠摩罗什寺，正当我们在这两个选项中做抉择的时候，路边大漠的不远处出现了一片绿洲。

于是，绿洲成了我们第四天驻扎的地方。腾格里沙漠是中国第四大沙漠，总面积有2.47万平方公里，大漠的西边和武威市相连，这片在腾格里沙漠边缘出现的绿洲里有芦苇荡，有胡杨树。胡杨树散落在各个角落，而芦苇荡却和长草一起成片成片地蔓延。连日来的大漠风情和丹霞地貌，让行路的风景不免有些枯燥和生硬，而这片绿洲的出现给我们的双眼解了渴。

我们分头在沙漠里探险，在日落时分不约而同地回到了营地。此时的营地和白天相比生出了几分苍凉：胡杨树的枯枝半掩在沙地里，仿佛在诉说古凉州的世事变迁；芦苇的叶鞘随阵阵晚风低斜，即使自己具备优良的抗逆性，也无法阻止绿洲一天一天消逝；流沙的簌簌声，加重了绿洲悲情的呻吟。

我们就坐在这片沙地上，仰望星空，用夜空的明亮驱走绿洲的落寞。星空也有它的情绪，斗转星移，不同季节里同一时刻的星空大不相同，在春季最主要的星座及亮星是北斗七星、狮子座、大角星和轩辕十四等；随着季节的更替，狮子座将没入西方的地平线，在夏季的星空登场的是天蝎座；当秋风送爽，一个类似四边形的星座——飞马座出现在了头顶；严冬里的星空，猎户座、

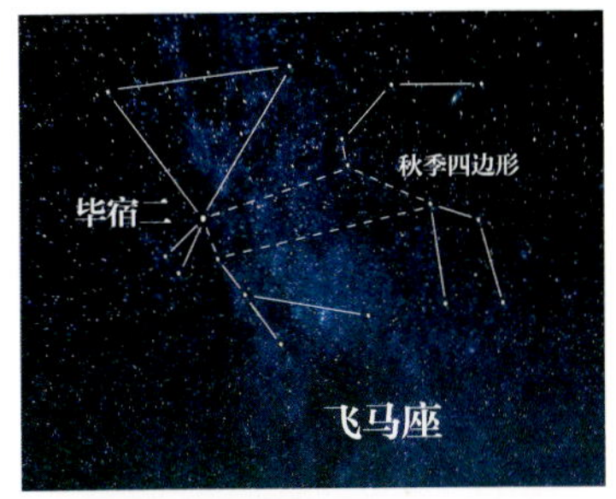

TIPS

秋夜星空

◆主要星座：飞马座、仙女座等。

◆亮星：北落师门等。

秋夜星空是四季里最冷清的。大四边形的飞马座是秋夜星空的最主要特征。从飞马座西侧向南看，一颗亮星在南方低空孤零零地低悬着，它就是秋夜里星空中唯一的一颗一等星——北落师门。

再从飞马座东侧向北延伸，就是“W”形的仙后座。仙后座、仙王座、仙女座和英仙座称为“王族星座”。

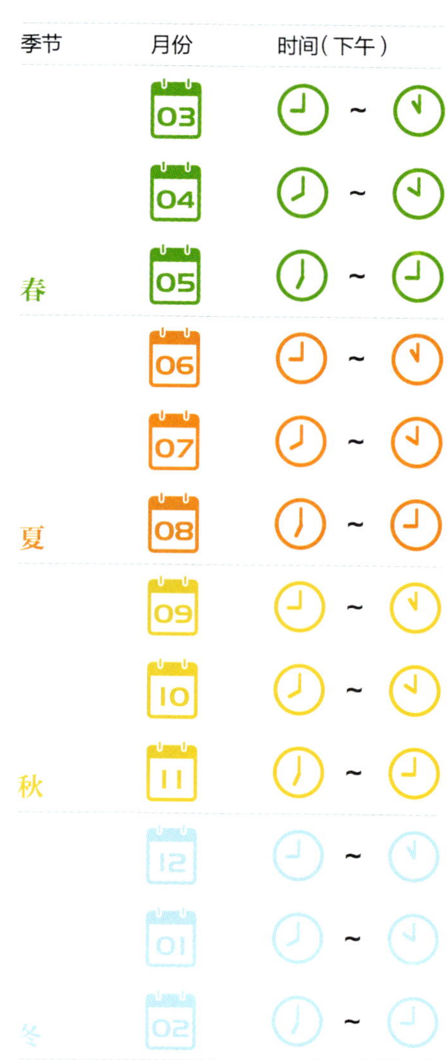

四季最佳观星时间

金牛座雄踞南天星空。

5月里，星空总是变幻莫测：天狼星在西南方低低下沉，大角星在东方越升越高，亮星五车二正往西方下落，而亮星南河三沿着“天狼星巨弧”继续往前，与北河三、北河二相遇。一等星轩辕十四高悬在正南方的天空中，角宿一在东南方大角星的右下侧恒久闪亮。

大漠里的星空更加热闹，本该是盛夏才能清晰辨认的天蝎座，现在也可以看出一些端倪，我们以一棵胡杨树为参照物，一条银河从东北方贯向西南方，银河西岸那颗最亮的星就是织女星，围绕着这颗亮星的几颗星组成一个菱形，这就是织女用来织布的梭子，它们都是天琴座里的亮星。银河东岸最亮的星就是牛郎星，它旁边一左一右散落的两颗星是牛郎的孩子，它们都属于天狼星座里的亮星。牛郎织女渡河相会的故事家喻户晓，但当仰望星空，面对的却是被银河阻隔，相会无缘的残酷真相。春末夏初的夜空，牛郎织女星并没有那么容易辨别，但在银河两侧，不停闪烁的亮星似乎都在期盼着相会时刻。

【267公里】

武威——兰州

都市内

都市流萤与璀璨星光同辉

近一周的野外生存，让步入都市的车轮变得有些生疏。从国道109线上下来，是一路的高楼大厦，一路的商业店铺和沾染了薄灰的绿化带。路上的行人大多穿着单衣，甚至短裤短袖，奔赴即将展开的夜生活。

我们行至黄河铁桥处停了下来。这座被霓虹灯包裹起来的铁桥建于清光绪年间，原名“镇远桥”，后来因为有了天下黄河第一桥之称，改名“黄河铁桥”。铁桥可以说是兰州的标志性建筑，2004年铁桥结束了通车的历史，改为步行桥。我们到达铁桥的时候，已经是夜晚，于是我们决定将这里作为这次追星之旅的最后一站。

在城市里观星，感受的已经不是星云、星团的变化，而是在城市喧嚣中星空的静谧。在兰州，自然看不到银河和亮

星，只有稀疏散落在天幕的星群，星群时隐时现，仿佛根据城市的嘈杂程度选择出没还是隐遁。

铁桥下的黄河水面，倒映的是霓虹灯和车水马龙的五色光辉，不再像第一天的雪湖，湖面就像镜子，低头看湖面和抬头看星空好似能看到同样的场景。而我们的身旁，当地人用兰州话呼朋唤友，酒吧、商铺里的强音混合着车鸣声，我们想起了在冰沟丹霞的山顶，几人静默不语用手电筒和星星说话的时候，周围安静得似乎能听见星星升起、落下的声音。

从铁桥上看春末的星空，我们胡乱地拼凑出几个星座：一颗一等星的东南方排列着 4 颗亮星，它们形成一个平行四边形，那恐怕就是天琴座；5 颗亮星左右对称组成了一个十字架形，那恐怕就是天鹅座，而十字架顶端的那颗亮星就是一等星天津四吧……

我们从兰州回到了西宁，并相互道别，各自归家。5 月一过，夏季就将到来，星空也将更加热闹：大角星将升至天幕的最顶端，角宿一紧追着大角星上升着。织女星也将从东北方升至最显眼的位置，心宿二也出现了，它在织女星右侧，但离得还很远。轩辕十四依旧高悬在西方，南河三低悬在西南方并逐渐下落直至消失……

TIPS

冬夜星空

◆主要星座：猎户座、小犬座、大犬座、金牛座等。

◆亮星：参宿四、参宿七、毕宿五、天狼星、南河三、北河三、五车二等。

冬夜星空可谓多姿多彩。有“星座之王”之称的猎户座是冬夜星空的主角，猎户座中间 3 颗亮星排成一线，好似猎人腰间的一柄宝剑，它们就叫做“三星”，三星一出现，春节就快来了。猎户座的最亮星是参宿四。

猎户座的西北方就是金牛座，最亮星毕宿五好像金牛瞪着眼睛注视着星空。沿着猎户座的“三星”向东南延伸，就能看到大犬座的最亮星天狼星，与天狼星隔着银河相望的就是小犬座的最亮星南河三。

天狼星、南河三和猎户座的三星组成一个等边三角形，这就是“冬季大三角”。

节油驾驶那些事儿

1 起动

节油要点

◆起动车辆时，挂空挡，踏下离合器踏板。

◆起动后保持发动机平稳运转，不要猛踏加速踏板。转速过高或过低都会使油耗增加。

◆预热时间不要过长，起动后1分钟内起步，低速行驶1~2公里（冬天气温较低时，低速行驶3~4公里）。

小贴士

◆不要在起动发动机后检查车辆。车辆空转5分钟，可消耗燃油约160毫升。

2 起步

节油要点

◆轻踏加速踏板，缓抬离合器，平稳起步。

◆上坡起步要根据坡度大小适当提高发动机转速。

◆不要让离合器经常处于半联动状态。

3 加速

节油要点

◆加速时做到“轻踏、缓抬”加速踏板，不要猛踏、猛抬，或连续踏、抬加速踏板。

◆车辆上坡时不要把加速踏板踩到底，如动力不足，应及时减挡。

小贴士

◆用 5 秒的时间缓慢提速至 20 公里 / 秒，可节约燃油 11%。

选挡和换挡

节油要点

◆避免低挡位高速行驶，或高挡位低速行驶。

◆车辆上坡时不要把加速踏板踩到底，如动力不足，应及时减挡，做到“高速挡不硬撑，低速挡不硬冲”。

◆自动挡汽车，在条件好的道路上尽量选 D 挡（若有超速挡，在高速公路上还可选超速挡）；长时间低速行驶，应使用 3 挡或 2 挡；山区道路行驶，根据情况可选用 2 挡或 1 挡。

制动

节油要点

◆在保证安全的前提下，尽可能不用或少用制动器，相对减少减速和停车次数，可以有效节省燃油。

◆尽量避免使用紧急制动，遇紧急情况可采用“先急后松”减速方法：先急速踏下制动踏板，再松开踏板；再次踏下踏板，然后再慢慢松开踏板。

6 线路选择

节油要点

◆出行前结合地图进行线路规划，综合考虑距离、路口数量、路况、拥堵等情况，确定一条行驶畅通、距离较近的最佳线路和几条备选线路，尽量少走“冤枉路”。

◆通过收听交通广播、查看网络地图、观察道路信息板等方式及时了解前方道路实时通行情况，避开拥堵路段，尽可能提高行驶速度，减少停车和起步次数。

◆行驶中要良好预判交通状况，在保证安全的前提下尽量提前利用滑行变道、避让、减速、停车，避免转向过急、紧急制动和多次停车。

◆行车中不要频繁变更车道。频繁变更车道因方向、速度、急加速、制动等变化，发动机一直处于不稳定工作状态，大大增加了燃油消耗。

小贴士

◆驾驶员对交通情况处理的基本规律包括：观察—预测—分析—决定—行动。通过正确观察、判断和处理各种交通情况，不仅可以避免事故，也会减少燃油消耗和维护成本。

7 行驶速度

节油要点

◆尽可能保持经济车速行驶，避免使用低挡位高速行车。一般常见手动挡汽车的经济车速多为60~90公里/小时。车型不同、挡位不同，行驶中的经济车速也不同，挡位越高的经济车速，其油耗越低。

◆行车遇到交叉路口，应提前预估交通信息变化，及时调整车速，提前滑行，避免在每个交叉路口都停车和突然制动。

◆行车中除保证安全需要外，尽量不要急加速和急减速，应提高交通预判能力和充分利用好车辆惯性，以匀速行驶和缓加速、缓减速为主。这样既安全又省油。

小贴士

◆很多厂家公布的汽车油耗都是在90公里/小时的匀速行驶时测得的。

◆长时间超速行驶和经常使用紧急制动均为不良驾驶行为。

8 上下坡

节油要点

◆上坡行驶前，应判断和预测适用的挡位和速度，在坡前提前加速，利用惯性冲坡，感到车辆无法冲到坡顶时，及时换入低一级的挡位。

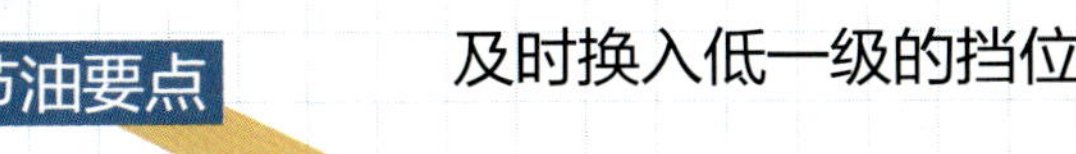

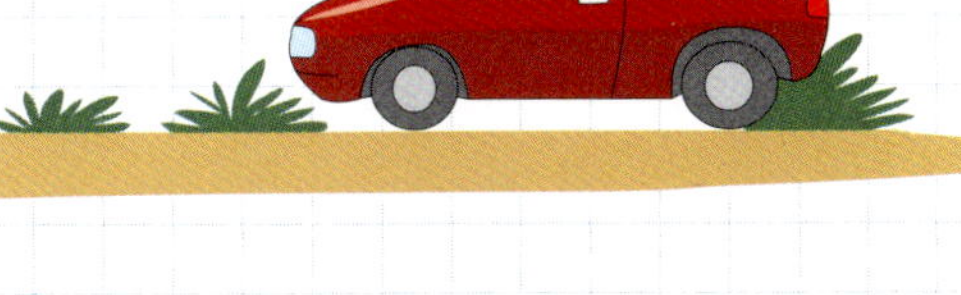

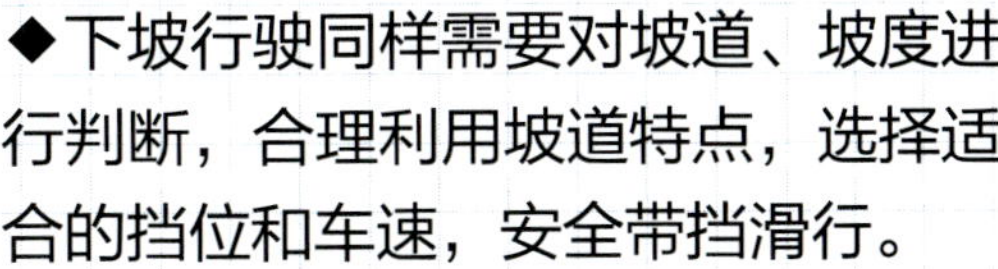

◆下坡行驶同样需要对坡道、坡度进行判断，合理利用坡道特点，选择适合的挡位和车速，安全带挡滑行。

小贴士

◆切忌只从节油的角度出发而不考虑安全因素，在下坡时脱挡滑行。

9 空调

节油要点

◆长时间在烈日下停放的车辆，车厢内温度很高，如果立即打开空调将加大空调负荷，增加燃油消耗。这种情况下，应先打开车窗让热气排出，待车厢内温度下降后再关闭车窗，打开空调。

◆空调在使用过程中应关闭好车门、车窗，否则不只是制冷效果不佳，还会浪费燃油。

◆行车中尽量使用空调的低挡，不要只为提高制冷效果而使发动机高转速运转，消耗燃油。

◆堵车时发动机负担较重，燃油消耗较大，所以尽量不使用空调再给发动机增加负担。

10 轮胎

节油要点

◆保持轮胎胎压正常。当胎压过小，轮胎与地面的接触面积增大，行驶的阻力相应加大，自然会增加燃油消耗；如果胎压过大，则会增大爆胎、轮胎偏磨和降低行驶舒适性的可能。

◆使用原配轮胎。选用了胎宽更大的轮胎，会由于车辆行驶阻力的加大消耗更多的燃油；如果选用胎宽过窄的轮胎，则会增大爆胎、轮胎偏磨和降低行驶舒适性的可能。

11 高速行车

节油要点

◆车辆高速行驶时打开车窗会因空气阻力加大而消耗燃油，而且车速越快对油耗的影响越大。当在达到一定车速时，空气阻力超过空调所需动力，增加的油耗会比使用空调还要多。

◆在炎热夏天，当车速低于 60 公里 / 小时，可能打开车窗通风或者只用空调的通风功能，如果车速超过 80 公里 / 小时，空气阻力很大，开窗反而更费油。

某 2.4 升排量商务车车窗对车辆燃油消耗的影响

挡位	开窗情况	行驶速度（公里 / 小时）	燃油消耗（升 / 百公里）
5 挡	开窗	60	6.4
	不开窗	60	6.4
	开窗	90	8.0
	不开窗	90	7.6

12 停车

节油要点

◆停车时间超过 1 分钟，在不影响车辆通行的情况下，最好使发动机熄火。

◆自动挡汽车停车时间超过 1 分钟时，最好调到 N 挡；停车时间超过 3 分钟，最好调到 P 挡；临时停车时，只须踏住制动踏板，无须换挡。

◆车辆经过高速或爬长坡行驶后停车，发动机温度过高，不要马上熄火，最好怠速运转 30 秒后才熄火。

13 车辆维护

节油要点

◆车身上黏附的泥土和冬天的积雪，都会增加车辆负担，形成燃油消耗。因而保持车身清洁，不只是美观，也能节省燃油。

◆经常维护发动机的空气滤清器，可以净化进入发动机的空气，节省燃油。一般每行驶 5000 公里清洁一次，每行驶 25000 公里更换一次。

◆保证火花塞工作正常。一只火花塞不工作，要多消耗 25% 的燃油；两只火花塞不工作，将多消耗 60% 的燃油。

◆经常给车辆减负，将不必要的重物搬离汽车，因为车辆每增加一份自重都会增加一份油耗。同样，盲目的给爱车加装大包围、尾翼、绞盘、行李架同样会增加车辆的油耗。

小贴士

◆一辆小客车如果放置 10 公斤无用的物品随车行驶 1000 公里，会多消耗 0.8 升燃油！